幼儿园区域活动指导手册

（科学区）

林玉萍　主编

农村读物出版社

图书在版编目（CIP）数据

幼儿园区域活动指导手册．科学区／林玉萍主编
．—北京：农村读物出版社，2011.7（2025.3 重印）
ISBN 978-7-5048-5462-9

Ⅰ.①幼…　Ⅱ.①林…　Ⅲ.①活动课程-学前教育-教学参考资料　Ⅳ.①G613

中国版本图书馆 CIP 数据核字（2011）第 057449 号

责任编辑　张　志　黎春花　刘彦博
出　　版　农村读物出版社（北京市朝阳区农展馆北路 2 号　100125）
发　　行　新华书店北京发行所
印　　刷　中农印务有限公司
开　　本　787mm×1092mm　1/16
印　　张　13
字　　数　270 千
版　　次　2011 年 7 月第 1 版　　2025 年 3 月北京第 4 次印刷
定　　价　35.00 元

主　编　林玉萍

副主编　刘立辉　宋　芳　杜玉梅　柳淑玲

编委指导协调人员　于　杰　杨立红　章文青

编　者（以姓名笔画为序）

丁智慧　于　阳　于江平　马　楠　马雪莲
王　雪　王文华　王宪英　王建华　王艳君
王道雪　王新华　王珊珊　边　菊　田　宇
谷　雨　安　阳　安　洋　安　靖　卢　瑞
尹筱燕　石金丽　乔　璐　任雅俊　甘　萍
宋　芳　宋国英　许　斌　邢春娟　刘　杰
刘　瑀　刘　丹　刘　铎　刘　婧　刘　瑜
刘玉玲　刘立辉　刘京阳　刘瑞雪　刘瑞萍
孙　颖　杜　雪　杜玉梅　张　文　张　雪
张　悦　张　彤　张　琳　张玉梅　张金玉
张京敏　张翔岚　林玉萍　季香玲　高　朗
陈　肖　陈　辉　陈　磊　陈文静　钟红梅
胡　霞　郎梦露　曹丽婷　杨　宁　杨雪敏
杨彩霞　柳淑玲　赵　楠　赵凤麒　徐　玲
徐　硕　葛　晨　韩俊英　穆连霞　龚家宁
胥　楠　廉　平　蒋海清　贾惠彬　朱明蕾
邹培新　庞暑霞　冯建玲　武玉红　薛　丹
薛　琳　周欣然　金文雯　郑丽波　李　红
李　卿　李　明　李　琰　李丽华　李晓芳
吴莎莎　常丝蕊

参加编写单位

安华里幼儿园
团结湖中心幼儿园
中国科学院第五幼儿园
总参通信部幼儿园

前 言

游戏是儿童的天性。寓教育于游戏之中，让儿童在游戏中学习，在快乐中发展，是幼儿教师专业水平的最好体现。创设适宜的游戏环境，敏锐发现儿童游戏存在的问题，给予适时适度的指导和帮助，促使他们在这种润物无声的教育中发展，是幼儿教师的最高追求。

然而，在实际的幼儿园教育工作中，老师们在认识上重视游戏，在实践中轻视游戏的现象比比皆是，已成为普遍性的难题。

本套书从区域游戏入手，将北京市多所优秀幼儿园的先进经验与同行分享，为一线教师工作提供借鉴。为此，我们组织16所幼儿园的百位教师从自身实际工作出发，搜集、整理了影响各年龄班儿童区域游戏水平的种种因素，由经验丰富的教师仔细筛选，并将经实践验证的优秀经验撰写成清晰有效的指导方案。

本书可操作性与实用性兼有，虽然不能穷尽教师遇到的所有疑难和困惑，但也尽量给予教师一站式的便捷指导。从各个区域活动对儿童发展的价值、必备玩具材料与特色设置、教师指导游戏的角色定位，以及各个年龄班儿童游戏的行为问题分析到应对策略，都一一详尽说明。希望通过我们的努力为更多教师提供清晰有效的业务指导，让更多的儿童在游戏中快乐发展。

游戏是儿童最重要的学习方式，对儿童发展的价值不可估量。愿所有天真可爱的儿童，在教师创造的完美的游戏环境中茁壮成长。

编　者

2011年5月

目 录

理论篇

第一章 幼儿园科学区活动的教育价值

幼儿科学教育是对幼儿进行的科学启蒙教育，是通过幼儿自身活动，对物质世界进行感知、观察，并通过动手操作，逐渐获取科学知识，寻求答案的过程；是幼儿获取广泛的科学、技术经验、主动建构表象水平上的初级概念、初步学习科学方法和技能，培养科学态度的过程；是发展幼儿好奇心，激发学习兴趣，培养幼儿良好科学行为习惯的过程。自然科学区作为科学课程的延伸，是幼儿自主探究的另一领域，也是对幼儿科学教育实施个别化指导的好机会，它在实现教育目标、满足幼儿个性化需求方面起着重要作用。因此，教师重视幼儿在科学活动区的表现，对幼儿进行个性化的指导，促进每一个幼儿在愉快、自由、合作的环境中主动学习，对于达到科学领域倡导的“培养幼儿的科学素养”至关重要。

《幼儿园教育指导纲要（试行）》把科学领域的目标确定为：“对周围事物现象感兴趣，有好奇心和求知欲；能运用各种感官，动手动脑，探究问题；能用适当的方式表达、交流探索的过程和结果；能从生活和游戏中感受事物的数量关系并体验到数学的重要和有趣；爱护动植物，关心周围环境，亲近大自然，珍惜自然资源，有初步的环保意识。”从目标可以看出，幼儿科学教育具有两个重要特点：第一，幼儿科学教育重在激发幼儿的认识兴趣和探究欲望；第二，幼儿园科学教育注重幼儿实际参加探究的活动，注重幼儿感受科学探究的过程和方法，体验发现的快乐。在这里，幼儿科学教育强调的不再是过去注重知识的积累，而是要突出培养幼儿的兴趣、情感和态度、表达意见等科学研究必备的一些基本能力，以及与人合作、与自然合作的基本技能。而在方式上，幼儿园科学教育紧密与幼儿的一日活动相联系，充分利用幼儿身边的事物和现象作为科学探究的对象。支持和引发幼儿的操作摆弄、探究、试验、制作等活动，引导他们通过自己的发现主动建构有关的知识经验，使幼儿获得乐学、会学这种有利于幼儿终身发展的长远教育价值。

科学区的创设为幼儿提供了一个开放、自主的探究环境，鼓励幼儿自由选择、大胆操作和探索，让幼儿在和环境、材料的相互作用中体验科学探究的过程，获得科学经验，养成科学的态度，从而实现幼儿个性和谐、全面的发展。科学区作为幼儿园活动区重要的组成部分，有其不可替代的教育价值。

一、促进幼儿感知觉的发展

对幼儿进行感知觉的训练，是科学区学习活动的重要任务之一。我们所说的“自由感知”，是幼儿进入科学区的起始环节，是幼儿在特定的环境中自发地认识事物及其有关属性的过程，是让幼儿通过最基本的视觉、听觉、触觉、嗅觉等来认识外部世界，积累生活经验的过程，这既符合幼儿身心发展的特点，又可以激发幼儿的兴趣和求知欲，促进幼儿各方面素质的提高。如在“认识水的三态”时，可以在活动区里挂上五颜六色的冰花，摆上晶莹剔透的水、白色的牛奶及有趣的玩水玩具，让幼儿自由地摆弄、触摸，还可以让幼儿试着用电吹风吹湿衣服；在认识水果、干果时，为幼儿准备一些新鲜水果、干果，让幼儿自由地看、闻、摸、尝。在这样的操作活动中，幼儿可以通过自己多种感官的综合作用对有关事物留下深刻的印象。

二、培养幼儿的探究精神

幼儿学习方式的转变是幼儿园教育改革的关键因素之一，而探究是幼儿认识世界的一种主要的学习方式。幼儿园科学教育中引导幼儿探究学习，不仅能充分发挥幼儿的主动性、创造性，激发学习兴趣，发展学习能力，同时还有利于实现幼儿终生发展的长远目标，有利于体现幼儿园教育目标的深层价值。在幼儿园的五大领域教学中，探究精神在科学领域表现得最为明显，科学区在满足幼儿的探究材料、探究时间、探究方式以及探究合作伙伴的选择上都具有明显的优势。科学区对幼儿来说如同科学家的实验室，幼儿可以在科学区像科学家一样体验科学实验的全过程。

三、培养幼儿的注意力和坚持性

我们都知道，在集体活动中，经常需要老师维持纪律，孩子们注意力集中的时间很短，然而在科学区活动中，情况经常会相反。在“让橡皮泥浮起来”的活动中，被称为“多动症”的小雨注意力集中，他尝试着让手里的一块橡皮泥浮起来。第一次，他把橡皮泥团成球放进水里，沉下去了；第二次，他把橡皮泥压成薄薄的饼状，又沉下去了；第三次，他把橡皮泥搓成细长条，还是沉下去了，他停下来开始思考……第四次，他把橡皮泥扯成一粒一粒的，结果还是沉下去了；第五次，他环顾四周，看见了浮在水面上的小船，于是他把橡皮泥做成中空的船，橡皮泥终于浮在了水面上。这个小实验持续了 40 多分钟，小雨始终沉浸其中。

四、培养幼儿的观察力、想象力和创造力

科学区一般可以分成两部分——自然角（又称“观察区”）和科技角。自然角是大自然的一个缩影，帮助他们建立对自然科学的兴趣，因此，在内容上以植物和动物为主，活动以观察和体验为主，其主要目标就是培养幼儿的观察力及对自然界的热爱和对生命的尊重。科技角是幼儿操作、实验、探索的场地，可以培养幼儿的探究精神和科学素养，让幼儿像科学家一样去思考，体验科学探究的过程，科技角在培养幼儿的想象力和创造力方面起重要作用。如在大班的纸床实验中，实验材料包括两块积木、一张 A4 纸和一些积塑

片，由于两块积木之间的距离和桥面 A4 纸的形状都会影响纸床承载积塑片的数量，在第一次实验中，教师和幼儿一起制定规则，先控制两块积木之间的距离，在距离不变的情况下，通过改变 A4 纸的形状来实验纸床承载积塑片的数量，前提是积塑片不能放在积木上，只能放在 A4 纸上。刚开始实验时，幼儿只是简单地把 A4 纸折叠一折、两折，承载积塑料片的数量就很少，幼儿通过不断的的实验，把 A4 纸折叠成扇形，结果纸床承载积塑片的数量达到最高 95 块。通过这样一个实验，不仅发挥了幼儿的想象力和创造力，还培养了幼儿的坚持性。

五、培养幼儿的前书写能力

教师都会在观察区为幼儿提供记录本，记录的内容主要涉及：观察对象的名称、观察日期、观察结果和观察者。在仔细观察的基础上，幼儿可以根据自己的方式对观察结果进行记录。儿童有一百种语言，在记录的时候可以写汉字、字母、画图、照片和录像。对自然角的观察不是一朝一夕就能完成的，有时可以持续好几个月，教师利用自然角可以培养幼儿做事情的计划性、坚持不懈的精神及良好的做事习惯。记录不仅可以培养幼儿的前书写能力，还有助于幼儿将原有的认识与当前的操作结果相比较，调整原有的认识，促进新经验的建构。

六、培养幼儿自我计划、自我控制的能力

在活动区投放记录表有利于教师有针对性地进行指导。在记录表中，教师可以一目了然地知道：今天哪些幼儿玩了科学区？使用了哪些材料？成功了没有？哪些幼儿对科学区不感兴趣，为什么？这样，教师在进行区域指导时就能做到心中有数。其二，有利于幼儿学习自我计划、自我调控。在有限的时间里，可能有的孩子不能完成科学区里的活动，记录表又能很有效地提醒幼儿，上一次哪些我已经完成了，哪些还没有玩，从而更好地进行游戏。最后，有利于培养幼儿的规则意识和责任心。

幼儿现代科学教育的目的是进行科学启蒙教育，培养幼儿在该年龄段应有的科学素养，这一目标要落到实处，科学区是一个重要阵地。相对于正规的科学活动来说，科学区自由度大，幼儿不在教师的过分关注中活动时心理较放松，有利于他们创造性的发挥。区角活动形式多样，可以运用小组的、个别的、分散的多种教育方式，便于教师观察了解每个幼儿的情况，进行有的放矢的教育，使每个幼儿都在原有基础上得到发展。区角材料丰富，可以让幼儿有更多选择的空间，让他们用自己的方式、方法进行活动，使每个幼儿都找到用武之地。因此，教师应充分重视科学区活动，让幼儿在宽松自主的气氛中，按照自己的能力和兴趣，通过自己的摆弄和操作，去感知事物的变化，去发现问题，去寻找解决问题的办法，在反复的尝试中提高幼儿的科学素养。

第二章 教师在科学区活动中的角色定位

一、幼儿活动的观察者

1. 观察幼儿制订计划的情况。活动区活动前，教师有意识地引导幼儿做计划。不同年龄班做计划的方法是不同的，小班可佩带各种与活动区标志相同的挂件，到“娃娃家”的幼儿还可带上绘有爸爸、妈妈等人物头像的挂件，便于引导幼儿进行角色扮演。中大班的幼儿可以采用插照片、填进区卡、口头订计划等方法。这样有助于幼儿在进区前清楚自己想要做的和一定要做的事，也便于教师对每个幼儿的进区情况有所了解，做好自己的观察计划。

2. 观察幼儿在活动区中的行为。一是主题的确定，即观察幼儿的活动有没有主题，主题是否易受他人影响，幼儿是否自定主题进行活动，能否与同伴互相商量主题、共同活动。二是投放的材料能否满足幼儿的实际需要，幼儿对材料的喜欢程度、选择、使用情况，都可以使教师了解材料的适宜性。三是观察幼儿在活动区中的个性品质表现。活动区宽松、自主的氛围，使孩子的个性得以全面、真实地展示，对此进行观察有助于正确地把握幼儿的个性特征，了解孩子的不同个性。

二、环境材料的提供者

1. 材料应有目的性。选择材料时要把握年龄段幼儿的基本特点，以班级幼儿的阶段培养目标为主要依据，并对本班幼儿当前的培养目标有清晰的理解和把握，并以此为依据，有针对性的投放对幼儿有促进作用的材料。

2. 提供适宜的不同层次的材料。按由浅入深、从易到难的要求，分解成若干个能与幼儿认知发展相吻合、可能的操作层次，使材料“细化”。

3. 提供趣味性、可操作性、多功能性的材料。科学操作区必须提供直观形象的教玩具和具体事物，如有趣的多棱镜、开锁、会变的颜色、磁铁、沉浮、翻板、石磨、木瓶堆放、沙漏、小家具、奇妙的转盘等。又如生活角中的给小动物喂食、夹弹子、多功能包等，还有计算角中的溜溜棋、多变几何体、七巧拼板等。凡是所提供的材料既有趣又能让幼儿做做玩玩的，孩子们就会百玩不厌，增强学习探索的兴趣。

三、探究奥秘的激发者

1. 提供具有自主选择空间的材料。一是将自然物艺术化。在自然区域里，有着取之不尽、用之不竭的天然游戏材料，这一切在孩子们眼中都可以成为他们最心爱的玩具。如小树叶粘贴成小动物、叶子拓印、制成“书签”。二是利用废旧物的剩余价值。小朋友把以前穿过的小衣服带来，变成了“娃娃的盛装”；瓶盖做成串铃等。在艺术化的教育游戏中，教师使原有材料产生新的用途，传递着新的教育功能。

2. 添加材料使游戏出现新的转机。当材料经过幼儿一段时间的反复操作后，一些损坏的材料应该及时更换，为幼儿投放新的材料，适当加强材料的难度，以调动幼儿操作的积极性，引发幼儿新的探索、新的活动。

四、探索活动的记录者

教师持续地、细心地观察、倾听，采用文字、照片、录音、摄像等形式，从不同的角度对幼儿进行探究的过程，有利于反思教学策略、幼儿认知方式的把握。教师的记录对幼儿来说是一种被关注、被肯定、被欣赏，是一种情感的交流。例如在主题活动“鞋子”中，幼儿穿着爸爸妈妈的大鞋在教室里走来走去，开心地发出“咯咯”的笑声。为了让孩子交流自己的感受，我在黑板上画了一只鞋，孩子们马上围过来：“老师，你在干什么呀?”我说：“小脚丫都想谈谈它穿鞋的感觉，谁先说?”孩子们争先恐后地说：“我来，我来。”我把他们的话图文并茂地记录下来，并细心地标上他们的名字，孩子们都兴奋不已。教师的记录起到了无声的教育作用，使孩子情感上得到关注、语言上学会了交流。全班有82%的孩子都能大胆地表达自己的感受，他们的思维活跃，与同伴、教师之间的交流、互动更加积极，了解到的知识就更丰富了。

记录过程并非是幼儿单向的活动，在记录中教师要走进幼儿的心灵，知道他们是怎么思维，怎么操作的？如何互动、如何观察、如何想象、如何表达的？幼儿通过记录看着自己完成的工作时，会更加好奇、感兴趣及有自信心，记录还使家长了解幼儿在学校获得经验的过程，分享孩子在校的真实经验，密切亲子关系。最可贵的是，记录是教师研究的一种重要形式，看到师生关系，看到自己的作用，教学技巧的成长，其中包含着幼儿与材料、同伴、教师不断互动探究的心理历程。

大多数记录活动都是幼儿分散性的活动或小组活动。活动中，幼儿之间一边交流一边记录，很容易产生互动，这有助于幼儿合作学习的产生，也有利于记录能力的提高。如在大班“食品的包装”活动中，教师让幼儿自行发现食品包装上的符号与标记，并详细做记录。他们一边观察一边交流，在互相学习中幼儿已有的知识经验相互传递。如一个幼儿知道绿色食品标志，其他幼儿立即围过来，好奇地认一认这个标记，并马上去找自己的食品包装上有没有。幼儿与同伴自发交流着，相互分享经验的同时，也产生了许多问题，为其后的生成活动奠定了良好的基础。

记录以后教师应及时组织幼儿进行交流，一是对记录内容做整理，以便呈现记录过程，探索发现新问题，以事实为依据总结、发现科学规律；二是发现幼儿学习和记录方式的一些特点，及时调整活动设计，为以后的记录和活动的完善、开展做好铺垫。如在大班“给种子排队”活动中，教师先让幼儿用黄豆和蚕豆（大小差不多）一个挨一个排，分别排5颗，比一比谁排的队伍长。接着，让幼儿用蚕豆和黄豆分别一个挨一个排列一样长的队伍，统计分别用了多少粒黄豆和蚕豆，比一比用的黄豆多还是蚕豆多。操作完后立即组织幼儿进行观察，幼儿很快发现“蚕豆大，蚕豆排的队伍长”“排一样长的队伍，蚕豆大，用的蚕豆少”。

五、幼儿心灵的倾听者

教师应作为幼儿探索的伙伴，以平等的身份参与探索发现的过程。教师要变成孩子，作为幼儿的探究伙伴，与幼儿一起探索操作，相互交往，共同创造发现，与幼儿共享快乐。这可以缩短儿童与成人“两个世界”的距离，使孩子们觉得亲切、适意，从而营造一种宽松和谐的人际环境和精神心理。孩子们产生愉快的情感体验，增强对所从事活动的兴趣；更重要的是，这种环境气氛有益于激发幼儿的独立自主性，形成积极的自我意识，增强自信，减少对成人的依赖；激发幼儿的思维，激发他们积极的创造性活动。

当幼儿为花草浇水、给小动物添加饲料时，他们会自然地亲近、热爱这些生命；当幼儿看到新奇的事物、现象时，会自然地去感受它的美丽、严峻、恐怖、神奇和喜悦，去关注事物的联系、发展与变化，进一步去思考为什么、怎么办，去大胆地求证事物的发生与后果。

这就需要教师满足幼儿需要、积极创设有利于激发幼儿兴趣的环境，促使幼儿主动活动。教师仅仅是引导者，幼儿的发展是在自身内部进行的，幼儿借助自身的潜力，主动活动着、发展着。内部因素是幼儿发展的动力，只有充分调动幼儿的主动性，激发幼儿的内部动机，才能实现幼儿自身的全面发展。

六、幼儿学习的合作者

教师作为幼儿科学教育活动的合作者，要经常和幼儿一起探讨和解决问题。幼儿的科学教育活动是一个发现、提出、分析和解决问题的过程。教师所提出的问题应有以下特点：以幼儿的需要和兴趣为前提，有利于幼儿探索问题的积极性和主动性的激发；问题既是幼儿未知的，又要符合幼儿的已有经验，从而使幼儿感兴趣和有能力地进行探索；问题的答案和解决方法不是唯一的，以锻炼幼儿思维的灵活性。

对于幼儿来说，他们自己能够提出问题，特别是提出那些看起来很天真的问题，比教师提出的问题更为重要。许多简单的问题开辟了科学发现的历史。幼儿是科学活动的主体，由他们自己提出问题，进行假设，建立模型，对幼儿的成长更具内在和直接的意义。要注意保持幼儿的好奇心，培养其探究、好奇、无拘无束、打破常规等宝贵的心理品质；避免对幼儿思维、想象、探究、好奇等方面的控制或束缚，使幼儿对外界事物保持无限的兴趣和高度的灵敏性，愿意提出问题。

教师还应与幼儿一起寻找答案，而不是直接给幼儿以现成的答案。教师常常担心离开课本，就会被幼儿的问题难倒。其实，这种担心是没有必要的。关键在于教师面对幼儿的提问要采取合作探索的态度，并在合作探索过程中为进一步的研究敲开大门。例如：教师面对无法回答的问题时，除了诚实地说“我不知道”外，还应再加上一句“让我们一起来寻找，共同享受寻求答案的快乐”。这种教师与幼儿共同寻求答案的做法，远远胜过直接给予幼儿答案的做法。寻求答案的过程远比答案本身更为重要，幼儿在寻求答案的过程中，可以激发认识兴趣和探究欲望。

七、幼儿成长发展的反思者

以幼儿发展为本的自然探究活动，需要教师在活动中借助幼儿在活动中的反应来分析、判断、选择投放的材料、具体的指导策略是否适宜，通过各种反思提升和整合幼儿活动中有价值的经验和具有共性的问题。教师要根据幼儿在自然探究活动中表现出来的兴趣和需要，展开即时反思，灵活调整教育策略，及时而适当地引导。通过教师对幼儿的活动的关心、支持、建议和帮助，来实现探究性活动的继续和延伸。

八、积极探究的支持者

教师应提供适宜的环境与材料支持。饲养角可养蚕，引导幼儿观察蚕从幼虫长大至做茧与成蛾的生命历程；种植角可种些幼儿易于观察到明显变体的植物，如豆子、菜根儿等，引导幼儿观察植物发芽、开花的过程，有条件可养盆栽的、能结果实的绿植，供幼儿观察、浇水、施肥等；U 形磁铁性、棒形磁铁、小磁钉、磁性玩具等，都是利于幼儿通过摆弄去发现磁铁特性的操作材料；多梭镜、万花筒、小镜子、书镜、放大镜、凸凹透镜等都是利于幼儿观察感知光的奥妙的有效材料。教师还可请幼儿收集生活中常见的一些材料放在活动区，如电池、小灯泡、电线；还可以收集一些叫做“纸”的一些材料，探究哪些是纸，哪些不是。这都需要教师的支持与引导。

教师应支持幼儿主动发现问题。教师应根据幼儿年龄特点引导幼儿观察比较事物明显的不同或变化。如：植物角种了豆子，一种是种在土里的，一种是种在沙里的，请幼儿观察两种种植方式的相同与不同。教师可指导年龄大的幼儿（中大班幼儿）运用绘画的方式记录下自己的观察，年龄小的幼儿不会做记录，可以把幼儿的观察结果及时用照片的形式呈现，支持幼儿观察比较。幼儿的学习需要亲自感知的支持，因此，教师为幼儿提供的探索材料一定要操作性强，并能够利于幼儿通过反复探究发现规律与问题。

教师应支持幼儿自主解决问题。幼儿的学习需要宽松的心理氛围，同时，也需要时间上的支持、伙伴式的支持和经验反复的试误，才能够发现问题的规律或解决问题的办法。幼儿顿悟的个体差异明显，有的快，有的慢，因此，教师要学会等待，不要急于给幼儿答案，或直接告知结果，而是要给幼儿以充分的时间来探索解决问题。这时教师可以作为旁观者来观察幼儿学习，作为幼儿学习的伙伴一起探索问题。

实践篇

第三章 不同年龄班自然科学区的材料配置

一、小　　班

（一）基本游戏材料

1. 种植养殖活动

（1）种植

养盆花：许多盆花适合在室内养植，一般选取易于管理的花草，此外，菊花，水仙是冬季科学自然区理想的花卉。引导幼儿观察花、叶、气味的不同。

栽培：收集牵牛花、凤仙花、鸡冠花、太阳花等容易栽培、成活率高的植物花籽，以冰淇淋盒、罐头盒、旧铁碗、方便面盒等废旧物作花盆进行栽培活动。

瓶泡：萝卜、白菜头、葱头、蒜、土豆等卡在玻璃瓶口，放水浸泡，还可以做一些艺术造型，引导幼儿观察整体植株形态，比较叶、花、根系的异同。

种子发芽实验：幼儿收集种子进行种子发芽实验，通过观察比较，了解种子发芽的条件。

（2）饲养　乌龟、各种小鱼、蜗牛是最常见的饲养物，春季宜养蝌蚪、蚕。养蜗牛需大口玻璃瓶，瓶底放沙土，保持潮湿，用纱布包住瓶口，喂菜叶或嫩草。

2. 动植物标本　蚕生长过程标本、昆虫标本（蝴蝶等）、花的标本 、种子标本、叶子标本等。

3. 图书图片资料　有关森林、四季、海洋、天空、动植物等自然知识、自然现象的图书图片资料。

（二）辅助材料

鼓励幼儿将自己的“宝贝”带到幼儿园，可以是捡到的造型别致的石头，收集的海螺、贝壳、雨花石、纽扣及各种新奇物，摆放在幼儿园的自然科学区，它们都是很好的科学材料，教师要充分利用这些难得的机会，引导幼儿观察、玩耍，分享快乐，接触科学。

丰收角：结合季节可将秋季收获的果实、粮食作物、各种蔬菜等放到自然科学区展示。

（三）南北差异

幼儿喜欢观察植物，但局限性很小。班里的孩子来自不同的地方。南方和北方的绿色植物，让幼儿进行比较，将相似的植物放在一起，然后再告诉小朋友为什么有的地方不一样。

还可以请小朋友自己回家和爸爸妈妈一起找寻南北方的植物图片、挂图、动画片、模型、真实的植物等等。这样一来宝宝们既认识了许多植物，又对植物角产生了极大的兴趣，知道了城乡的差异，城里建筑工场居多，乡村种植多。

二、中　　班

（一）基本游戏材料

1. 植物类

（1）种植欣赏区　盆栽的各种花卉、植物标本、种子画、种子发芽。

（2）观察根茎　萝卜、白菜、大蒜、葱头、土豆、马铃薯、富贵竹、姜等。

（3）果实类　干果（核桃、花生、栗子、瓜籽等）、水果（梨、苹果、橙子、柿子等）、蔬菜（南瓜、黄瓜、葫芦等）、种子（玉米、芸豆、绿豆、青豆等）。

（4）浇水工具　喷壶、水杯、饮料瓶等，幼儿可自制。

2. 动物类　小乌龟、小鱼、蜗牛、蚕（春天）、小蝌蚪（春天）等。

3. 昆虫类　小瓢虫、蚂蚁、蝴蝶等各种昆虫标本、海螺、海星、贝壳、珊瑚类。

4. 标识类

（1）进区标识　到区域游戏的人数限制（一般 4 人左右）。培养幼儿轮流、分享的品质。

（2）区域名称标识　以卡通形象标识为主，放置在区域明显位置，让幼儿看到明显的进区标志，知道区域名称。

5. 天气预报　可做成数字、图片插卡式的。内容包括：温度（数字卡片）、天气状况（图片：下雨、刮风、下雪、晴天、多云等）、生活提示（穿衣、喝水、体育锻炼等）。

6. 地球仪、宇宙星空图片或模型　帮助幼儿了解宇宙、星星、地球的奥秘。

（二）辅助材料

1. 观察盒、放大镜　可将蚂蚁、小瓢虫等昆虫放在观察盒中，方便幼儿细致观察昆虫的外形特征，又不感到害怕。放大镜帮助幼儿观察动植物细小的地方及变化。

2. 小木棒、冰棒小棍　可搭成围栏，设计小园，增加情趣。

3. 木板、玻璃瓶　可用木板、玻璃瓶搭出不同的层次，方便幼儿观察，又可以使自然角有立体感、富有层次。

4. 各种泥塑或纸制的小动物　可以为自然角增加童趣，更吸引幼儿参与观察。

5. 童趣花盆、花瓶等　幼儿会更感到情趣，起到美化区域的作用。

6. 小记事本或彩纸　帮助幼儿记录植物动物的生长变化。

7. 动植物、星空的画册或照片 引导幼儿欣赏自然角中不宜种植或饲养的动植物，星空中的变化，激发幼儿热爱大自然、热爱科学的兴趣与情感。

8. 土壤、沙子、锯末 可以做种子发芽对比试验，观察哪种材料更适合种子生长。

9. 竹棍、鱼线 有些豆类长到一定高度后需搭架，竹棍和鱼线可派上用场。

10. 各种石头 鹅卵石、雨花石、白色的石头等，石头上可以画成不同的画面，装点自然角，还可放置鱼缸中。

（三）南北差异

饲养蝌蚪与蚕：北方的春天从阳春三月开始，但要进入四月才会春暖花开。孩子们都非常喜欢“小蝌蚪找妈妈”的故事，他们往往会对小蝌蚪为什么和青蛙妈妈长得不一样产生疑问。小蝌蚪也正是这个时候才会出现，我们在自然角中引导幼儿一起饲养的小蝌蚪真实地展现了这一过程。孩子们随着小蝌蚪的长出后腿、长出前腿、穿上新衣，获得了感性经验，了解了生长的含义。

南方的春天比北方要早得多，在南方养蚕的人很多，因而适合蚕的食物桑树随处可见。在自然角中可投放蚕宝宝，在教师的引导下系统地观察蚕宝宝从卵、幼虫、蛹、成虫（蝴蝶）四个不同生长时期的变化，了解生命的历程。

将乡土材料投于区角中，为区角活动增添了更多的活力。农村幼儿园设置自然角，有着得天独厚的条件。孩子们可以在户外看到蝌蚪怎样变成青蛙，小鱼怎样游泳、呼吸，种子怎样出土、发芽，知道植物生长需要水分、空气和阳光。捉蝴蝶、蝉，采集各种树叶、种子制成植物标本供幼儿展览。可以激发幼儿的好奇心，让他们学会观察、学会发现，开阔视野，懂得节约，养成爱劳动的好习惯。

（四）可变通的材料：种子生长

种子是怎样长成植物的？种子生长过程需要什么？无论在哪里只要满足种子的生长条件，它就一定可以发芽、生长。在此过程中可进行实验对比，用三个盛满土的花盆分别放入相同的种子：一个放在阳光下不浇水，一个浇适量水放在密闭的盒子中，一个浇适量水放在阳光下。教师引导幼儿讨论、猜想：哪个种子宝宝长得快？一周后孩子们得到了答案，通过观察发现第三个花盆里的种子长得最快，验证了植物生长需要水、空气和阳光！还可以做种子在不同环境水、土、沙等中发芽实验、植物趋光性实验、根茎吸水实验，如白菜、大蒜、萝卜、葱头等植物缺氧实验等。这些都不会受地域、环境的影响。

自然角环境的创设是幼儿课程的一部分。自然角环境的创设教师要追随孩子，及时捕捉幼儿最有兴趣的问题，积极成为孩子们的伙伴，让幼儿在与教师、环境、材料的交互作用中获得更多的经验，从这方绿色小天地中得到更多的快乐和收获。

三、大　班

（一）基本游戏材料

1. 栽种花草 养盆花、瓶插、瓶泡、种子发芽实验等，如太阳花、月季、鸡冠花、水仙。

萝卜、白菜头、洋葱头、蒜、土豆等卡在玻璃瓶口，放水浸泡，还可以做一些艺术造型，如萝卜吊篮等，引导幼儿观察整体植株形态，比较叶、花、根系的异同。

幼儿自己收集种子、各种豆子进行种子发芽实验。幼儿通过观察比较，了解种子发芽与水、温度、阳光、空气的关系。

幼儿学习播种、移植等方法，练习使用工具的方法。可用冰棍棍儿写上幼儿姓名插在盆中做标记，随着植物的生长用彩笔在小棍上画标记，记录高度的变化，引导幼儿观察谁种的花先发芽，长得好，早开花，比较芽、叶、花的不同，并用记录本做简单记录。

2. 饲养 各种小鱼、乌龟、蝌蚪、蜗牛、蚕等。

指导幼儿用食物喂养，在蝌蚪长腿后，渐渐变为用肺呼吸，必须在水中放置假山石或木板，减少盆中水量，使其经常露出水面呼吸，引导幼儿用放大镜观察蝌蚪变青蛙的过程：卵—蝌蚪—长出后腿—长出前腿—尾巴缩短—青蛙，可用图画记录。

蚕卵可先放阴处，待桑树发芽再将蚕卵移到温暖潮湿处，即可孵出蚕蚁，每天喂桑叶四五次，经常清理蚕屎，桑叶放塑料袋中防干燥。

引导幼儿观察记录全过程：卵—蚕蚁—吃桑叶长大—脱皮四次（称为眠，不吃也不动）—吐丝作蚕茧—变蛹—蛾子—产卵。

3. 丰收角 结合季节可将秋季收获的果实、粮食作物、各种蔬菜等放到自然科学区展示。

4. 天气日记 引导幼儿观察天气的变化，学习记录、统计的方法。可设计成插板式天气日记和表格式天气日记。

5. 设计进区标识、区域名称标识

（二）辅助材料说明

在自然科学区教师巧妙地投放一些辅助材料，增加自然区的情趣，更加吸引幼儿参与其中。

地球仪 让幼儿了解地球仪就是巨大地球的缩小，它代表世界，可将幼儿熟悉的地名、国名、南极、北极、赤道及典型的气候、有代表性的动物作为幼儿了解的对象。

动植物标本 青蛙生长过程标本，蚕生长过程标本，昆虫标本（蝴蝶等），花、种子、叶子的标本。

图书图片资料 科学丛书（恐龙、人体等），有关森林、四季、海洋、天空、动植物等自然知识图书图片资料。

第四章

各年龄班幼儿行为问题百问必答

小班

一、兴趣与习惯

1. 幼儿把刚种好的种子挖出来怎么办?

问题描述:

在春暖花开，万物复苏之际，幼儿们收集了黄豆、绿豆、花生等植物种子，种入装饰好的花盆中，并每天浇水、观察。过了两天，区域活动时从观察区传来一声:“老师，他把种子挖出来了。”接着又听见一个声音说:“我只是想看看它发芽没有。”

原因分析:

幼儿年龄小，生活知识与经验都十分有限，常会不自觉地将自己看到的现象与已有的经验相联系，进而进行情景转移。幼儿觉得种子埋在土里看不到的时候，就会心急，迫切地挖出种子，想看看是否有变化。

对策建议:

教师首先与幼儿进行沟通，了解幼儿把种子挖出来的原因，不批评责怪幼儿。然后根据原因对幼儿进行正确的引导，并向幼儿讲解种子离开土壤会变成什么样，就像宝宝离开妈妈一样不会长大。同时，教师在发现幼儿这一行为后，可引导幼儿做实验，观察种子离开土壤的结果，从而使幼儿知道自己的行为给种子带来的伤害。

2. 幼儿常用手捞鱼缸里的鱼看怎么办?

问题描述:

观察区的动植物一应俱全，幼儿们餐后经常会到观察区喂小金鱼、浇花等，但经常会听见有幼儿说:“老师，他捞鱼了。”听到的回答是:“我想看看它到底有多大”“为什么在鱼缸里就变大了，捞出来就变小了呢？”等各种各样的回答。

原因分析：

幼儿天生具有好奇心，对周围的世界充满问号，他们渴望发现世界上的一切秘密，所以，幼儿对于新奇的东西会去摆弄，去触碰它们，提出许多新奇的疑问。如：将鱼捞出来看个究竟，到底长什么样子，有多大等等。

对策建议：

教师不必让幼儿完全明白其中的原理，只需引起他们的兴趣，引导他们去发现、思考，从而提出问题并能从中获得对一些现象的认识就够了。不是说只要教师传授了知识，幼儿就自然而然地学到科学方法，这必须是在教师有意识、正确引导下，幼儿才有机会获得。而且教师不能强制幼儿先看什么，后看什么，这样会影响幼儿观察的兴趣，只能根据幼儿的观察情况，因势利导。这样才能培养幼儿的想象力、创造力和独立获取知识的能力。

3. 幼儿误食观察物怎么办?

问题描述：

观察区里教师投放了一些水果、种子、干果等供幼儿观察认识，其中有能食用的和不能食用的。早餐后一名幼儿来到观察区，他拿起每一样东西先是看了看，又闻了闻，最后把一颗大芸豆放到了嘴里。

原因分析：

幼儿的好奇心，促使他喜欢运用各种感官去探索观察。

对策建议：

用嘴探索观察物是幼儿的探索特点，教师应首先确认幼儿误食的是什么观察物，在确定幼儿是安全的情况下，与幼儿进行沟通，了解其误食观察物的原因，根据原因进行相应的教育指导，引导幼儿了解观察物的作用及用途，向幼儿讲解误食的后果，但不要批评责怪幼儿。

4. 幼儿不喜欢动物，伤害动物怎么办?

问题描述：

观察区里新添了三只小鸡，早餐后幼儿都去看小鸡，有的幼儿静静地观察小鸡，有的幼儿互相议论着。突然有一名幼儿用脚去踢小鸡，这一举动立刻引来边上幼儿的一片惊呼，踢小鸡的幼儿立刻说：“它太脏了，我不喜欢它。”

原因分析：

幼儿与动物有着天然的情感联系，他们如同关爱自己一样关爱动物。绝大多数的小幼儿都十分喜欢动物，只有很少的幼儿认为动物“好脏的，有虱子的”，“好可怕的，会咬人的”。而幼儿有这样的看法跟其家庭教育有着直接的关系。在对他们的家长进行调查访问时，他们的父母就是这样告诉我的：“不喜欢养动物，又脏又怕的，花呀草呀倒是蛮喜欢的，种了不少呢！”可见，幼儿并不是一开始就不喜欢动物，而是受到父母的影响才不喜欢的。

对策建议：

当幼儿面对动物时，虽然会有一小会儿的退缩，但很快会被同伴的情绪所感染，也就把脏呀、怕呀抛到了脑后，一双小手也会伸出来摸摸小狗的头或背上的毛。正是基于对动物那种天生的喜爱，使得幼儿在对动物的学习上带有极大的自觉性，他们对动物充满了感情，对于动物的一切都感到好奇："它们会说话吗?""它们都吃些什么东西?""它们的家是怎样的?"这样的问题层出不穷。他们总会因为某一时间出现的某个小动物而兴奋不已，即使是在上课时间，如果突然之间出现一个蜜蜂或蝴蝶，他们会不再理睬教师制定的纪律，甚至无视教师的批评，把全部的注意力用来看这突然出现的小动物。

5. 幼儿在种植时偷偷地把种子藏起来怎么办?

问题描述：

春天到了，依照以往的惯例各个班都开始了种植活动，上午户外活动时间我们组织幼儿们种种子，于是，我给每人发了几颗种子，并提出要求：把老师发的种子都种到盆里。幼儿们都兴高采烈地种种子了，一会儿我看到一名幼儿将种子偷偷地放到了自己的口袋里，却被其他幼儿发现了。

原因分析：

"种子"在日常生活中经常可以看见，如西瓜籽、苹果核、南瓜籽、黄豆、绿豆等等。小朋友在幼儿园的种植角、自然角，或者跟爸爸妈妈去超市、菜市场都会接触到一些形形色色的种子。但由于缺乏引导，幼儿虽然经常看见这些种子，也非常熟悉，却没有把它当成一回事。然而，他们对植物的由来、变化却充满了好奇心，有着强烈的探索欲望。因此，幼儿种植活动中，趁教师不注意的时候，会偷偷地把种子藏起来，留给自己来进行研究。

对策建议：

幼儿在种植过程中会不遵守规则，玩土藏种子等，教师首先要了解幼儿为何要藏种子。根据原因可以提醒他，引导他把种子藏在土里，从而达到幼儿种植的目的，也满足了幼儿喜欢藏东西的需求。如果是幼儿藏起来想回家种植，那教师应告诉幼儿不能偷偷地把种子藏起来，想拿回家中的话，要和教师商量经过教师的同意，再带回家。

6. 幼儿不喜欢参与种植怎么办?

问题描述：

在户外活动时，我说要组织幼儿一起种种子，他们都非常高兴，带着自己的小盒子到院子里挖土去了，一会儿小盒子里就装满了种豆子用的土，准备要回教室，突然听见有幼儿说："老师，他的盒子里没有土。"那位幼儿说："我又不种种子，我要土干吗呀?"

原因分析：

幼儿之所以会有这样的看法跟幼儿的家庭教育有着直接的关系，大多数父母看到幼儿玩土就会阻止，说："别玩土，脏、不卫生。"可见，幼儿不喜欢种植，跟受到父母的影响有很大的关系。

对策建议：

绝大多数的幼儿都十分喜欢动植物，只有很少的幼儿认为种植物会把自己的衣服或手弄脏。而此时，教师应帮助幼儿一起种植，在种植过程让幼儿体验种植的快乐。也可以通过游戏（和种子藏猫猫）的方式引导幼儿参与种植活动。

7. 幼儿在发现昆虫洞后喜欢向洞里灌水、填土或塞杂物怎么办？

问题描述：

户外活动，幼儿们有玩滑梯的、有拍皮球的，玩得非常高兴。过了一会儿拍皮球的幼儿越来越少了，只见都跑到了大树下，叽叽喳喳的议论。我过去一看，原来是幼儿发现了一个蚂蚁洞，正拿着小棍和石头捅蚂蚁的洞洞呢。

原因分析：

幼儿觉得给昆虫洞里灌水、填土或塞杂物小昆虫就会爬出来。

对策建议：

教师尽量以神秘、亲切的口吻引导幼儿的好奇，把幼儿的注意力吸引到猜测洞里住的是什么昆虫，根据现场情况随时实施相应的策略。这时教师要引导幼儿控制自己，减少对昆虫的刺激。日常生活中，还要时时为幼儿创设照顾动植物的机会。作为教师既要注意观察幼儿、倾听幼儿、了解幼儿，更要学会巧妙地把幼儿的热情引向学习，对幼儿的行为进行观察分析并给予幼儿适度的回应，创设相应的环境，使幼儿探索性主题活动得以顺利地进行。

8. 幼儿喜欢挪动或干脆拿起观察区中的物品怎么办？

问题描述：

观察区里摆放了许多花、小金鱼、乌龟、水果、干果等物品。活动区时，我给花浇了水，给小金鱼换了新的水后又将它们重新摆放了一下。过了一会儿，有几个幼儿到观察区去活动了，他们看看这个又看看那个，然后把鱼缸搬到了地上，一会儿又放了回去。

原因分析：

幼儿见教师经常将观察区的物品摆来摆去，摆成各种不同的造型，就产生了兴趣，所以幼儿喜欢挪动这些物品。

对策建议：

面对这一现象，教师不必批评指责幼儿，只需引导他们在安全的前提下有兴趣地去发现，去思考。在必要的时候教师可支持帮助幼儿按他们自己的想法设置植物角及植物角的摆放，满足幼儿的需求。

9. 幼儿在下雨、下雪天偷尝雨雪怎么办？

问题描述：

人类生活在大自然之中，出于天性与生存本能，他们需要对自己所处的环境进行了解、探究、尝试，于是才会有关于自然科学的研究。每逢下雨、下雪天，幼儿都兴奋地蹦蹦跳跳，偶而看到个别幼儿把雨雪捧到手掌里，然后塞进嘴巴。

原因分析：

幼儿对于所有的自然现象都有着浓厚的兴趣。你从没有引导他对某一自然现象进行关注，但他自己就会对此产生很多疑问然后跑来问你，一直问到你也不知道答案还不肯轻易罢休。但是我们也发现他们的这种热情随着年龄的增长却在慢慢减弱，问题在慢慢减少，以至于现在一些教育家提出“要让孩子学会提问”。

对策建议：

对于幼儿偷尝雨雪，教师应该适当地引导。首先为幼儿讲述雨雪的形成和特点，使幼儿对此现象有所了解，也可以适当地收集相应的干净的雨雪，让幼儿品尝。

10. 幼儿在探索的过程中过于兴奋怎么办？

问题描述：

幼儿在探索活动中，常会因为新奇的问题和发现，出现兴奋的神情举动，导致不遵守规则的现象发生。

原因分析：

幼儿一般在探索事物的过程中都比较感兴趣，表现得过于兴奋。

对策建议：

如果兴奋在合理的范围为，教师要用具体、正确的语言提醒幼儿，如当发现有人在室内跑，不要说“不要跑”，而要具体地告诉他“轻轻走过去”；如果幼儿过于兴奋或严重违反规则，扰乱他人的活动，教师可以提醒他一次，给他一次改正的机会，但他如果仍然控制不住自己，可用很短的时间让他独自安静一下情绪，再回到集体游戏中。

11. 幼儿喜欢用手掐、揪植物的叶子，看它有没有流血怎么办？

问题描述：

幼儿园的植物角是常识教育的一部分，是促进幼儿观察力发展、增长和丰富知识的途径之一。活动区时，有幼儿大声说：“老师，他掐叶子。”掐叶子的幼儿回答说：“我想看看它会不会流血。”

原因分析：

通过设置植物角，既可以美化环境，使活动室美观、充满生气，也可使幼儿的生活更加生动有趣，丰富多彩。幼儿已有的生活经验是，人和小动物都在皮肤破损的情况下会流血，因此也想观察植物是否流血。

对策建议：

在教师的指导下，让幼儿参与种植活动，可使他们积极主动地仔细观察植物，从中发现平时不易引起注意的一些特征和变化，培养幼儿的观察力，从而激发起幼儿对自然的兴趣以及探索大自然奥秘的求知欲望，使幼儿认识得更深刻、全面，掌握的知识更丰富、更巩固。幼儿主动提问、探索精神是非常值得鼓励的。教师可借此兴趣点开展活动，让幼儿了解更多的关于叶子的知识。

12. 幼儿常常用小棍把仙人掌刺弄掉怎么办？

问题描述：

活动区时，看到一位幼儿用小棍拨寻仙人掌的刺，一问之下得知，他是想把仙人掌的刺全部弄掉，免得扎人。

原因分析：

原来，一位幼儿的手被仙人掌刺刺了，很难受，后来他得知，仙人掌长刺是为了保护自己，是植物的一种自卫方式，而且多数有刺的植物是有毒的。

对策建议：

通过这件事，有的幼儿对有刺、有毒的植物产生了浓厚的兴趣。教师组织幼儿成立了“有毒植物研究小组”。他们到处搜集资料，知道了许多有毒的植物，如毛毡苔、捕蝇草、红猪笼草等，还知道有毒的植物在捕捉猎物时会分泌毒汁。最后通过集体交流，让幼儿明白植物的刺有多种用处，把刺弄掉是一种错误的做法，在研究植物的同时也要让幼儿懂得爱护植物。

13. 幼儿用小棍捅乌龟的头或四肢怎么办？

问题描述：

最近，幼儿的兴趣集中到了刚“住”进自然角的小乌龟身上，更有一些幼儿，用小棍捅乌龟的头或四肢，观察乌龟的反应。

原因分析：

探索活动也是一种研究活动，幼儿的好奇心使他们对乌龟的外部特征、爬行状态和生活习性都产生了浓厚的兴趣。

对策建议：

出现以上问题时，教师应引导幼儿控制自己，减少对乌龟的刺激；也可让幼儿对乌龟表现进行猜测：乌龟为啥一动不动？头和脚为啥缩进去了？当观察到幼儿对“乌龟长不长牙”有争议时，就为幼儿提供放大镜，支持他们进一步仔细观察。他们一边给乌龟喂肉、喂虾，一边用放大镜照着乌龟的嘴观察。观察一阵后，发现还是没法肯定乌龟究竟有没有牙。于是一个小朋友想出能否掰开乌龟的嘴巴看看，并来征求我的意见，我就帮助他们将乌龟的嘴巴掰开了，幼儿这才发现乌龟是不长牙的。在观察、支持幼儿的探索过程中，教师既要注意观察幼儿、倾听幼儿、了解幼儿，更要学会巧妙地把幼儿的热情引向学习，对幼儿的行为进行观察分析并给予适度的回应。

14. 幼儿不按照教师的提示方式进行观察怎么办？

问题描述：

幼儿在自然角观察并找寻蚯蚓，观察一段时间后，教师开始有目的有顺序的引导幼儿进行讨论，结果幼儿并没有按教师设计的步骤讨论，而是在结合自己的经验与想象讨论着。

原因分析：

幼儿在成长过程中逐渐形成了自己的思维方式，他们已经开始不局限于教师提供的思考范围，开始有自己的主意。

对策建议：

当幼儿不按照教师的提示方式进行观察时，教师应该考虑自己预想的问题是不是幼儿自己的问题，以及教师的提问方式是否让幼儿感兴趣，这时教师应适当调整方式，先让幼儿自己猜想，并按自己的想法作用于物体，进行验证。

15. 幼儿总想抠花盆里的锯末、土、海绵一类的辅料怎么办？

问题描述：

幼儿对自然角很感兴趣，尤其在属于自己的种植天地里，他们不只是对种植的植物感兴趣，同时对花盆里面的锯末、土、海绵等材料也兴趣盎然，经常用手去抠。

原因分析：

幼儿常常用自己独特的、不同于成人的眼光认识事物，那是因为他们的经验还不丰富，知识还不全面，但幼儿总是怀着强烈的好奇心和良好的动机去探究周围世界。

对策建议：

当幼儿总想抠花盆里的锯末、土、海绵一类的辅料时，教师要改变传统的方式，尊重幼儿的意愿与参与权，为他们开辟属于自己的空间。教师在自然角中应该给幼儿提供充分的空间，让他们自主决定自己要做什么，如何来做，从而使幼儿有机会按自己的想法进行尝试，有机会把自己看成是能产生思想及支配行为方式的人，使幼儿真正具有主人意识。

16. 幼儿在参与认知活动时喜欢掰碎、揉捏手中的材料怎么办？

问题描述：

幼儿在参与认知活动时总喜欢掰碎、揉捏手中的材料，容易使注意力偏离活动的中心，转移到玩弄手中的材料，严重影响活动的进行及活动目标的达成。

原因分析：

因为幼儿是一个天生的探索者，他们经常表现出积极主动的探索和认识周围世界的强烈愿望。幼儿对材料的观察、感知不会局限于“看”，他们更愿意通过动手揉捏来感受材料。

对策建议：

当幼儿掰碎、揉捏手中的材料时，教师先不要打扰他们，要观察他们，分析他们的行为。因为幼儿是一个天生的探索者，他们经常表现出积极主动的探索和认识周围世界的强烈愿望。教师不应轻率地对幼儿的某些“违反常规的行为”定性，而应真诚的相信每个幼儿都怀着良好的愿望，要了解幼儿行为背后的真正原因，看到他们真实的需求和动机，为幼儿提供心理安全的探究环境，避免误解或伤害幼儿。

17. 幼儿总爱敲击鱼缸怎么办?

问题描述：

在观察区，总发现幼儿愿意去敲击鱼缸，而且乐此不疲。里面的小鱼会被突来的响声惊得游动起来。

原因分析：

幼儿敲击鱼缸，可能是想看一看有的金鱼为什么静静地呆在水里不动，金鱼怎样才能游动起来等。这种好奇心驱使幼儿去敲击鱼缸。

对策建议：

教师要通过仔细的观察和倾听幼儿们的对话，了解幼儿是不是在“淘气”，教师要时刻提醒自己了解幼儿表面看似负面行为背后的真正目的，避免误解和伤害幼儿，以保持他们永久的好奇心和乐于探究的欲望。

18. 幼儿户外活动时爱玩“吊死鬼”（一种虫子）怎么办?

问题描述：

夏季里，户外的树木枝繁叶茂。仔细观察会发现上面垂下一条条透明的丝线，线上吊着的绿色小虫正在扭捏着身体吐丝。户外活动的幼儿偶然发现这情景，变得十分兴奋，相互呼唤着围到树下，抓弄、拍打着小虫玩，显得十分开心。

原因分析：

新奇的东西总是能引发幼儿的好奇。对于陌生的事物，幼儿会习惯性地用最直接的感官手段，也就是我们常说的看、触、听、闻、尝等手段，去感知、认识与探索。这与幼儿的“玩”往往是同一过程，幼儿正是在这种看似不经意的“玩”的过程中产生了好奇心与求知欲，他们的学习与知识经验的积累也正是伴随着这种游戏进行的。教师应当对幼儿的探究行动予以支持，并抓住这一教育契机引领他们进一步探索，使之升华为有目的性的探究活动，自然地引导幼儿在玩儿中达到学习的目的。

对策建议：

依幼儿兴趣，进行有关“吊死鬼”这一小虫的随机教育。引导幼儿通过有目的的“触、看”，对虫子的外形、生活环境进行观察，了解其生存成长方式，对周围动、植物的影响与联系等知识。同时，依据幼儿的接受情况，进一步寻找幼儿的兴趣点，拓展话题，渗透相关的知识。这样既丰富了幼儿的知识量，增添了其如何进行主动探索的经验，又培养了幼儿主动观察周围事物、积极参与探索的良好学习习惯。

19. 幼儿总对着小动物叫怎么办?

问题描述:

在观察小动物的活动中，幼儿一见到教师带来的动物朋友立刻兴奋起来，所有的幼儿都凑到跟前，有的跟教师说着他在哪儿见过，有的伸出手去摸小动物，更有幼儿对着动物兴奋地大喊大叫个不停，直到教师开始引导他们观察动物，那声音才有渐弱的趋势。

原因分析:

幼儿大都对漂亮又可爱的小动物充满喜爱，这点由幼儿们争抢着抚摸小动物，主动谈起有关动物名字、饮食特点、相处经历等话题的表现便不难看出。此后的活动中，随着幼儿谈话兴趣渐浓，活动的气氛也逐步被带动了起来，在热烈氛围的带动下，所有的幼儿都被感染了，很快进入了兴奋状态，积极的想要表达他们内心的喜爱之情。可这时有的幼儿由于表达能力、知识经验有限，一时插不上话，只好以叫嚷的方式表达自己的激动与兴奋。此时他们的喊叫，表达的是对小动物的喜爱，而不是我们大多数时候所认为的“捣乱”。

对策建议:

幼儿正处于兴奋状态，如果此时贸然进行说教不易被他们所接纳，且会打击幼儿参与相关活动的积极性。这时我们应当对幼儿的叫嚷表示理解，同时通过帮助他们解释叫嚷的原因（喜爱动物），使他们与教师产生共鸣，让他们激动的心情得到平复。然后，教师可通过观察动物外部特征、说明饮食习惯等引导，帮助幼儿找到话题，融入活动；通过启发幼儿讨论“怎样照看小动物”、制定计划表等形式拓展活动内容，丰富活动形式，使教育活动得以延伸与升华。

20. 幼儿时常会模仿生活中的情节，用剪子给小动物剪毛怎么办?

问题描述:

夏季里，自然角中的鸡宝宝、小兔子裹着一身松松、软软的绒毛，在自己的小窝中时而踱步，时而悠闲地整理着自己的绒毛，煞是可爱，幼儿们都争相围在边上逗弄着，直到饮水时间到了才依依不舍地散去。这时我发现班中的一个幼儿没同大家一起，而是偷偷拿了剪子伸向了小兔的绒毛，这一举动立刻引来边上孩子的一片惊呼……

原因分析:

夏天到了，天气炎热，幼儿自己穿的都越来越少了，可小动物们还裹着一身厚厚的绒毛，会不会很热呢？可能正是幼儿当时的想法，而幼儿又是那样喜爱小动物，该怎么帮帮它们呢？接着幼儿马上又联想到，自己热的时候，爸爸、妈妈要帮着剪头发，可爱的小动物是不是也该剪一剪呢？所以幼儿便动起剪子，试图以这样的方式关爱、帮助小动物。

对策建议:

当发现幼儿有这种行为时，不要急于责备幼儿，而是应当理解他们充满童趣的想法，可以请他说说这样做的原因，然后通过讨论让幼儿知道一些有关动物绒毛的知识，掌握适合的关爱小动物的方式，比如，天气热了，给小动物准备充足的水喝，多给小动物菜叶、水果吃，不要老是抱着小动物等。

21. 幼儿向草地里小便，说是给小草喝水怎么办？

问题描述：

户外游戏活动时，幼儿们正玩得兴高采烈，突然同同跑来说有小便。配班教师怕他憋不住，欲快速带他回班，可他却说没关系，挣开教师的手急急地跑向了边上的绿化带尿了起来，边尿还边说正好给小草浇浇水……

原因分析：

幼儿给予了自己的行为合理的解释“去草地尿是为了要给小草喝水”。在他的眼中，自己的行为不是“捣乱”而是在照顾小草，是好心。他并不了解这样做是不卫生、不适宜的，因为他的这种行为很可能正是成人在某种特定环境下（如幼儿尿急时），对他的不正确引导留下的错误概念，所以问题的根由并不在幼儿，此时的幼儿需要的是引导，是更正观念而不是批评。

对策建议：

当发现幼儿有这种行为时，不要急于对他做出责备，因为幼儿的出发点是好的，他认为自己的举动是爱心之举，鲁莽的批评不但会使他感到委屈，更会使他奉献爱心的积极性受挫。我们首先要肯定幼儿想要爱护植物的想法是好的，保护他关心植物、想要照顾植物的美好心愿，不打击他的积极性，然后再通过举例、观察教育引导幼儿明白，在草地里小便会给他人带来不便、传播细菌、污染环境，帮助了解小便定点的原因是要大家讲卫生。同时与家长沟通，进行同步教育，帮助幼儿更正观念，了解正确的照顾植物的方法。

22. 幼儿不喜欢自然角怎么办？

问题描述：

小班的自然角里，植物、小动物和精美的情境设置一应俱全，但仍常常乏人问津，幼儿们即使路过也只是匆匆一瞥，很少驻足。

原因分析：

在自然角里，多年以来，我们的习惯是摆花、养鱼等。这样做的目的是美化环境，供幼儿了解动植物的生长特点。所以摆放时首先考虑的是美观、易观察，而对幼儿的兴趣点关注甚少，可操作的材料自然也就投放的有限。再加之为了安全起见，有的教师常常在此区域中提一些相应的要求，限制幼儿的一部分活动。而小班幼儿的思维，又主要依赖于具体的动作和表象，需要通过各种具体的活动来认识事物、学习科学，以丰富的物质材料刺激他们的探索行为。由此，幼儿自然对这一区域缺乏兴趣。

对策建议：

教师应该为幼儿创设适合其发展水平，满足其内在需要和兴趣的物质环境，以诱发幼儿的自发探索等自主活动。如：通过讨论“如何摆放自然角”引导幼儿感受到植物种类繁多，有各种各样的叶、茎、花和果实，不同植物的生长环境和条件不同等，引发幼儿的探索兴趣。另外，在班级的“自然角”中，可以让每个幼儿都有一盆属于自己的“植物宝宝”，引导幼儿通过种植和护理，发现植物的特点，了解植物的生长过程及变化规律。也可以通过“沙砾栽培”、“水栽培”等实验，使幼儿感受到自然界的奇妙和植物顽强的生命力，激发幼儿的好奇心和探究欲。此外，教师还应及时更换自然角中的材料，帮助幼儿建立对自然角持久的探索兴趣。

23. 幼儿很少问自然科学的问题怎么办?

问题描述：

设置自然角的目的是让小班幼儿在看一看、想一想、做一做、摸一摸、练一练中发现问题、解决问题，使自然角成为他们接触自然、探索科学知识的场所，但是小班幼儿常常无人问津。

原因分析：

小班幼儿目的性较差，思维属于直觉行动思维，幼儿需要通过观察、操作获得许多感性经验，从而萌发对科学探索的兴趣，对周围世界的探索主要是通过对物体的看、听、摸、闻等感知、操作活动来进行。可是为了幼儿的安全，教师常常对幼儿提出一些要求，让幼儿只许看不许摸，因此限制了幼儿的探索活动，久而久之幼儿们对植物角很少光顾，自然也就很少提出问题。

对策建议：

首先，创设情境，培养幼儿质疑的兴趣，使其乐于提问。幼儿的思维建立在直觉行动的基础上，并逐步向抽象思维、逻辑思维过渡，这就决定了幼儿的提问离不开具体的生活情境。成人如果能创设良好的发问情境，就能激发幼儿提问的兴趣，使其乐于提问。其次，采用恰当的提问方法，引导幼儿善于提问。改变幼儿不爱提问的习惯，成人的引导非常重要。采用恰当的主动提问方法，是引发幼儿提问的重要途径。面对一种有趣的现象，可以用“你知道这是怎么回事吗”等方式，提出问题，与幼儿一起寻找答案，在探究过程中调动他的好奇心。最后，让幼儿多说、多动手、多思考，使其勤于提问。

24. 幼儿喜欢用手摸，如果制止，会不会击退幼儿喜爱自然物的热情呢?

问题描述：

为了不影响下面活动的开展、不弄乱自然角，每当有幼儿过去看，教师就会上前制止：“用眼睛看，不要用手摸!”“好了，不要看了，回座位玩吧”。久而久之，幼儿们不敢再去看了，兴趣逐渐被抹煞，自然角渐渐成了被遗忘的角落。

原因分析：

教师对自然角的认识观念不到位。教师们普遍认为自然角只是一种展示，没有真正发挥自然角的教育效能，怕摆设被幼儿触碰过后会不美不漂亮，但其实却剥夺了幼儿与自然角的互动与交流。人的感官是人感觉的分析器，是人认识能力的基础。幼儿的好奇心特别强，什么东西都要摸摸、动动，幼儿们可以通过直接感知、积累得到认知的概念，这样获得的概念才更真实、自然与感性，也更有利于幼儿的认知发展。

对策建议：

教师、家长不应简单粗暴地制止，而应对幼儿子的好奇心予以肯定和鼓励，同时给予他正面的解释和教育，告诉他要爱惜东西，告诉他什么东西不能乱动，否则会出危险。在教师、家长的正确引导下，儿童的好奇心会不断向新的水平和更广泛的方面发展。另外，应鼓励幼儿多做力所能及的事情，例如给小花浇水、给小鱼喂食等，可以锻炼幼儿的手眼协调能力，锻炼手指部小肌肉的发展，促进思维和创造能力的发展。

25. 如何让幼儿愿意记录?

问题描述：

自然角是幼儿园活动室的重要环境之一，在那里摆花、养鱼，目的是美化环境，调节室内情调，供幼儿欣赏观察，同时了解动植物的生长特点。但是，幼儿们往往忽略了对它的记录和记录方法。

原因分析：

1. 小班幼儿的特点：目的性不强；顺序性较差；细致性正在逐步全面；理解性差，概括能力低，不善于将观察对象的各方面联系起来，对观察记录的兴趣不大。

2. 对于主观意识较强，但缺少责任意识的幼儿，教师应当深入了解幼儿如何开展记录的：是他不了解记录方法，还是没有目的就随意地记录。

对策建议：

时间很重要，可以让幼儿明确活动的历程，尤其是必须进行多次反复的探索活动，幼儿可以借由时间的推移对比活动的前后不同，从而得到相关活动的信息。引导幼儿记录下探究的步骤，记清楚每个步骤的具体情况或是现象，让幼儿有迹可查，同时不忘为步骤编上号码，使各步骤更明确。不管是成功的结果或是失败的结果，都应记录下来。应该是多种记录方式的协同配合。可以是个人的记录，也可以是双人或多人的记录；可以是小组的记录，可以是集体的记录。记录的形式可以是单一表格的记录，也可以是记录本式的记录；可以是单一记录纸的记录，还可以是多种形式的组合记录。记录的方法可以用数字表格，也可以画成图；可以简单、单一的文字表述，多种记录方法的结合。幼儿可以根据自己的思维，用自己喜欢的方式来进行记录。

26. 幼儿的兴趣极易转移，教师如何引导幼儿关注此区域?

问题描述：

自然角是班级中不可缺少的一部分，教师在这一块上投入了很多的心血，但幼儿们却很少去关注、去参与。大多数的时间里，教师成为了自然角的管理者。自然角布置好以后只迎来了个别幼儿的观察，可也仅仅是过一段时间就不再去理会了。

原因分析：

1. 自然角大都是在活动室开辟的一个区域，作为饲养小动物、栽培植物、陈列实验用品之用。它所陈列的东西是从周围环境及广泛的自然物中精心选取的，集中地、分层次地展示于幼儿的眼前，使幼儿能逐一进行细致的观察，但是幼儿的注意力较短，做事极易受到外界环境的干扰，目的性较差，兴趣持续时间简短。

2. 自然角的种植与摆设流于表面，没有真正了解幼儿对自然角的感受，没有让自然角真正发挥它的作用。

对策建议：

1. 选择一些常见的植物，因为幼儿对这些植物比较熟悉，当幼儿看到这些植物时会情不自禁地说："这叫××，我家里也有的，爸爸妈妈每天都要给它浇水的"等等诸如此类的话，从中幼儿懂得了自然角里的植物也需要照顾，这样就会自觉地参与自然角的管理。在管理自然角的劳动中，幼儿不仅获得了知识，培养了劳动习惯，而且更能激发观察学习的兴趣。

2. 自然角里的植物应是一些易于生长和生长较快的植物，因为当幼儿去自然角观察时发现今天的植物和昨天的相比有所变化时，会显得特别的兴奋，会把自己的发现主动地告诉他人，从而吸引更多的同伴去观察和讲述。

27. 幼儿到自然角去破坏植物怎么办?

问题描述：

幼儿到了自然角会有一些有意或无意的"破坏"植物的举动，也许是因为他本身对自然角植物没有兴趣；也许是因为太喜欢了而不知道怎样去照顾它们，也许是因为幼儿们想和它做游戏，却无意中破坏了它。不论什么原因，最终的结果往往都是幼儿伤害到了自然角的植物。

原因分析：

对自然角植物没兴趣；不知该怎样爱护植物。

对策建议：

教师引导幼儿了解植物和人类有密切的关系，从而激发幼儿对植物的探索兴趣；应引导幼儿根据自己的兴趣自由地选择观察对象；可有目的地根据幼儿的特点组织本班的劳动。

28. 幼儿对种在不同形态盆中的同种植物表现出的兴趣有明显不同时怎么办?

问题描述：

同一种植物种在了不同形态的盆中，幼儿对它们的态度却有明显不同：有的喜欢圆形的，有的喜欢形状不规则有些怪异的，有的喜欢有小动物图案的花盆，还有的喜欢干干净净的玻璃瓶种植。

原因分析：

1. 这是正常现象，喜欢形状圆滑的或喜欢形状不规则的，这都与幼儿间的个体差异有关系。当植物都一样时注意力自然就转移到不同形态的盆中。

2. 适当引导幼儿将同种植物在不同器皿中种植的比较，帮助幼儿了解植物能在各类不同的盆中成长。

对策建议：

1. 不同器皿种植有着不同的作用和意义，木质器皿透气性好，植物容易呼吸，根据植物生长的不同需求，可选择需要透气的植物在木质器皿种植。

2. 玻璃制的器皿种（泡）植物容易看到植物的根茎，可以让小朋友们很清晰地观察植物的生长过程，还可以同一种植物与木质器皿一起种植比较生长速度等；塑料材质的器皿有很多不同的颜色，可以美化我们的自然科学区域。

29. 幼儿总是摘树叶、摘花草玩过家家怎么办？

问题描述：

过渡环节时，幼儿们都做起了自己喜欢做的事情，这时我发现自然角的植物今天很受大家的欢迎，我正高兴幼儿们开始对自然感兴趣，可走近发现幼儿去自然科学区把植物叶子摘下来，玩起了过家家。

原因分析：

1. 幼儿不知道植物也是有生命的，拿它当作玩具来玩，对植物的触觉和视觉效果都让幼儿很感兴趣，有的软软的，有的很滑，还有的摸起来手感麻麻的，他们便毫不客气地拿来玩。

2. 教师没有及时引导幼儿知道植物也是有生命的，要爱护植物。家长或教师最好以朋友的身份引导幼儿树立环保意识，动之以理、晓之以情。

3. 幼儿离大自然越来越远，这些应该引起教师和家长的注意，因为幼儿的生长需要实实在在的感受与体验。

对策建议：

1. 让幼儿从不乱扔垃圾、不乱摘花草树木、不乱打动物这样的小事做起，从细微着手潜移默化地影响他们。随着年龄增长、知识增多，幼儿参加环境保护的活动多了，对环保政策理解得深了，就会自然而然地形成一种积极的环保意识，产生热爱大自然的激情。

2. 在向幼儿灌输环保知识时，暗示和启发的方式同样重要。如在讲到人类对森林的破坏以及受到的惩罚时，可以用故事熏陶的方法，可以用童话的口吻道出后悔破坏环境的心声，使幼儿们听到看到后既没有恐怖感又激发了他们想要解救森林、保护动物的热情。

30. 幼儿喜欢用手揪小动物的尾巴怎么办？

问题描述：

教育活动中幼儿对小动物的尾巴很感兴趣，不管是真的小动物还是班上的毛绒玩具，都喜欢拽它们的尾巴。有的只是试探性地拉一下，有的着实揪着不放，还有的把尾巴拉起来生拽着小动物倒着行走。

原因分析：

小动物的尾巴有长有短，有的有毛，有的光滑，有的手感好，因此，幼儿对尾巴很感兴趣。幼儿对动物尾巴不了解，不知道小动物的尾巴用处很大，是身体必不可少的一部分。

解决措施：

通过教育活动引导幼儿了解尾巴是小动物必不可少的一部分。失去了尾巴，就会给它们带来许多麻烦和灾难，如鱼是靠尾巴推进转向的，鸟的尾巴在飞行时起着舵的作用等。

31. 总想与小动物亲吻怎么办？

问题描述：

今天我看到班上有的小女孩儿对自己喜欢的小动物有亲昵动作，她们有的亲小动物的毛发，有的亲小动物的嘴，有的用脸与小动物接近、亲昵。

原因分析：

对小动物很喜欢、很亲昵，就想将对伙伴、对亲人的友好动作用在小动物身上，幼儿以为这种方式是友好的象征，却不知道与小动物亲吻可能会对自己造成伤害。可以引导幼儿用另外一种方式代替亲吻，也可以做亲吻动作但并非把嘴贴近小动物。

对策建议：

通过教育活动教育幼儿要讲卫生，亲吻可以用脸贴脸来代替，不要有口的接触，同时利用多种材料，采用多种形式，使幼儿初步认识到个人卫生习惯包含的内容。

32. 知道结果的幼儿总是急于说出结果怎么办？

问题描述：

今天我们讲自然科学区域的有关植物的知识时，发现有一部分知道结果的幼儿总是急于说出自己的答案，不愿意给其他幼儿探索的机会。

原因分析：

幼儿性格决定，急于表现自己，表现欲望强烈。幼儿是在跟人比较的过程中成长的，自己要跟人比较、要表现优异是一种正常现象。但是，比较的标准可能是不同的。有的孩子跟人比较“谁的力气大”，有的孩子跟人比较“谁打扮得更漂亮”，有的跟人比较“谁的朋友多”，有的跟人比较“学习成绩”。幼儿正是在各种各样的比较过程中，慢慢地建立了自己的自信心，形成了自己的个性。

对策建议：

1. 让知道结果的幼儿先不要急于说出答案，先让其他幼儿参与讨论，待幼儿都讨论过了，再让急于表现自己的幼儿说出结果。

2. 引导急于说出结果的幼儿，让他感受到他占了主导位置，教师很重视他的说法。以此肯定幼儿的竞争意识。

33. 幼儿害怕软体动物，如大蜗牛、蚯蚓等怎么办？

问题描述：

刚刚下过雨，带幼儿户外活动时地上会出现蚯蚓，幼儿表现害怕的情绪。在教育活动上讲述自己的经验时，发现他们害怕、恐惧毛毛虫、蜗牛、蚯蚓等软体动物。平日班上图书中有此类动物的图片时他们也置之不理，甚至还有幼儿用脚去踩。

原因分析：

1. 我们的情绪系统比认知系统更快地作出反应，让我们远离危险。但幼儿是在不了解其危险性的情况下对此类动物产生恐惧、害怕的态度。因此对软体动物的情绪反应可以从发展的角度做实验，看看幼儿是否害怕，或者是否是父母平时的情绪反应影响了孩子。

2. 有个心理学家曾研究儿童对于不洁的恶心概念是如何习得的。他发现三岁甚至四岁以下的儿童没有污染的概念。他们不愿意喝里面有蟑螂的饮料，却能毫不犹豫喝掉把那只蟑螂拿走的那瓶饮料。整个过程中他们都是一直看着实验人员把蟑螂拿走的。他们认为既然蟑螂不在了，那里就是干净的。

对策建议：

情绪系统可能会让我们对很多类似蛇的动物都害怕，甚至在你看清楚之前先做反应。但这一假设不能解释为什么人们知道了是无害的动物，比如蚕宝宝之后还是觉得恶心。何况两者形体大小上差异还是很大的。而且恶心和害怕是两种不同的情绪，因恶心而逃跑和因害怕而逃跑毕竟还是有些差异的。可以在班中多养些蚕宝宝，让幼儿触觉感受，知道很多软体动物是不咬人的，只是吃草。利用教育活动、小故事什么的可爱化那些软体动物如毛毛虫宝宝、蚕宝宝、蚯蚓哥哥等。家中也可养些类似小动物，习惯就好了。

34. 幼儿喜欢掐植物新长出的嫩芽怎么办？

问题描述：

自然角里阳光充足，前两天刚种下的种子，此时已冒出小芽，嫩绿嫩绿的很是好看。可转眼的功夫，嫩芽便少了一颗，还有一颗的叶子也被掐断了一半，我四下寻找着。这时，旁边的小雨赶忙紧张的凑到我跟前说："老师、老师、我……我……就想拿出来看看，真的、真的！"

原因分析：

幼儿们的好奇心、求知欲很强，因为他们需要通过不断地探索、尝试去获取、积累知识与经验，但他们的探索却又不是如同成人那般有目的、有计划、有规则进行的，他们的探索往往是依据兴趣随机而起，这是他们的年龄特点。小雨就是如此，他对植物的生长过程充满着好奇，通过学习与观察，他知道小种子埋到土里会变成小芽然后慢慢长大。但种子是怎么变成小芽的呢？芽出来后下面的种子还在么？变成什么样了？对于这些幼儿有着强烈的好奇，所以当芽儿出土后会忍不住"拿"出来看看。

对策建议：

1. 表扬幼儿求知的愿望，同时引导幼儿明白该用合理的方式表达自己的需求。

2. 帮助幼儿了解植物的生长过程，可视条件为幼儿提供植物生长各个阶段的展品，并通过指导幼儿做泡种子的实验，进行实践观察。

3. 可教会幼儿作观察记录，以直接经验巩固幼儿认知。培养幼儿参与探究活动的积极性，帮助幼儿养成爱思考、勤动手的好习惯。

35. 幼儿喜欢吓唬小动物怎么办？

问题描述：

最近我发现班中常有幼儿拍打养龟、养鱼的玻璃缸，并冲着它们做怪动作。看到小动物们受到惊吓后立即作出缩起或逃走的样子，就会很开心，并乐此不疲地重复着相同的行为，直到被教师制止才会停手。

原因分析：

1. 从幼儿们经常性地围到自然角小动物前的行为不难看出，幼儿们对小动物是非常感兴趣的，但受年龄小、掌握的生活与知识经验有限等因素的影响，幼儿们不能很好地表达自己想与动物交流感情的良好愿望，也不知该用什么方式与动物进行“游戏”，于是便采取了他们认为最直接有效的方式。

2. 幼儿拍打玻璃缸的行为，很可能只是想打破动物的常规（或静止）状态，引起动物的注意，看看动物会有什么反应，满足自身的好奇，而无恐吓、伤害它们的意思。

对策建议：

1. 当这种情况发生时，不要急于责备幼儿，可试着了解幼儿的动机、原本意愿，然后结合幼儿的接受程度，告知他们拍打玻璃缸的行为可能会使小动物受到惊吓，告诉他们这样做并不是爱护动物的行为表现。

2. 同时还可引导幼儿了解，该怎样正确表达对小动物的喜爱，如：介绍有关动物进食特点、生活习性等方面的知识；鼓励幼儿学习观察小动物、参与照顾小动物；教会幼儿以喂食、帮助它们换水、参与为动物营造舒适的生存空间等方式表达对动物的喜爱。

36. 幼儿看着一种植物发呆怎么办？

问题描述：

晨间活动的时候，阳阳主动申请去照料自然角的植物，教师请他与同伴一同为植物浇水。自始至终两个幼儿都做得很认真，一盆盆将植物逐一浇到。很快所有的植物就被他们浇完了，同伴将水壶放下后就离开了，阳阳却对着一种植物发起了呆……

原因分析：

阳阳很喜欢班中各种植物，所以才会在一大早主动要求去照料它们，并在浇水时细心地将所有的盆逐一浇到而没落下一个。按说，他提出的愿望已经被满足了，应当满意地离去。可他在浇完所有的植物后，却停留在了植物前，这一举动十分反常，我想幼儿这样做一定有特殊的原因。可能是细心的他，在浇水的过程中发现了这植物的什么问题或是想要了解些什么，而又不知该怎样组织语言表达；也可能是自己的观察引发了什么联想。

对策建议：

1. 此时我们应当主动询问幼儿停留、发呆的原因，引导幼儿说出发现或是困惑，进而启发幼儿对自己感兴趣的问题提问。

2. 然后依幼儿的需求，通过引导观察、介绍该植物生长知识。

3. 用一同查找资料等方法满足幼儿的求知欲，隐性的帮助幼儿了解、熟悉自主学习的一些方式方法，同时鼓励幼儿爱思考的好习惯。

4. 启发幼儿向同伴介绍自己的发现与收获，通过这一过程，帮幼儿巩固知识、收获自信，从侧面激励幼儿积极参与观察、勇于求知的好习惯。

二、知识与经验

1. 幼儿管绿色植物都叫“小草”怎么办？

问题描述：

在观察自然角活动中，幼儿们经常指着小麦苗说：“小草真好看。”指着大蒜苗也说：“小草真好看。”指着花生秧也很自豪地说：“小草真好看。”只要是绿色的植物都叫小草。

原因分析：

1. 教师没有充分发挥出自然角的有效作用，特别是种植前后的植物名称介绍；

2. 幼儿有从众心理，好模仿的特点，人云亦云的现象很普遍；

3. 幼儿认知水平有限，对植物的认知能力有限；

4. 幼儿会把自己的想象当成现实，即把小草是绿色的，想象成绿色植物的都叫小草。

对策建议：

1. 教师要选择幼儿比较熟悉的植物种子。教师与幼儿一起收集自己喜欢的种子，种植前带领幼儿认识这些种子。

2. 让幼儿适当参与种植活动来加深幼儿对种子的认识。

3. 种植后用种子在盆外作标记，便于幼儿的认识和区分。

4. 教师可利用过渡环节时机，向幼儿介绍植物名称，从外形的不同帮助幼儿区分出绿色植物有各种不同的名称。

2. 幼儿用热水浇花怎么办？

问题描述：

冬天幼儿喝的水温稍热些，喝下去较舒服，可是有时候会有幼儿用自己喝的温热的水去浇花的现象。

原因分析：

1. 小班幼儿喜欢模仿成人活动，他可能看到有教师将自己喝剩的水倒在花盆里，在模仿教师的活动。

2. 他把自己的想象当成现实，他会认为，我渴了花也渴了，我喝水，也要让花喝水。

3. 这个年龄的幼儿属于直觉行动思维，怎么想就怎么去做了，不会考虑后果。

对策建议：

1. 教师不能盲目否定幼儿的做法，首先要问一问幼儿为什么这样做，根据他们的解释，教师再进行引导教育。如果幼儿是模仿行为，教师要告诉幼儿老师这样做的道理，冬天天气冷，喝热水很舒服，喝凉水会生病。但花儿怕热水，它怕烫，热水一烫会没有精神的，还会把它烫死。

2. 鼓励幼儿照顾植物的做法。你想让花儿和你一样喝足水，你想照顾好自己班里的花儿真好，来和老师一起去接水浇花，你看，花儿喝了凉水变得精神了，还抬头挺胸朝你笑呢！

3. 幼儿在探索过程中被动物咬伤怎么办？

问题描述：

在观察认识小动物的活动中，会有胆大的幼儿跃跃欲试，快速地摸一下兔子尾巴，或触摸一下身体，或拽一下耳朵，常不小心被小动物咬伤了。

原因分析：

1. 幼儿喜欢小动物，对于自己喜欢的东西，幼儿的行为多是反复抚摸、玩弄。

2. 不同性格特征的幼儿对于同一事物有不同的反应，胆小的幼儿在观望，胆大的孩子会去探索。或摸或喂食都是幼儿的探索行为，是幼儿的天性。

3. 小兔子被那个幼儿弄疼了，幼儿认为兔子不会咬人的，其实不然，兔子急了也咬人呀！

对策建议：

1. 赶快检查幼儿的伤口，用肥皂水反复清洗，后到保健大夫处由保健大夫给消毒处理，必要时要及时到医院就诊，确保幼儿的安全。

2. 通过这个事件对幼儿进行安全教育活动，让幼儿想一想，小朋友喜欢的小兔子，怎么会咬了小朋友呢？小朋友喜欢兔子，是不是有的小朋友以为兔子不会咬人呀？任何小动物都会用不同的方法保护自己的，如果不在箱子里，你们反复地抚摸它，它会逃跑的；小朋友弄疼了它，它也会跑的；在箱子里，跑不了，弄急了，它也会咬人的，所以小朋友以后要注意安全。

4. 幼儿不停地给植物浇水怎么办？

问题描述：

早晨，多多入园后，和我一起给植物角的花儿浇水，我们给花儿都浇过水后，芳芳也来了，多多又和方方一起给花儿浇水；中中来了，多多又要和中中再给花儿浇水。

原因分析：

1. 喜欢浇花儿活动，反复操作，尝试并感到快乐。

2. 从众性心理，教师做什么我学着做什么，小朋友做我也还得做。

3. 幼儿不了解花儿的生活习性、浇花儿的方法。

4. 幼儿比较喜欢玩水，希望通过频繁地浇水，重复玩水的过程。

对策建议：

1. 通过自己的体验，帮助幼儿了解花儿的生活习性。可以告诉幼儿，小朋友要知道，花儿和你们一样是有生命的，给花儿浇水就像小朋友们喝水一样，喝水后，中间要隔一段时间才再喝水。植物和小朋友一样，也要见隔一段时间，而且比小朋友喝水间隔的时间要长，间隔一天或两天浇一次，这样植物才能茁壮成长。

2. 做一个实验，验证频繁给花儿浇水的结果，即植物会逐渐被水泡死掉，通过实验帮助幼儿认识植物的生活习性。

5. 幼儿把自己喝的奶倒在鱼缸里怎么办？

问题描述：

上午加餐喝牛奶，班里有的幼儿很喜欢喝牛奶，也有个别幼儿不喜欢喝牛奶，突然一个幼儿说："老师，悠悠把牛奶倒进鱼缸里了。"

原因分析：

1. 有的幼儿对牛奶是排斥的，悠悠就可能是这种情况，不喜欢喝牛奶，又怕教师的批评，自己想办法把牛奶倒在鱼缸里，就可以不用再喝了。小班幼儿缺乏与教师的交流经验，想法直接而简单，不考虑后果。

2. 教师忽视了幼儿的实际情况。小班幼儿常会把自己的想像当真，也许，悠悠喜欢喝牛奶，他想像小鱼也和他一样喜欢喝牛奶，所以他才把牛奶倒进鱼缸里。

对策建议：

1. 平时观察幼儿对牛奶的喜欢程度，根据幼儿的不同需要，提供适量的牛奶。

2. 了解悠悠的行为动机："是不喜欢喝牛奶吗？如果是，你应该告诉老师，下次老师给悠悠少倒一些牛奶好吗？"引导幼儿将自己的想法告知老师。

3. 带领幼儿一起给小鱼喂食，了解小鱼的生活习性："悠悠喜欢牛奶，也想让小鱼尝一尝，不过小鱼不喜欢喝牛奶，只喜欢吃鱼虫和水草。"

6. 幼儿想知道的问题，教师无法用幼儿理解的语言讲述清楚怎么办？

问题描述：

幼儿在洗手的过程中，经常会出现玩水的现象，会听到"哗哗"的流水声。教师会提醒幼儿不玩水，把水关小点儿，但幼儿对"不玩水，关小点儿"这句话理解困难。

原因分析：

1. 幼儿天性喜欢玩水，小班幼儿没有很好的行为控制能力，对于自己喜欢的动作，会反复重复。

2. 幼儿没有形成良好的洗手常规，有的幼儿把手指伸到水龙头里玩，有的幼儿用手接水玩，还有个别幼儿的小肌肉动作发展不好，对水龙头的控制能力差，用力不当，用力小打不开，反之又开大了。

3. 幼儿对水流大小的理解，是很难用语言描述清楚的。

对策建议：

1. 利用关节门制造没有水洗手的情节，引导幼儿认识水的重要性。

2. 利用故事《小水滴》让知道不能玩水，浪费水。

3. 平时洗手前，引导幼儿讲出不玩水，搓肥皂时把水龙头关上，节约用水。

4. 在洗手环节，教师要观察发现幼儿开关水龙头的情况，对有困难的幼儿及时帮忙，帮助幼儿学习开关水龙头的技巧。

5. 对水流的大小，教师可以借助幼儿的小手指帮助幼儿理解“小点水”，幼儿会在洗手时参照小手指的粗细，把水开小了。

7. 幼儿喜欢雪，把雪球装到兜儿里怎么办？

问题描述：

下雪了，今年的第一场雪，我带幼儿一起去踩雪玩雪，忽然发现，娇娇把自己的小雪球悄悄地装到了兜里。

原因分析：

1. 小班幼儿生活经验缺乏，对雪的特性不了解，生活中接触雪的机会很少。

2. 小班幼儿直觉行动思维的特点，决定了幼儿的表现方式很稚嫩，是幼儿感受成功的一种方式，想证实自己的能力，把雪球带回家，给妈妈一个惊喜，怎么想就怎么做，不会想到雪球会化成水。

3. 再有就是单纯的喜欢，把自己的最爱收藏起来，放在兜里。

对策建议：

1. 不要阻止幼儿的行为，满足幼儿的需要，让幼儿自己发现雪球装兜里的结果，进而认识雪的特性。

2. 站在幼儿的角度帮助幼儿理解，做一个雪球融化的小实验，引导幼儿了解雪球是会全化成水的。

8. 幼儿常把自然角的观察种子放到嘴里尝怎么办？

问题描述：

在自然角教师为幼儿提供了一些用作观察的种子，但是不少幼儿在观察之余，常把种子放到嘴里进行品尝，并笑盈盈的分享着体会，互相比着谁咬碎的种子最多……

原因分析：

幼儿的年龄特点决定他们具有好奇心强、爱探索的特性，而幼儿对周围世界的探索主要是通过对物体的看、听、摸、闻、尝等感知、操作活动进行。所以，作为教育工作者，应该冷静客观地看待这种问题。种子对于幼儿来说，是一种新的事物，所以他们对其充满了好奇，想更多地了解种子里面是什么样子的，吃到嘴里是什么感觉，是不是比巧克力更好吃……所以他们采取了他们认为最合理的、最简单的操作——把种子放到嘴里尝尝。

对策建议：

1. 提供观察的种子要具有安全性，可以将种子放在透明的、安全的容器中供幼儿观察，确保幼儿人身安全。

2. 针对幼儿的兴趣点，可以开展相关的教育活动，引导幼儿初步感知种子的特征（如大小、颜色、形状等）。

3. 进餐时，引导幼儿观察种子煮熟后的变化（如红豆、花生粥、绿豆汤等），尝一尝种子的味道，使他们知道种子煮熟后才能吃，才能放进嘴里，使幼儿的的好奇心得到最大程度的满足。

9. 幼儿为让花早点开，常用手掰花瓣怎么办？

问题描述：

春暖花开的季节，到处鲜花盛开，班里的自然角更是一片生机勃勃的景象，幼儿们看到这么多漂亮的花高兴极了，经常围着自然角观看，并不时用手摸摸漂亮的花朵……但是，我发现，最近班上的花骨朵都被人为地刨开，没有盛开就枯萎了。

原因分析：

1. 幼儿的操作与摆弄是他们的好奇心、探究精神的主要表现，教师要理解幼儿的这些表现，以语言、目光、微笑、动作支持、鼓励幼儿的探究活动。

2. 爱美之心人皆有之，幼儿也是，可是他们由于年龄小，不知道在爱美的时候应该如何珍惜美的事物，如何尊重大自然的发展规律，所以像拔苗助长一样干了一些非常幼稚的事情。

对策建议：

通过多种教育活动，激发幼儿爱护动植物，关心周围环境的情感。幼儿的心是纯真的，我们可以引导幼儿知道，如果用小手刨花瓣，小花会痛、会伤心的，充分激发幼儿的同情心，使幼儿在日常生活和游戏中喜欢、爱护自然角里的每一样动植物。

10. 幼儿为了让小动物跑得快，用脚踢小动物怎么办？

问题描述：

教师引导幼儿观察乌龟，了解它的生活习性，观看乌龟走路，因为乌龟走得很慢，教师用手推了推乌龟的后面，小乌龟不情愿地向前挪了一步，又停下来。这时，一个男孩子伸出脚，踢了乌龟一脚，其他孩子也竞相模仿起来……

原因分析：

1. 通过我们对幼儿的调查中可以看到，幼儿常对那些非常凶猛、高大、跑得很快的动物（如大狮子、大老虎、大象等）非常关注，而对像乌龟这样慢吞吞地爬的动物关注相对很少。

2. 对于年龄较小的幼儿来说，分辨是非的能力很差，看到慢吞吞的乌龟艰难地爬着，他们就想帮助乌龟爬得快一些，但并没有考虑他的行为有没有给小动物造成伤害，同时，也是在无意中模仿了教师的一些行为，并把这种行为变异和扩大化。

对策建议：

1. 针对此种现象，我们首先应该开展“爱”的教育，激发幼儿热爱小动物的情感。可以通过图片、录像、幼儿户外游玩等活动，给幼儿创造更多的机会与小动物接触，使他们更多地了解多种小动物，从而尊重它们的生活习惯。

2. 我们在日常生活和游戏中引导幼儿喜欢、爱护动植物，愿意参加饲养小动物、给植物浇水等活动，培养幼儿热爱大自然的情感。

11. 幼儿总爱将瓜子、花生类的壳剥掉怎么办？

问题描述：

早餐后，不少幼儿来到自然角，我心想：“不错，孩子们对我提供的观察物品还挺感兴趣，看他们多高兴呀！”我一边照顾其他漱口擦嘴的幼儿，一边观察着这些幼儿。忽然我发现，幼儿们的表现有些不对，我赶忙走过去，发现不少幼儿正在剥瓜子、花生类植物的壳，地上已经零星散落一些果壳……

针对班上这种现象，在活动区结束后，我进行了简单的总结，特意强调了观察植物角的要求，主要是不要将瓜子、花生类的壳剥掉。

但是几天后，我们在自然角附近的地上，又发现了一些果壳，我明白了，他们的剥果壳行为并没有消失，只是地上转为地下……

原因分析：

1. 由幼儿好奇心强、爱探索的年龄特点决定的。由于种子外面有一层皮儿，包住了里面的东西，出于极强的好奇心，他们想知道种子里面的构造，所以往往拨开外面的皮儿去探究里面的秘密。

2. 生活中，他们可能吃过这类食品，但没有体验过自己亲自动手操作的乐趣，所以，他们的行为在教师提醒后仍没有真正消失。

对策建议：

1. 针对孩子们的兴趣点，可以开展相关的教育活动，引导幼儿初步感知种子的特征（如大小、颜色、形状、软硬、粗糙等）。

2. 引导幼儿知道每一颗种子是一个小生命，它可以长大，可以结出果实，所以我们要爱护它、保护它，每天都要给它喝水，给它们补充营养。

3. 在日常生活中我们应该多为他们提供观察、动手操作的平台，让他们运用多种感官感知事物，满足他们强烈的求知欲和动手操作的乐趣。

12. 幼儿用颜色给小动物穿花衣怎么办？

问题描述：

班上自然角饲养了一只小兔子，幼儿们都非常喜欢，经常和小兔子玩耍。一次，我发现，雪白的小兔子身上变成了五颜六色的了，而且由于颜色运用的不当，兔毛结成了一个一个的彩色疙瘩。

原因分析：

幼儿们都非常喜欢小动物，小兔子白白的，很可爱，但在幼儿的眼中，总是花花绿绿的才漂亮，他们希望小兔子也变得更加漂亮，所以，在活动区活动时，用颜料把小动物装扮得更加漂亮，殊不知，这一善举却对小兔子的健康造成了一定的伤害。

对策建议：

1. 我们应该肯定幼儿的想法和他们的爱心，他们希望小兔子变得更漂亮，所以给小兔穿上花花的衣服。但由于幼儿的年龄特点，认知能力弱，没有认识到小动物的生活习性及特点，所以我们应该为幼儿提供丰富的材料，使幼儿通过多种途径绘画，并使孩子们认识到，小动物与人类是不同，它们是不用穿花衣服的。幼儿这样做，会让小兔子生病的。

2. 为加深幼儿印象，我们可以为幼儿讲述《淘气的小猫》的故事。故事中，淘气的小猫玩耍颜料时将自己的身上弄得花花绿绿的，结果妈妈就不认识自己的宝宝了……，就此故事引导幼儿感知动物的特点。

13. 幼儿让不同种类的小动物生活在一起，违背其生长环境怎么办？

问题描述：

早晨来园，我习惯地来到自然角，观看动植物的生长情况。突然，我发现一只小乌龟在鱼缸里游来游去，好不自在。仔细数数小金鱼，咦？少了两条。不用问，肯定被小乌龟变成加餐了。

问题分析：

3～4 岁的幼儿看到班里自然角的金鱼、小乌龟都生活在水里，两个小动物的“家”隔得很远，大概，幼儿们很希望好朋友都能住在一起，这样就可以经常和好朋友一起游戏了。但在现实生活中，这种愿望没能实现，所以，就擅自做主，让小乌龟和小金鱼也生活在一起，并没有考虑到这样做会有什么样的后果。

对策建议：

1. 引导幼儿观察小乌龟和小金鱼生活在一起后，小金鱼有了什么变化，使幼儿发现小乌龟把小金鱼吃掉了，让幼儿们意识到，他们的做法使小金鱼失掉了生命，我们会失去好朋友。

2. 丰富幼儿有关这些动物生活习性的知识。

14. 为使树叶增加亮度，给树叶抹油怎么办？

问题描述：

早餐后，我来到自然角整理这里的植物，忽然闻到一股幼儿擦手油的香气，左右看看，没有幼儿在身边，到底是哪里传出的香气呢？寻香找去，发现香气来自植物的叶子上。后来经过调查，了解到幼儿们看到有些植物的叶子不是很亮，没有其他的叶子好看，于是，偷偷地给叶子抹上了油，知道真相后，我被幼儿们的行为逗乐了。

原因分析：

幼儿们非常喜欢植物角的植物，而且是非常博爱的，希望所有的植物的叶子都是油绿的，所以，他们采取了自己认为非常适宜的方式。幼儿借助自己日常的经验手干了就抹油，所以在叶子不亮的时候，幼儿很直觉的就想到了给叶子抹油。

对策建议：

1. 有针对性地带领幼儿观察了解植物，使幼儿了解不是所有的植物叶子都是亮亮的。植物有许多不同的种类，根据种类的不同，每一种植物的叶子也是不同的。有的叶子亮一些，有的叶子就暗一些。

2. 与幼儿一同找一找植物叶子不是很亮的真正原因，帮助幼儿明确这与植物的健康状况有关，与植物的种类有关系，同时带领幼儿更好地照顾这些植物，使它们更加健康。

15. 用手摸仙人掌，看它会不会真扎手怎么办？

问题描述：

在安静活动时，我向幼儿介绍了仙人掌，并结合仙人掌的特点对他们进行了安全教育，即：仙人掌的刺有毒，不要用手摸仙人掌的刺，以免被刺扎伤。但是，小便的时候，一名幼儿绕到仙人掌那里，亲自用手尝试摸仙人掌的刺，看看它们会不会是真的扎手。

原因分析：

幼儿们的智商很高，独立思考能力很强，在很多时候，他们会亲自去尝试，获得自己认为正确的答案。

对策建议：

1. 仙人掌相对幼儿来说是比较陌生的，幼儿很自觉地会对它产生浓厚的兴趣，这是他们的年龄特点所决定的。

2. 先用图片来对幼儿进行教育，然后再讲用手摸仙人掌会有怎样的后果，并且找一些影视作品，让幼儿们在别人身上看到自己这样做的后果，使他们自觉形成自我保护意识。

3. 如果效果还不是很理想，就应该人为地排除这些不安全因素，为幼儿创设一个安全的生活环境。

16. 幼儿经常喂一大堆的东西给小兔，导致小兔死亡怎么办？

问题描述：

幼儿很喜爱小动物，尤其是班里养的小兔子，在自由活动时幼儿会拿青草、萝卜去喂。时间长了，幼儿与小兔子慢慢熟悉了，幼儿不单只喂青草和萝卜，有的还喂巧克力、口香糖，还有的喂牛肉干、酸奶等。种类多、数量多，给小兔子一大堆吃的，这样下去很容易导致小兔子死亡。

原因分析：

1. 一种可能是幼儿已经把小兔子当成了他的好朋友，所以他把自己喜欢吃的食物分给小兔吃，他认为小兔子也会非常喜欢吃，这样小兔子就会更喜欢他；另一种可能是大人们常说小白兔不挑食，什么都爱吃，还经常教育幼儿要向小白兔学习，做个不挑食的好孩子，所以幼儿会误认为小兔什么都能吃，才喂小兔一大堆的东西。

2. 幼儿不知道小兔吃东西是定量的，吃太少会饿到它；相反，如果吃太多会让小兔撑着，严重的会导致死亡。

对策建议：

1. 帮助幼儿明确小兔都能吃什么，通过看电视、图片使幼儿知道小兔吃青菜等，这样幼儿在喂小兔的时候就不会喂它不能吃的食物了。

2. 在喂的时候提醒幼儿注意要给小兔子定量的食物，不能过多或是过少。

3. 请家长向幼儿讲述一些有关小兔的知识，可以请家长带幼儿去动物园看小兔，更清楚地了解小兔的饮食。

17. 幼儿喜欢将花生掰成两半后再种植怎么办？

问题描述：

鼓励幼儿参与自然角的种植，教师将土放好，让幼儿从塑料袋里拿出花生放在土上，幼儿从袋里拿出花生后直接掰开。教师看到后请他们再从袋里拿个花生放到土上，他从袋里拿出花生又掰开后放到土上。教师问他为什么要把花生掰开，幼儿只是回答：我喜欢。

原因分析：

1. 幼儿年龄小，参与种植的机会少，对种植的知识掌握得少。幼儿没有种过花生，他们只在日常的生活中吃过花生，知道花生是能够掰开的。

2. 他对种植花生很好奇，同时他可能觉得掰开来种植会长得快，或掰成两半可能会长出更多的花生。也有可能他在吃花生的时候就掰成两半，已经成习惯。总之，幼儿就是缺乏种植花生的常识。

对策建议：

1. 与幼儿一同种两盆花生，一盆掰成两半，一盆是完整的。幼儿每天同样地浇水、晒太阳，让幼儿自己去观察、比较哪一盆能够发芽。

2. 丰富幼儿关于种植种子的常识，不同的种子有不同的种法，不同的护理方法。也可以鼓励家长参与到其中，回家一同种植不同的植物，让幼儿充分体验，种子需要什么才能发芽，怎样才能长大。可以让幼儿用绘画的方式记录下种子的不同时期的发展变化。

18. 幼儿浇花时只浇叶子，不浇根怎么办?

问题描述：

班里每个幼儿都参与种植，每个幼儿都有一盆自己的植物。在幼儿喝完水后，就用自己的小水杯，接上水为自己的小植物浇水，每天浇水，晒太阳，吸收土里的营养，小植物慢慢发了芽，长出了叶子。幼儿现在喝完水依旧给小植物浇水，只是浇水的时候幼儿用一只手托着叶子，另一只手拿着水杯，只往小叶子上浇水。

原因分析：

叶子是很直观的，眼睛能看到它不断的长大，幼儿的年龄特点决定只对直观的能看到的物体有兴趣，在成人口中给小花小植物浇水，在幼儿的想法里就只是给能看到的小叶子浇水，他不知道叶子下面连着根，而小植物是需要用根吸收营养的。

对策建议：

可以与幼儿一同做实验：

1. 用棉花、水、种子让幼儿可以更清楚直观地看见小种子在长叶子地同时还会长根，从而使幼儿明白种子发芽长大是靠根在土中不断吸收营养，吸收水分，从根吸收的营养传到整个种子上从而整个种子才能不断地长大。

2. 另一个实验就是用两盆小植物，一盆给根浇水，一盆只给叶子浇水，经过一段时间后看一看两个盆里的小植物一样吗？有什么区别？为什么？这样可以使幼儿自己找到答案。

19. 幼儿学小兔吃草怎么办?

问题描述：

带幼儿给小兔子喂了点青草，小兔子吃青草吃得可香了。回到操场上与幼儿一起玩小白兔的游戏，边说儿歌边在草地上蹦蹦跳跳，玩着玩着有一名幼儿就蹲到了地上，手里还有东西，走近了才看清楚原来他手里拿了把青草，正要往嘴里放，问他为什么要吃草，他的回答是要学小兔吃青草。

原因分析：

人们常用小兔子教育幼儿，例如：我们要向小兔子学习爱吃萝卜，爱吃菜，做个不挑食的好宝宝。在幼儿的心目中把小兔子当作了榜样，在加上去喂小兔子，让幼儿看到小兔子吃草非常香，激发起了想尝试吃青草的兴趣，做游戏时幼儿把自己想象成了小兔子，幼儿喜欢模仿，所以才会产生学小动物吃草这一举动。

对策建议：

1. 要让幼儿明白我们玩小白兔的游戏，这只是一个游戏，不要把自己与游戏中的角色混淆，游戏结束了我们还是小朋友。

2. 让幼儿了解每一种动物吃的食物不一样，人也有自己的食物，但人吃的食物中没有草。如果人吃了草就会肚子痛，严重地还会生病，人是不能吃草的。

20. 幼儿为了探索叶子为什么是绿的，把叶子摘下来撕碎探索怎么办?

问题描述：

幼儿在户外活动时，教师引导幼儿观察小花、小叶子，幼儿在观察的同时摘下了一片叶子，之后用手将叶子一点一点地撕碎，又伸手去摘另一片叶子继续把它一点一点撕碎。教师走过去问他为什么要这样做，他的回答是“我想看看叶子为什么是绿色的”。

原因分析：

幼儿去探索叶子为什么是绿色的，说明幼儿对叶子有浓厚的兴趣，但是幼儿没有学过其他的探索办法，他只能将叶子摘下来，一点一点撕碎，这是他仅有的办法。

对策建议：

1. 幼儿对周围现象如动植物生长、天气变化、物理现象等表现出好奇和兴趣时，要给予保护和支持，鼓励幼儿发扬这种探索精神。

2. 要告诉幼儿叶子是有生命的，把它摘下来然后再撕碎，会让小叶子感觉非常疼，就像别人揪你的头发一样，所以不要去摘叶子。

3. 鼓励幼儿将自己的想法告诉老师和家长，这样我们就可以一起研究了。可以通过图书、电视、网络等载体，用幼儿的语言来回答叶子为什么是绿色的。

21. 幼儿用童话的语言回答他的发现怎么办?

问题描述：

今天我带幼儿去户外观察春天，请幼儿观察春天里的小花小草有什么变化。幼儿都很仔细地观察。回到教室后请幼儿说一说，有一个幼儿说“小草弯腰拿东西呢”，我又问：“你怎么知道小草弯腰拿东西呢?”“因为我在看小草时，有风吹来，它就在那摇晃，就像弯腰捡东西一样”一边说一边还模仿小草摇晃的样子。

原因分析：

教师请幼儿观察的时候，说明幼儿仔细观察了，他看到了风吹小草摇晃的样子，同时和自己的实际生活联系到了一起，就将小草拟人化，说是在弯腰捡东西，说明幼儿具有丰富的想象力。

对策建议：

1. 针对幼儿语言发展的特点，教师首先应肯定幼儿的想象力非常丰富。

2. 可以在教学活动中多开展可以发展幼儿想象力的活动。幼儿成长中，想象力的培养，童话的资源起着不可缺少的重要作用。教师应为幼儿准备丰富的素材，多让幼儿听童话故事，童话所塑造的形象是现实生活中不存在的假想形象，所营造的环境是虚幻境界，却又具有现实意义，通过童话使幼儿充分地幻想。

22. 应该提供何种种植工具、浇水工具？

问题描述：

在种植时，有的幼儿用手捧土，有的幼儿用铲子铲土。将豆种好了，我渐渐地发现幼儿不是忘了给豆浇水就是水浇太多。

原因分析：

1. 在实际种植时适合幼儿使用的种植工具和浇水工具较少，幼儿都想给蔬菜“喂水喝”，但是关心照料的愿望不能一一满足。

2. 幼儿在没有教师指导的情况下缺少分工合作，只是对浇水的过程感兴趣，没有意识到结果的严重，这就是3～4岁幼儿参与种植活动的年龄特点。

对策建议：

1. 教师应该为幼儿创设适合其发展水平，满足其内在需要和兴趣的物质环境，以诱发幼儿的自发探索等自主活动。

(1) 在幼儿园中利用废旧的塑料饮料瓶制作花盆、种植铲、浇水瓶（壶）；

(2) 还可以启发、鼓励幼儿将家中不用的锅、碗、瓢、盆能派上用场的都带到幼儿园来，和教师一起比较哪一种更适合种植、更适合浇水。

2. 教会幼儿制作和记录浇水记录表和植物生长记录表。指导幼儿观看浇水记录，如果今天有人浇过了就不用再浇了。指导幼儿观察植物生长情况。

23. 幼儿如何记录植物的变化？

问题描述：

幼儿发现“今天，黄豆的种子发芽了，它的芽是绿颜色的”“黄豆长出叶子来了，叶子像桃心”等。这种观察具体而形象，但如何让幼儿进行记录呢？

原因分析：

1. 小班幼儿在观察事物时，仅能关注事物的表面现象。“自然角中的种植”，教师要求小班幼儿记录的内容是“种子生长过程中主要的生长变化”及“植物在每个生长阶段典型的外形特征”，这些内容要求明确，易于小班幼儿操作。

2. 但是小班幼儿细致和持续观察事物的能力不足，自主性不够，他们离开教师的直接引导，就难以进行长久的观察和自觉的记录结果。

策略建议：

1. 对小班幼儿的科学观察和记录，教师要采用系统的、直接参与式的引导方式，带动、启发、鼓励幼儿参与观察并记录科学发现。在“植物长多高了”的活动中，教师为小班幼儿制作了形象直观的长颈鹿直尺，刻度用具体形象的水果图案表示。这样幼儿们在表达“植物长高了”时出现了这样的记录，“黄豆苗从西瓜长到西红柿又长到苹果了”，非常直观形象。

2. 制作直尺的方式可以让幼儿集体讨论参加，还可以提高幼儿的认知能力和参与的积极性。如，在制作直尺时，教师和幼儿们讨论“什么水果放在长颈鹿直尺的下面，什么水果放在长颈鹿直尺的上面”。幼儿们说“长在地上的水果如西瓜放在最下面”“长在藤上的水果如西红柿、黄瓜放在中间”“长在树上的水果如苹果放在最上面”。

三、能力与技能

1. 幼儿在探索过程中将探索的玩具损坏怎么办？

问题描述：

有些幼儿在玩玩具的过程中，如玩小火车时，想知道小火车是怎么走的，所以会将小火车拆开一探究竟，但很多时候小火车在拆开后就不能再玩了。

原因分析：

1. 幼儿在探索过程中将探索的玩具损坏属正常行为，教师应客观看待此问题。

2. 幼儿动作的发展不仅对他们身体的发展，而且对他们思维的发展都有重要的价值。小班幼儿处于身体迅速发展的时期，而动作发展又是极其重要的标志。

3. 小班幼儿又因为刚度过婴儿期，正处于直觉行动到具体形象思维的过渡阶段，他们的认识很大程度上要依赖于行动。

对策建议：

1. 教师在发现幼儿感兴趣的事物及不同探索方式后，要支持幼儿主动探索，正视幼儿某些“破坏”行为，保护幼儿的好奇心。

2. 教师要创设利于幼儿摸、看、听、尝、闻等不同方式感知和探索的环境。教师可与幼儿一起探索，引导幼儿通过探索、尝试等学会正确玩玩具，并与家长沟通支持幼儿探索活动。

2. 什么样的记录方法适合小班幼儿？

问题描述：

幼儿园新教师和家长在有意引导幼儿观察一些植物的变化时都有一些这样的问题“到底怎样的观察方式适合幼儿？”“各年龄班的幼儿间在选择观察方式时有差异吗？”

原因分析：

幼儿期，各年龄段的幼儿间接受能力和认知水平差异很大，在没有了解幼儿年龄差异和特点的情况下很难为幼儿找到一个合适的方式，过于抽象或过于深层的变化对幼儿来说都是较难的，如果观察方式选择不恰当极有可能造成事倍功半的效果，所以说在不同年龄段为幼儿选择一个恰当的观察方式非常有必要。

对策建议：

幼儿阶段，幼儿各年龄段间差异较大，小班幼儿尚处于形象思维期，记忆力及手部肌肉的控制能力相对较弱，还不能用绘画及符号表现出大家都理解的物体，对植物生长过程中的微小变化的发现较困难，所以在引导幼儿发现植物的变化时最好应采用照片等直观、形象的呈现方式。在提供照片时可提供时间跨度较长、变化较明显的，如，每月、每季度的变化。运用直观的形象帮助幼儿积累相关经验。

3. 小班自然角创设是否需要动植物“越多越好”？

问题描述：

某幼儿园小班内教师为幼儿提供了多种可供观察的动植物，有小金鱼、小乌龟、兔子、小鸡、蜗牛、各种豆子、含羞草、水生植物等。

原因分析：

有些教师和家长认为，在为幼儿选择观察对象时最好多多益善，提供给幼儿尽可能多的种类，让幼儿有更多观察选择的机会，希望在对多种动植物观察的同时增加各种经验。

对策建议：

1. 幼儿园自然角的目标应该把培养幼儿“对周围事物的关心，对发生的现象感兴趣、好奇”作为首要任务，把让幼儿“爱护动植物，观察动植物，关心周围环境，亲近大自然，有初步的环保意识”作为落脚点。

2. 教师在组织幼儿园的自然角活动中，要注意保护幼儿的爱心，尊重幼儿的情感，善待幼儿的发现，引导并支持他们善于观察、善于发现。

3. 小班幼儿注意力集中时间短，观察力、记忆力较弱，在选取观察动植物时应选取幼儿认识并感兴趣但数量足够的几样即可。

4. 幼儿常在无意中伤害小动物怎么办？

问题描述：

班上的观察区里养了鱼和小蝌蚪，有的幼儿就用手将鱼从鱼缸里捞出来放在手里玩，或者将小蝌蚪捞出来放到鱼缸里，拿一些它们不能吃的东西去喂它们。幼儿还会给乌龟的家里倒好多水，乌龟一直浮在水面上，特别痛苦。

原因分析：

有时幼儿不懂如何和小动物玩，不了解所饲养动物的简单习性，比如应该生活在什么样的环境，该吃什么食物，不能吃什么食物。幼儿的年龄特点决定了他们喜欢用多种感官感受外界事物，当然包括触摸觉，所以就会有把鱼拿在手里玩的现象。

对策建议：

1. 家长要经常带幼儿去动物园，或看动物图片展览，培养幼儿热爱大自然、热爱动物的心态。

2. 要给幼儿讲科学知识，让幼儿了解动物的习性，正确地喂养动物。教幼儿和动物友好相处，如何和小动物做游戏。

5. 当幼儿的兴趣和探索事物的危险性发生冲突时怎么办？

问题描述：

幼儿喜欢观察区的小兔子，总想去用手触摸，和小兔子玩，而幼儿自我保护意识很差，兔子的牙齿也十分锋利，很容易会给幼儿造成伤害。

原因分析：

幼儿由于身心发展尚未完善，其自我保护能力相当匮乏，一不小心，便易发生事故，影响健康。因此《幼儿教育指导纲要》指出："幼儿园必须把保护幼儿 的生命和促进幼儿的健康，放在工作的首位。"为了保证幼儿的身心健康和安全，我们应从幼儿幼年起坚持对他们进行安全教育，培养和提高自我保护能力。

对策建议：

作为教师，我们要彻底改变"以保代教"这种观念，不能因噎废食，束缚幼儿好动、好奇、好探索、好冒险的天性；也不能生怕幼儿出事故而对幼儿管头管脚，把幼儿置于被动的地位。而应正确估计幼儿身心两方面的可塑性，放飞孩子，让他们去摸、爬、滚、打，促使幼儿养成自我保护意识，只有积极的保护——培养幼儿自我保护能力，才能使幼儿避免伤害。

如果一个探索事件有一定的危险性存在，成人应该辅助做好安全保障，防止意外产生，另外一个办法就是转换一种形式，以相似的安全的探索事物来满足幼儿的探索需求，最后，实在无法保证安全的情况下可以利用讲解、安全教育等形式让幼儿明确危险所在而不能盲目干涉幼儿的探索行为，简单的否定和指责会扼杀幼儿的兴趣甚至起到相反的作用。

6. 幼儿不按其正确的玩法进行怎么办？

问题描述：

新玩具拿来没两天幼儿们已经完全熟悉了玩法，开始不满足规定的玩法，发明出许多新颖的颇具创造性的玩法。

原因分析：

幼儿的创新是他们积极探索、动脑筋的体现，越新颖、新奇越能体现思维的活跃。

1. 有些幼儿愿意向同伴展示自己的创造性，许多新奇的玩法是他们在相互启发下向同伴展示自己的一个手段。

2. 幼儿觉得没有新鲜感，在操作时可能已经丧失了兴趣，索性开动脑筋玩一个创新算了。

对策建议：

1. 幼儿已经完全掌握了原有玩法了吗？这个玩具在这种玩法下的教育目的已经达到了吗？如果幼儿已经熟练掌握了这个东西的玩法，并且这个玩具的教育价值已经得到体现，就完全没有必要限制幼儿的创新，强硬的干涉很有可能扼杀幼儿的自尊心和自信心。

2. 如果玩具的玩法幼儿还没有完全掌握，教师就要审视这个玩具的趣味性了。很多玩具列举了 N 多种玩法，但是规律却是相似的，没有新鲜感，幼儿在操作时可能已经丧失了兴趣，索性开动脑筋玩一个创新算了。教师此时就应该介入，变换一个形式，增添玩具的趣味性，和幼儿一起玩，共同发现新的有趣的东西。

7. 在为植物浇水时，如何让小班幼儿掌握其量度？

问题描述：

每次让幼儿去给班上观察区的植物浇水时，他们不是浇多了水都流出来了就是浇的很少，植物干枯。掌握不好适度的水量是多少。

原因分析：

1. 每种植物的需水量都是不一样的，可幼儿并不了解。

2. 幼儿的小肌肉动作还不是很精确，小手控制水壶的能力有限。

对策建议：

正确的浇水方法：土壤干燥时需要水，而且要将水浇在土上。看到有水从花盘底下漏出来时，应停止浇水。

1. 能力强的幼儿自己判断水从花盘底漏出来时停止浇水。

2. 教师可以事先做好实验，不同花盆的水量化到具体刻度上，把浇水器画好刻度，水仙花需要多少水就能喝饱，菊花需要多少水就能喝饱。如果花盆是同一规格就好办了，一个刻度就可以了，只要幼儿每次倒一样多的水就可以了。

8. 幼儿的实践是错误的时候，如何引导？

问题描述：

在做一些科学小实验时，有些幼儿在探索过程中出现一些错误的操作，或者做出不同的试验结果，幼儿之间争吵得面红耳赤，都觉得自己做得很对，自己的操作是正确的。

原因分析：

幼儿进行科学活动的过程，实质上是一种探索活动的过程，既然是探索活动，少不了要经过失败。幼儿各方面经验能力有限，难免会出现一些状况百出的小失误，有的时候甚至会做出教师要求的探索行为之外的事情。

对策建议：

1. 在实践过程中，教师可以静观他们使用材料的情况和对活动的兴趣，然后以玩伴的身份适时地加入到他们的活动中，及时掌握他们的操作方法和困惑，给予提示和引导，促进他们对问题的思考，将实践活动引向深入。

2. 幼儿有想法固然重要，但通过实际操作来验证自己的想法更是至关重要。

（1）接纳他人的观点，看到他人的探索和发现的价值，也是幼儿通过科学教育所应获得的情感态度。

（2）教师要善于支持和引导幼儿运用操作的结果，依据所作的记录，得出结论和形成解释。

（3）还应为幼儿间的交流创造条件，使幼儿不断巩固、加深和扩展自己已获得的经验。

9. 应该提供何种适宜饲养的器具?

问题描述:

观察区的饲养器具有些因为材质的原因不利于幼儿外部观察，有些存在某些潜在的危险性，很容易给幼儿造成伤害。

原因分析:

1. 幼儿的年龄特点决定了幼儿的自我保护能力很差，躲避危险的意识不强，对危险的警惕性不高。

2. 幼儿对事物的观察需要动用多种感官，所以要为幼儿提供既利于观察又确保安全的器具。

对策建议:

1. 供幼儿饲养的器具应该着重注意其安全性，比如选择饲养小兔子、小狗等的笼子时要考虑到避免幼儿观察时动物对幼儿的手指、面部攻击。

2. 要注重利于幼儿观察，比如饲养鱼、乌龟等，所选择的器具尽量透明。

10. 应该提供何种测量工具支持幼儿对植物进行测量?

问题描述:

观察区种植了很多植物，植物每天都在成长，都在发生细微的变化，我们给幼儿制作了观察记录册，请幼儿记录植物的变化，但却在选择何种测量工具上犯了难。

原因分析:

幼儿的年龄特点决定了幼儿对数字的概念还很模糊，对高度只会有一个直观的描述，而且大多是借助一些参照物的高度。精确的高度测量对于他们来说还是很有难度的，并不适合这个年龄段的幼儿。

对策建议:

幼儿的测量工具形式多种多样，可以利用标准测量工具，包括标尺、米尺、刻度尺、卷尺等。

1. 更提倡幼儿探索发现其他的自然测量工具，比如积木、绳子、纸条、纸盒等废旧材料。

2. 还可以利用幼儿身体部分来充当测量工具，如大臂距离、身长、脚长、指长等等。

3. 教师在考虑测量工具准备的时候最好鼓励幼儿自己去探索使用一切可以用来测量的东西，特别是一些日常生活中的物品、废旧材料等等。创新是幼儿们思维发展的不二法宝。

中　班

一、兴趣与习惯

1. 幼儿在不断尝试弄开核桃的过程中，失去信心怎么办？

问题描述：

我们班的自然科学区中投放了许多植物的标本及坚果，供幼儿观察使用。幼儿们对坚果中的核桃比较感兴趣，不时地拿起一个在手中玩弄着，突然一个幼儿大声说道："核桃的皮是坑坑洼洼的，很硬，扔到地上也碎不了。我很想知道核桃的里面长得什么样子，也是坑坑洼洼的，很硬吗?"他们一边商量着，一边尝试着打开核桃。只见他们一会儿用手去掰核桃；一会儿把核桃使劲地扔在地上；一会儿把两个核桃并排放在一起，使劲地硌，他们用尽了各种各样的办法也没有将核桃打开。

原因分析：

通过观察我们发现，幼儿能够在活动中发现问题，并且积极开动脑筋想办法，亲身动手参与各种尝试活动，操作过程中寻求解决问题的答案。这是一个良好开始，但是幼儿在反复动手的过程中，没能寻求到问题的答案时，他们也许会丧失继续尝试探索的勇气，选择放弃，这也是很正常的事情。

对策建议：

教师如果遇到上述问题时，要选择一个恰当的时机介入到幼儿参与的探索活动中去，以游戏伙伴的角色与幼儿共同寻求问题的答案。在不断的尝试活动中，教师要引导、启发幼儿从多方面想办法，在幼儿想出一个尝试的办法时，教师要及时给予肯定，当幼儿尝试失败时，教师要及时给予鼓励，不断树立幼儿经过努力一定能将核桃打开的信心。

2. 每天自然科学区只有那么几个固定的幼儿参加，怎样引导更多的幼儿参与活动?

问题描述：

在每天的自由选区域活动的时候，大部分幼儿都会选择玩具区、表演区、娃娃家等区域，而对于班上开设的自然角、科学区，只有几个固定的幼儿参加，为此，我调查了一些幼儿的意见，大多数幼儿说：自然科学区域的玩具都不好玩，实验内容我们上课都学过了，再做也没有多大的意思。对自然角的植物也只是偶尔去看看，不能持久地观察。

原因分析：

自然科学区域的材料太单一，不能引起幼儿的兴趣，有些实验幼儿操作起来比较难，不容易显示实验结果，导致幼儿失败后失去信心，处在此年龄段的幼儿多喜欢动手，观察原因分析能力较薄弱，所以对自然角的植物也只是象征性地浇水，至于对植物的变化过程的原因分析大多数幼儿不感兴趣。

对策建议：

幼儿的兴趣是激发学习动机的最佳源泉，因此我们在实际操作中，重视及时把握幼儿的兴趣，生成主题并开展相应的区域活动。儿童的发展特点及其需要是教育的一个基本依据，因此，要教育好儿童。

1. 必须了解儿童。教师在活动中凭借观察来抓住反映幼儿某一活动发展水平的创造性表现，从而较准确地把握幼儿活动的动态和发展水平。

2. 在此基础上有目的地、灵活地投放或更换材料，并提供适时、适当的指导，提高区域活动的水平。为了更好地实施观察，可以设计观察记录表，为每个幼儿的活动情况进行个案记录。

3. 自然角的植物，有的幼儿天天看，有的幼儿却一天也不看。怎么办？

问题描述：

班里的自然角种植了许多的植物，一些幼儿天天趴在那里观察，可是有的幼儿一次也没看过。

原因分析：

1. 幼儿对新鲜事物都会感到好奇，会有兴趣，所以我们要找到幼儿天天看的原因，兴趣点在哪里。只有找到了原因，我们才可以对那些不爱看自然角的幼儿进行引导。

2. 在结束活动区时可以给幼儿留一点时间，让幼儿讲述在活动区时遇到了什么有意思的事情，让幼儿自己讲述，如：在自然角的幼儿会发现许多有意思的事情，讲给其他幼儿听，这样可以激励那些不爱看自然角的幼儿对自然角产生兴趣。

对策建议：

1. 教师的引导是很重要的，要让幼儿自己对自然角产生兴趣，教师需要引导，如："今天去自然角的小朋友真棒，发现了这么多有意思的事情。自然角还有许多有意思的事情，我们比一比谁发现得多好不好。"以上这些语言都可以激励幼儿对自然角产生兴趣，帮助幼儿自主地对自然角进行认真地观察。

2. 进行一次语言活动，给幼儿讲关于自然角的故事，帮助幼儿建立观察的方法，还可以给观察自然角的幼儿一个好听的名字，比如爱心天使、小小魔术师等等。

3. 设计一个童话的情景，把自然角的植物动物都拟人化成为幼儿的宝宝，让幼儿认领自己的宝宝，这样每一个幼儿都会在平时关注自然角并且减少了自然角的拥挤。

4. 春天里，幼儿为什么对花变化更感兴趣?

问题描述:

春季到来，万物复苏，新的生命都开始生长了。此时的幼儿常会一动不动地守着小生命，冒出一连串的问题，而且他们对颜色靓丽的植物非常敏感，对颜色艳丽的花朵比对单一绿色的小草更感兴趣。

原因分析:

1. 此年龄段的幼儿正是进一步认识颜色的阶段，当家长或教师教授幼儿认识颜色时，他们只能通过教师讲解或观看来辨别，并没有实际物品作为参考。当在生活中看到自己学习到的颜色时，会怀着一种兴奋的状态去认识并且去告诉别人，这分别是什么颜色。

2. 草只是一种单绿色，这是自然中的天然绿颜色，并不稀奇；当幼儿看到不同颜色的花时，花中的相间色、协调色，总是会让幼儿提出许多问题。并且草只要一干枯就会死，而有些花它会先缩团，然后灭亡，里面的问题多得足以让幼儿观察和分析原因，所以说大部分幼儿对花比对草要感兴趣得多。

对策建议:

1. 大自然是非常神奇的，人们在欣赏自然的时候所产生的一种愉快的心理体验就是审美。根据幼儿年龄特点，为幼儿提供相应的植物进行观察和原因分析，培养幼儿用对比的眼光来看待事物的本身特点，多方面地去观察植物，从本质上去寻找它们的区别变化，鼓励幼儿多说、多看、多想、多问。

2. 不单纯地从个体上去让幼儿理解色彩的变化，幼儿最初是没有审美观的，因此更多的是需要从整个大自然的角度出发，培养幼儿的整体审美观。

5. 为什么幼儿更喜欢热带鱼?

问题描述:

班内自然角的鱼缸里养了几条漂亮的金鱼和几条热带鱼，每次带幼儿去观察时，他们总是兴高采烈，兴奋得不得了。他们围着鱼缸问这问那，有的问:“热带鱼为什么这么漂亮?”有的问:“热带鱼的样子为什么是三角形的?”我发现他们提出的问题都是围绕热带鱼提出的，这引起了我的好奇心：他们为什么这么喜欢观察热带鱼，而对其他的小动物却毫不关心呢?

原因分析:

1. 幼儿对新鲜事物都比较好奇，充满求知的欲望，再加上热带鱼的颜色比较鲜艳，花纹漂亮，形态又各种各样。

2. 在一般情况下，幼儿家里也很少养热带鱼，对这种鱼不是很常见，所以对热带鱼表现出更多的好奇与喜爱之情。他们希望通过自己的提问，了解更多的有关热带鱼的知识，解答出他们心中的疑问，以满足他们的好奇心。

对策建议：

针对幼儿此种表现，在自然角的观察活动中，教师要加强对幼儿的引导，告诉他们："自然角里不光养了热带鱼，还养了其他小动物，例如小金鱼、小乌龟、小蝌蚪等，在这些动物身上都有许多大家不知道的秘密。如果你们只关心热带鱼，只和热带鱼做好朋友，其他的小动物会很孤单，而且你们也不能了解其他小动物身上的奥秘，这样会失去很多宝贵的东西。所以小朋友要喜欢自然角里的所有小动物，爱护和保护它们，和它们做好朋友，这样才能学到更多的知识。"教师可以适时地提出一些有关其他小动物的问题让幼儿去解答，或者讲一些其他小动物的知识，引起幼儿的兴趣，转移其注意力。

6. 为什么幼儿更喜欢摸水泡着的植物?

问题描述：

在班里的自然角中，教师和幼儿们一起种植了各种各样的植物，有的植物种在泥土里，有的植物泡在水里。在进行观察活动时，经常有幼儿跑到自然角去摸泡在水里的植物，他们把手伸到水里乱抓，每个人都异常地兴奋，最后弄得地上身上都是水。教师反复和他们讲，让他们不要这样做，可是效果不是很好。

原因分析：

经过一段时间的观察，我发现幼儿们不是对植物感兴趣，他们的目的不是要去摸植物，而是要借助观察植物的机会去摸泡养植物的水，他们只是想要玩一玩水。幼儿的天性是爱玩水的，如果给他们一盆水玩，他们很可能玩很长时间都不会烦，而且一般家长在家里不会给幼儿玩水的机会。所以幼儿就借助观察植物的机会去玩水，而根本没有考虑到这样做是否会影响植物的生长。

对策建议：

教师借助教育活动的机会为幼儿讲解有关植物生长的知识，同时进行生命教育，告诉幼儿植物也是有生命的，它们也会感觉到疼痛，也会不舒服。这样玩水，会影响植物根的发育，损伤植物的根部，影响水分和营养物质的吸收，最终可能会让植物死亡。教师还应从根本原因出发，幼儿喜欢玩水，可以为他们创造一些条件，或者与家长沟通，解决幼儿爱玩水的问题。

7. 为什么幼儿会对着动物怪叫?

问题描述：

春季里，幼儿园组织教师带幼儿们去动物园春游。当来到动物园后，幼儿们都表现得很活跃，个个都很兴奋。在参观过程中，我发现当幼儿们看到某些自己喜欢的动物的时候，经常会发出十分刺耳的怪声，有的幼儿还对着这些动物做出各种各样的动作，或是对着动物大喊大叫。他们把一些温顺的小动物吓得惊慌失措，自己反而表现得很高兴。

原因分析：

1. 幼儿天生就对动物十分感兴趣，他们喜欢观察、模仿动物的各种表现，把它们当作自己的好朋友，这是幼儿善良品质的自然体现。而且，现在的家庭一般都只有一个孩子，幼儿在家里比较孤单，他们渴望能有一个同伴与他们一起玩，因此，幼儿对于小动物表现出特别的喜爱。

2. 幼儿想通过一切方式去喂或抚摩动物，总是想和动物们进行互动，但是他们无法通过语言和动物进行交流，只能通过身体动作或是模仿动物的叫声来和这些动物打招呼，而不知道这样做可能会惊吓到它们，甚至引发一些不必要的麻烦。

对策建议：

1. 教师要及时借助教育活动的机会，为幼儿讲解有关保护动物的知识，告诉幼儿动物是我们人类的朋友，我们要从小爱护和保护他们，即使见到了自己再喜欢的动物也要控制情绪，不能大喊大叫，以免惊吓了它们，让它们以为你们要伤害它呢。

2. 如果幼儿想和动物交流，可以在工作人员允许的前提下喂一喂它们，很有礼貌地和它们打声招呼，而不要再这样大喊大叫了。

3. 教师应该在日常活动中加强对幼儿良好行为习惯的养成教育，学会以礼待人，鼓励同伴之间友好地进行活动，这样使幼儿能随时注意自己的表现，避免此种情况的出现。

8. 为什么植物的叶子干黄了，幼儿便失去了观察的兴趣?

问题描述：

植物角一向是幼儿们最喜欢去的地方，那里春天的时候是绿油油的，到了夏天，有些植物还会开出漂亮的花朵。很多幼儿都喜欢去那里观察，看看植物长高了没有，有什么新的变化。可是，随着秋天的来临植物的叶子变黄了，我发现幼儿都不怎么爱去植物角了。一天，我看见班里的丁丁和西西结伴去了植物角，他们先看了看发黄的叶子，又摸了摸，丁丁对西西说小声地说："我妈妈说秋天的时候植物就会变黄，叶子也会掉下来呢。"西西想了想说："那多难看啊，我只喜欢绿颜色。""那我们等春天的时候再来吧"说完，两个人手拉手跑开了。

原因分析：

出现这种问题是很正常的，幼儿在这个年龄阶段，对色彩的感知还是比较费力的。他们喜欢鲜艳、明亮、有生机的事物。通过观察植物幼儿能从中获得愉悦感和一定的知识。但是当植物的叶子枯黄后，色彩不鲜艳了，植物也不舒展了，幼儿的兴趣点自然而然就会转移了。

对策建议：

1. 教师为了增强幼儿的兴趣，可以查阅书籍，了解关于植物叶子变黄的原因，并在植物角添加些四季常青的植物，并且经常给幼儿讲解，比如：有的植物枯黄是因为季节变换；有的植物是因缺水导致的；有的是因为生了病；还有的是浇水过多导致的等。但是每种原因导致的变黄的状态都是不一样的。给幼儿留下问题让幼儿自己去自然活动区观察、操作，找出答案，并进行记录等。

2. 为植物塑造不同的形态，让植物看上去美观有趣。准备一些肥料、小水桶、小铲子以及绳子、木棍等工具，让幼儿自己照顾植物、固定植物，为植物搭上架子。这样一来，幼儿就得到了一个可以动手的平台，兴趣也增加了不少。

9. 在自然科学区游戏时，幼儿很容易兴奋，说话声音过大怎么办？

问题描述：

每天区域活动时，自然科学区总是声音最大的，并且屡禁不止。每次都有幼儿被吵得活动不下去，跑到教师跟前告状。这天声音又开始了，我走过去站在旁边，看着幼儿活动。他们在玩一个龟兔赛跑的游戏，分别用一个小兔和小乌龟的吸铁石在一个纸壳跑道上比赛，还有好几个在旁边指导，一副兴致勃勃的样子。这个游戏的确很吸引人，可是他们旁若无人的欢叫声，却影响到了其他幼儿。“你看你看，它跑得真快。”程成大声地说，我示意他声音要小一点，不要影响到其他人。可是不一会儿，他又说了起来。这可怎么办呢？

原因分析：

去自然科学区的孩子，大都是特别的兴奋，主要是因为这里的玩具很多，有实验的、操作的，都跟自然科学有关系，比如：可以动手做水车，了解水车浇地的原理；或者还能做跟电有关的实验等，非常有趣。但是这个年龄阶段的幼儿本身自控力就较差，不知道控制自己的行为，所以一玩儿起来自然就无暇他顾，可是如果不加以控制，又会影响其他幼儿。

对策建议：

1. 幼儿对周围事物有着强烈的好奇心和求知欲，教师可以根据这个特点在班里划分几个自然科学小组，引导幼儿积极参加小组讨论，培养幼儿合作学习的意识，学习通过多种方式表现、交流、分享过程和结果。

2. 在划分组的同时可以开展一些活动如：一个名为“比一比谁最棒”的主题活动。通过活动让幼儿知道在活动中不应该大声喧哗，这是一种尊重别人的行为，做到这点才能有更大的进步，并且告诉幼儿在活动中应该怎样做，怎样做才是最棒的。在活动过程中对幼儿进行规则教育，使幼儿认识、理解、体验基本的行为规则，学习自律和尊重他人。

10. 幼儿为什么更喜欢小动物？

问题描述：

前一段时间，班里买来了一些小动物，每天幼儿们都饶有兴致地去给小动物换水、喂食、打扫卫生。可是渐渐地，我发现幼儿们把注意力更多地放在小动物身上，像乌龟、金鱼、蜗牛等是最受大家欢迎的了。为什么幼儿会那么喜欢小动物呢？为此我们开展了“我最喜爱的动物”主题活动，在活动中对幼儿展开了调查，结果显示，喜爱小动物的幼儿占有很大的比例。菲菲说，她喜欢蜗牛是因为蜗牛看起来软软的，很可爱。东东说，它们有壳，可以敲一敲，所以喜欢。幼儿的回答五花八门，很有意思。

原因分析：

这个年龄阶段的幼儿，倾向于多种感官综合的观察，他们总是喜欢用肢体、用动作、用手去感知这些动物。坚硬的外壳和软软的身体让幼儿感到很好奇，比如有的幼儿会问：为什么它们会有一层那么厚的外壳呢？它们怎么走路呢？像贝类，有些幼儿知道贝壳里有珍珠，那珍珠是怎么来的呢？对此他们有一种强烈的探索欲望。幼儿的好奇心是非常强烈的，尤其是对于这些生活在水里的或者是潮湿地方的动物。

对策建议：

1. 教师可以查阅一些相关的资料，为幼儿准备大量的图片、图书资源，丰富幼儿的知识量，让幼儿在观察中学习，在学习中观察。

2. 在自然科学区里，让幼儿们自己动手与这些小动物密切接触。比如：让幼儿给小动物换水，打扫卫生等。给幼儿充足的机会去观察、了解动物，知道小动物的一些特点、习性。

3. 开展一些主题活动，让幼儿同家长一起在日常生活中进行观察。幼儿对这项活动给予了极大的热情，都积极主动地参与活动。幼儿与幼儿之间，也因此加强了沟通、合作。

11. 幼儿只关注自己种的植物怎么办？

问题描述：

幼儿常常只关注自己种植的植物，而忽略其他的植物，或者把所有的精力都投入到自己喜爱的植物中去，而对其他的植物不理不睬。

原因分析：

这时我们需要多多提醒幼儿，通过举例告诉幼儿不论做什么事情都不要只关注一件事情，要照顾到所有。这些都需要教师从中用语言和行动加以引导和实施。

对策建议：

采用拟人化手法，了解植物特征。每一棵植物都有身份证。例：当幼儿们在幼儿园漫步，会惊喜地发现每棵植物上都挂着一块方方的牌子，仔细瞧瞧上面写些什么：“我是大蒜哥哥，我会开出许许多多银色的小嫩芽。”“我的名字叫小叶黄杨，我还有个哥哥叫大叶黄杨，我们俩最大的不同就是我的叶子比他的小。你们千万不要把我们搞错哦！”这一张张牌子上用植物的第一人称表明了它最大的特征。幼儿们在教师或家长的帮助下，能了解这些植物的特征，还能提高对植物的兴趣。

12. 幼儿在观察种子发芽的过程中为什么会慢慢失去兴趣？

问题描述：

当教师把新的小种子放到自然角的时候，幼儿们总是非常高兴、非常开心的样子，一个个都是着急地想看看教师给他们带来的新朋友“小种子”，可是，过了一段时候以后，我渐渐发现，幼儿们好像对他们的新朋友“小种子”没有以前那么感兴趣了，这到底是为什么呢？

原因分析：

刚开始我还不明白幼儿为什么会这么地没有耐心呢，当我问了几个幼儿以后终于明白了，原来，当它还是小种子的时候，幼儿很欣赏它是因为他们还不知道小种子将来长大了会长成什么样子，而当幼儿们观察过一段时间以后他们就会发现小种子已经开始慢慢地长大了，样子也是在一天天地变化，可是，渐渐地种子没有太多的变化了，幼儿渐渐没有兴趣了。

对策建议：

平时，我会经常告诉幼儿们，当种子小的时候是这个样子的，可是当你照顾它一段时间后可能会发现它长大了，发芽了，发芽后你们就不管它了，可那是不对的，当它发芽后它还是会继续长大，它的芽会不停地长不停地长，和你们想像中的是不一样地，要一直坚持着照顾它，你们还可以看到最美丽的景象。当一个种子发芽后教师继续放另一个种子，供幼儿观察。

13. 为什么幼儿喜欢用手碾死蚂蚁?

问题描述：

到了夏天，许多幼儿喜欢观察地上的小虫子，当然，蚂蚁也是他们最喜欢的一种观察对象，中班的幼儿常用手碾死地上的蚂蚁。有一次，我们班在户外活动的时候，半个班的幼儿都蹲在一棵大树旁边用他们的小手一直往地下按，我很纳闷地走过去，悄悄地说："你们在干什么呢，告诉老师好吗？"一个幼儿站起来说："我们在玩蚂蚁呢，用手碾地上的蚂蚁可好玩了！"

原因分析：

在这之后，我问了五六个幼儿，他们都是用同一种答案回答了我，那就是"好玩"。我思考了两分钟，想明白了，中班的幼儿就是好动，无论遇到了什么事总是喜欢先用他们的小手去触摸一下物体，当他们触摸到蚂蚁的时候，感觉蚂蚁很好玩，所以他们又想到了另外一种玩的方法就是用自己的小手去用力把蚂蚁碾死。

对策建议：

平时区域活动的时候，我会经常给幼儿们讲一些爱护小动物的故事，而且会告诉他们什么动物可以摸，什么动物是不可以碰的，就好像蚂蚁一样，是不可以碰的，万一要是爬到身上会很痒痒，而且会把你的身上咬小红包。这样给孩子们讲故事，我发现现在就算是地上有蚂蚁，幼儿们也不会去拿自己的小手碾死它们了，因为他们知道蚂蚁不可以碰，而且还有就是小动物不可以随便伤害。

14. 幼儿无法完成种植过程但又排斥教师的帮助怎么办?

问题描述：

有个别幼儿总是无法完成种植的任务，当他们自己不可能完成的时候，我走过去小声和他说："老师帮你，我们一起合作完成这个种植的任务好不好"？没想到他居然说"不好，我不愿意让老师帮我"，当时我就在想，为什么呢？难道有老师的帮忙还不好吗？为什么孩子不愿意得到老师的帮助和指导呢？

原因分析：

原来幼儿们是想通过自己的努力来完成这个任务，就是："我是我们班最棒的，因为我没有让老师帮助和指导，我就可以轻松地完成这个种植的任务，我真棒！"

对策建议：

我是很希望他们可以不用教师帮助和指导就轻而易举地完成这个种植，可我另一方面又担心，如果他们完成不了呢？完成不了肯定就会不管这些植物了，所以我在和他们聊天的过程中就要经常给他们讲一些关于种的植物的一些小知识，这样既可以养好植物，又增强了他们对植物的了解和认识。

15. 幼儿互相破坏自己种植的植物怎么办？

问题描述：

我们班的幼儿自己在自然角中种植了一些植物，但是他们自己不去照顾这些小苗苗，还互相破坏别人种的植物。

原因分析：

中班幼儿年龄较小，不会控制自己的情感，常表现得比较冲动。当看到自己种植的植物被同伴破坏了，幼儿心理活动的"无意性"反映出来了，自然而然地进行模仿性的破坏。你破坏我种植的植物，我也破坏你种植的植物，严重时还出现攻击行为。要正确进行原因分析，对那些有益的部分，要及时表扬并加以保护，而对不良的苗头，则要帮助幼儿克服、纠正。中班幼儿的羞愧感或内疚感也明显发展起来，如正确引导、讲清道理，幼儿对自己出现的错误行为会感到羞愧。

对策建议：

教师需要因势利导进行一些团结友爱的教育，使幼儿懂得在幼儿园生活、学习中互相帮助、团结友爱，这对幼儿道德行为的发展具有重要意义。幼儿在情绪愉快的状况下，一般能够接受任务，坚持活动的时间也比较长，任务完成情况也比较好。反之，如果幼儿情绪很低，不愉快，或处于恐惧、痛苦状态，教师应告诉幼儿植物是我们的朋友，不可以去破坏它、伤害它，此时幼儿开始能有意识控制自己情绪的外部表现。

16. 幼儿对于水培植物的照顾不够细致，忘记及时换水怎么办？

问题描述：

我们班里用各种透明的瓶子泡了许多的植物，幼儿们很喜欢，但大家都不爱给它们换水。

原因分析：

水培植物需要细致照顾，还要及时换水，如水仙，需要预期开花，每天必须换水。中班幼儿大多数的记忆带有很大的无意性，表现在两个方面。其一为记忆的目的不明，他们记住什么，不记住什么，主要决定于：①客观对象的性质，如直观、形象、具体、鲜明、活动着的事物，容易引起他们的识记；②客观对象和主体的关系，如幼儿感兴趣的，能激起幼儿强烈情绪体验的，能满足幼儿个体需要的事物以及成为幼儿活动对象的都被幼儿识记，反之幼儿则不易识记；③必须明确的是活动的动机对幼儿记忆的有意性和积极性有很大的影响。如在游戏中不记住或不遵守游戏规则，则不能再次参加游戏。

对策建议：

幼儿心理活动有主观能动性，那就不能期望幼儿丝毫不走样地按教师所教的去做。了解每个幼儿的心理特点，是教育幼儿、引导幼儿活动的前提。幼儿心理的主观能动性处于发展的初级阶段，创造条件促进每个幼儿心理主观能动性的发展，是教师的责任。

二、能力与技能

1. 在自然科学区中幼儿的合作意识较弱怎么办?

问题描述：

一段时间里，幼儿对自然角中的一些形状不同的贝壳产生浓厚的兴趣。在投放一面放大镜请幼儿仔细观看贝壳的花纹时，幼儿为此争抢，注意力已不在观察贝壳的花纹上，而是在持有放大镜上。

原因分析：

中班幼儿在很多事情上都是以自我为中心，往往只考虑满足自己的愿望，很少能关注到别人的感受。幼儿既缺乏合作的意识，又缺乏合作的能力，不会协商，不会分工与交流，发生矛盾时常以告状或攻击性行为来解决，处理方法常表现是求助于成人，独立解决意识差，因此，很难体验到合作行为带来的愉悦和成功感。

对策建议：

教师参与活动指导，鼓励幼儿之间进行合作游戏，学习合作操作材料。区域游戏结束后，对幼儿的积极表现进行肯定。另外，在准备材料时，教师有意识地准备一些需要合作才能完成的玩教具，通过游戏过程增强幼儿的合作意识。

2. 幼儿在尝试榨汁的过程中，没有成果怎么办?

问题描述：

活动区活动时，教师帮助幼儿将他们带来的苹果切成片，几名幼儿兴奋地围着榨汁机，可是操作的结果总是让他们失望（几乎没有苹果汁流出）。

原因分析：

1. 被榨汁材料——苹果选择不够好，相对来说不容易出果汁。

2. 中班幼儿虽然小肌肉动作发展灵活，但是在操作榨汁玩具时，力度不够，还显吃力。对于榨苹果汁更是有难度。

对策建议：

首先教师要确定没有榨出汁的原因。如果是幼儿在榨汁过程中用力不够，可以引导几个幼儿合作进行；如果是方法不正确，引导幼儿探索正确榨汁方法；如果是因为材料问题，教师就要注意材料的使用要便于幼儿榨汁。在本例中，有两点需要注意：一是材料苹果不易出汁，对于幼儿操作来说有一定的难度，尽量选择易榨材料，如西红柿、橘子等；二是教师将苹果切成片并没有减少榨汁难度，可将其切成小块状。

3. 怎么让幼儿表达出自己观察到的结果？

问题描述：

在观察活动中，有的幼儿特别想表达自己的发现，积极举手，教师也会及时关注到他们的需要，请他们参与回答，可是在表达时却一声不发或者转移话题。

原因分析：

1. 有的幼儿喜欢用眼睛去看，用心去想，但会因性格内向而不愿意表达出来。

2. 有的幼儿会因表达能力有限，怕自己的表述遭到别人的笑话而不愿表达。

3. 有的幼儿会对问题不理解，对观察摆着茫然的态度。

4. 有时教师提出的问题忽略了个别幼儿的观察、表达能力，或者引导上不够具体、明白。

对策建议：

鼓励幼儿大胆表达自己在观察过程中的发现，对于幼儿的回答，无论对错都要有肯定的一面，让幼儿感到自信，增强幼儿的观察动机，在此基础之上再加以引导。另外，教师也应注意到要针对幼儿的观察能力去选择被观察物，及时提出适当的问题让幼儿进行观察。

4. 很多幼儿都凑在自然角观察金鱼，在不打消幼儿观察积极性的前提下，怎么让幼儿合理分散地观察金鱼呢？

问题描述：

过渡环节，几名幼儿围在观察角那里，兴趣盎然地讨论几条鱼的不同之处，如颜色不同，形状不同，甚至还说几条鱼游的姿态不同。

原因分析：

幼儿对周围事物随机产生的行为兴趣较常见，参与观察、讨论的态度比较主动，积极表达自己的发现。

对策建议：

1. 发现幼儿新的“兴趣点”或新鲜的需要。游戏中幼儿往往会把自己在实际生活中的体验、感受表现出来，教师通过观察捕捉到，鼓励幼儿继续深入生成的内容。

2. 根据幼儿的发展现状，提出新的挑战。教师要能够根据幼儿的“最近发展区”，沿着幼儿发展的线索逐渐进行引导。

5. 幼儿们对植物的观察记录总是被遗忘怎么办？

问题描述：

在种植活动中，为了能让幼儿更好地感知植物的生长变化，就为每组幼儿准备了一本各种植物的生长记录本，并向幼儿讲清楚记录本的使用方法。可是在活动中，只有个别幼儿参与，而且也不能坚持记录。

原因分析：

幼儿做事的随意性很大，不容易专一，幼儿的年龄特点决定了他们的坚持性、完整性差。另外，长时间的单一的记录方式也容易降低幼儿的记录兴趣。

对策建议：

1. 在进行活动前，应事先讲清记录方法及要求。着重参考幼儿想出的记录方法，以便于在记录过程中幼儿使用。

2. 我们不能把幼儿的这些特点当成缺点，而是要寻找方法进行活动。如对记录工作进行分工，对认真的幼儿进行表扬，以此影响其他幼儿的积极性。还应注重让幼儿参与记录本的制作，提高幼儿的兴趣及记录积极性。

6. 介绍完新材料幼儿们都跃跃欲试，可是当自选时，幼儿们却很少碰新的材料，怎么办？

问题描述：

投放磁铁玩具“狐狸捉鸡“时，教师认真地讲解磁铁的原理及材料的玩法，幼儿也争先恐后地发表自己的看法，还急于向大家展示自己的本领。可是几次活动区活动后，新材料就被冷落了。

原因分析：

幼儿对新鲜事物的兴趣浓厚，求知欲望强烈。对新知识的理解、接受能力强。在第一次接触新材料时，通过教师的讲解及尝试，幼儿已完全掌握了与新材料相关的知识及玩法，因此，起初的那种对新材料的兴趣也大减。

对策建议：

1. 对于新材料投放，教师可不必进行太多的介绍，让幼儿在游戏中有新鲜感及探索兴趣。

2. 材料的投放要根据幼儿游戏的需要有顺序、有步骤地投放。

3. 引导幼儿知道并形成通过自己动手的方法来满足需要的意识，鼓励幼儿自己制作玩具材料，提高幼儿参与活动的兴趣。

7. 对于总是旁观而不参与的幼儿我们怎么办？

问题描述：

在游戏或其他活动中，总有个别幼儿“忙于”自己的事情。

原因分析：

1. 因不适应新环境而产生认生、怕羞或还不习惯和同伴共同游戏的幼儿。

2. 因不受大部分幼儿欢迎的的幼儿不进行活动的现象。

3. 因情绪不好而不参加活动的幼儿。

4. 幼儿对玩教具不感兴趣的现象。

对策建议：

1. 可与他谈论他喜欢的东西，并尽力提供这些东西。留心安排他与喜欢的东西进行游戏。

2. 教师要多进行对双方的引导。

3. 教师首先要弄清并帮助他解决好问题，使他变得愉快起来，自然地参加游戏。

4. 教师要进一步引导幼儿挖掘新的玩法或变换玩教具。

8. 当幼儿遇到困难时，教师什么时候介入是合适的？

问题描述：

游戏中幼儿会找到教师说：这个我不会。或因为做不下去而离开，重新选择其他游戏，或干脆放弃游戏的机会。

原因分析：

同样的事情而每个幼儿所遇到的困难是不同的，有的可能是不理解，有的可能是动手能力弱，也有的可能是缺乏耐心等。

对策建议：

在幼儿遇到困难时，教师不急于介入，要给予幼儿一些时间试着思考、解决。同时，教师要从态度上给予幼儿支持和鼓励，为幼儿建立自信。如鼓励一句：你再用别的办法试一试，你会做成功的。另外，教师不可根据自己的经验进行简单判断，而要通过仔细的观察和询问作出正确的诊断，了解幼儿遇到困难的原因所在，然后才能做到因人而异，因势利导。

9. 幼儿只看，不愿意记录怎么办？

问题描述：

教师对班里的幼儿们讲："我们去看看山楂树变成什么样子了？"幼儿们观察回到班后都说了自己所看到的变化，但请他们将看到的变化记录下来时，他们就不知道从何处下手了，有的幼儿就会很随意地将看到的、没看到想到的都记录下来了。

原因分析：

幼儿的年龄特点决定了他们注意力容易转移、坚持性差、做事马马虎虎。他们不会像成人那样有坚持性、完整性，能够控制自己的行为，把一件事情做好。幼儿的注意力被吸引住就常常忘记做其他事情。

另外，幼儿不愿意记录也是因为年龄小，想到的事情不全面，又缺乏这方面的方法和技能，所以不知道从何处下手。

对策建议：

幼儿做事带有很大的随意性，如果做事前没有要求，做事的随意性就更大，所以在做事前教师应事先讲清要求。“要求”会对幼儿做事认真起到良好的促进作用。

培养幼儿记录是需要长时间培养的好习惯。教师应适当辅助幼儿，在过程中指导幼儿有顺序地观察，之后帮助他们回忆所观察到的景象。让幼儿对记录产生兴趣，不排斥，及时给予肯定和鼓励。

10. 幼儿有教师指导就能玩起来，没教师指导就不会玩，怎么办?

问题描述：

有的幼儿在进入活动区后有教师指导就能玩起来，没教师指导就不会玩。他们还会发生争执或把整个活动区弄得很乱，没有一点规则和秩序。

原因分析：

由于年龄的特点，越小的幼儿，独立性越差，他们总是依赖教师，遇到问题不会主动解决，他们不会从失败中总结经验。

他们也不懂合作游戏。现在的家庭大多是独生子女家庭，幼儿的生活环境比较简单。在这种环境中，他们没有什么和其他幼儿相处的经验与本领。所以，幼儿在家中是小霸王，可以说一不二，但当他们到了幼儿园，就没人买他的账，游戏就玩不起来了。

对策建议：

这个时候教师的工作重点应是观察，细致的观察会是你下一步工作的根据。发现有困难的幼儿要助他一臂之力，共同解决难点问题。如果当看到幼儿经过反复努力仍然不能把事情做好时，教师可以引导他找到失败的原因，也可以引起其他幼儿的关注，通过讨论协商解决，这样也使帮助、合作是在实践中体现，而不是简单的说教。给予幼儿充分的关注，让他有信心。根据幼儿的发展现状，提出新的挑战。教师要能够根据幼儿的“最近发展区”，沿着幼儿发展的线索从新提供玩具或操作材料、活动内容等方面进行引导，从而吸引幼儿，使幼儿保持很高的探索欲望。

11. 幼儿在活动中总是边玩边说，不专注怎么办?

问题描述：

活动中，在教师讲解完任务和要求后，让幼儿们自己操作时，他们总是边玩边说，感觉他们没有专注于自己的操作。

原因分析：

高度的注意力是人进行学习和探索活动的心理基础。幼儿注意的特点是无意注意占优势，有意注意正在形成之中，注意的范围很小，而且稳定性差。

幼儿的语言表达能力正在逐步发展，表达的欲望很强，在玩玩具的时候总是小嘴里跟同伴说着，手中动着，也有的幼儿表达着的是自己的思维语言。

另外，幼儿的注意易被新鲜、强烈多变的刺激所吸引，为防止多余的刺激引起幼儿的注意力分散，尽量将活动室布置得醒目、整洁、美观，又不过于华丽、繁杂。所以在幼儿活动的时候，给幼儿创设合适的环境，减少不必要的外界刺激。

对策建议：

根据幼儿知识范围及季节特征布置环境，如以“春季特征”为题时，采用大幅剪贴画配上构成系列的自然角，如以“爱劳动”为主题时，则用对称的几幅剪纸装饰定期更换的劳动工具。这样会使幼儿既受到教育，又有舒适感。平时，注意室内玩教具的收藏、叠放分门别类，井井有条，室内不大声喧哗，工作时加强计划性，严格按作息时间开展活动，建立必要的常规。这就排除了引起幼儿注意力分散的内外因素，有利于幼儿的心理稳定。

有意识组织幼儿开展一些有趣的游戏。如“谁先放好”的游戏，让幼儿把大量混放在一起的彩色纸片分放到各色的彩盒中，比一比谁先放完，且不放错。这个游戏幼儿须专心地识别颜色，手脑并用，随时支配自己的注意力。平时，在其他活动中，也都能培养幼儿的注意力。在教育实践中，针对幼儿的这些特点注意培养注意力的稳定性，收到较好的效果。

12. 幼儿在实验的时候喜欢模仿别人的做法怎么办?

问题描述：

在做科学实验活动的时候，我们常常发现有的幼儿总是喜欢模仿别人的做法，他们没有自己的想法，所以在分享实验结果的时候往往没有可以特别提出的。

原因分析：

幼儿喜欢模仿别人，这是幼儿成长的一个特征。当他发现自己与他人的区别时，就会有意识地模仿，因为模仿意味着分享和交流。幼儿不但会模仿别人，也很希望别人模仿自己。

对策建议：

孩子爱模仿是很正常的事，只要加以引导就会有很好的收获。另外，幼儿很容易受别人的影响，常常较多地模仿别人而缺乏自己的主见，其实正因为他们善于体察别人，能够作适当的妥协，所以这样的幼儿可能更容易在环境中受到欢迎。

13. 为什么幼儿在观察昆虫时只是比较大小或谁在动，而不去关注细节?

问题描述：

昆虫是动物的一个分支，那些小小的、六条腿、有触角的精灵们，总是给我们带来无穷无尽的惊奇与欢乐。可在开展以昆虫主题的活动中，幼儿在观察昆虫时只是比较大小或谁在动，而不去关注细节。

原因分析：

开展昆虫主题的活动，旨在引导幼儿能乐意观察身边常见的昆虫，了解它们的主要特性；尝试运用多种途径收集有关昆虫资料，并在此基础上喜欢昆虫，有保护益虫的意识。幼儿好奇好问，对这些可爱的小精灵们有着十分浓厚的兴趣。观察蚂蚁搬家、跟着蚱蜢一起蹦跳、随着蝴蝶一起翩翩起舞，这些都是幼儿们最喜欢、最本色的行为。一般情况下，最能引起幼儿关注的就是物体大与小的对比和动态的事物，其他的细节部分除非是他们个人感兴趣的他们才会去主动观察。

对策建议：

我们所开展的《奇妙的虫虫》主题活动，正好迎合了幼儿的这种天性，是在幼儿的兴趣基础上展开的。有了兴趣，进而通过主题活动帮助幼儿进一步认识昆虫、了解昆虫的特性，逐步萌发孩子的情感。而情感的萌发不是一朝一夕能达到的，是需要我们在活动中通过一系列小活动慢慢培养和激发的。观察时只是身体处在具体的情境中，注意力则游离别处，目光很少接触观察的对象或视而不见，在同伴和教师的暗示和影响下，才把注意力投入到观察活动中。会运用已有的知识经验来解读观察现象，并把所了解的新知识同化、顺应到自己的知识结构中去。幼儿自主观察的过程是他们掌握认知“钥匙”的过程。以往，在教师的心目中，听、说、看作为不同的教学途径，它们的作用和地位是平等的，幼儿学会了观察方法，对于一切事物的认识不再是教师让我知道了什么，而是我自己知道了什么。有了好的观察力，幼儿就等于有了一把认识世界的“金钥匙”。

14. 为什么幼儿记录的种子成长过程与观察到的不一样？

问题描述：

有一次，在记录豆子发芽的过程，幼儿们分组观察自己所种下的豆子。明明豆子已经长出了两片小叶子，但是幼儿在记录册上就画上了杆，并没有叶子。问幼儿：“你观察到了什么？小豆子变成什么样子了呢？”“小豆子长大了，还长了绿色的小叶子了”，幼儿看着我绘声绘色地讲。我听后很纳闷，既然都看到了，也可以讲的出来，为什么不记录呢？我笑笑问他：“可老师看你的观察记录怎么小豆芽没有长叶子呀？”他看着我想着什么，过了很久才说：“你想知道我可以告诉你呀！”

原因分析：

根据幼儿的观察特点，幼儿所观察到的总是比记录的要多，要细致。可是他们受到能力的限制，不会记录，也不知道需要记录些什么，甚至不明白为什么要记录的时候，给他们提出记录的任务他们自然无法完成，至少完成得不好。另外，幼儿们的记录方式主要是以绘画的形式为主，就像他们会用一条或许多的单线竖条来表现整个森林一样，他们用一个“杆”，来表示他们所见的种子的成长。

对策建议：

我重新给幼儿们讲了什么是观察记录、为什么要记录、记录的时候都需要记录些什么。我讲后，幼儿们的观察记录就变样了，幼儿们记录地很清楚、仔细。幼儿做事情前需要有要求，更需要将原因和过程都告诉他们，这样幼儿才能很出色地完成任务。

15. 幼儿描述不清自己的实验结果怎么办？

问题描述：

做完实验，教师请幼儿讲述自己的结果或操作过程时，幼儿往往不知所措，或说不出来，或说得让人听不懂。

原因分析：

幼儿语言发展水平有限；幼儿本身对实验不感兴趣，在活动中并没有认真操作，仔细观察；幼儿不自信，过于紧张，不能很好地组织自己的语言。

对策建议：

对于语言发展水平有限的幼儿，教师可以在他描述结果时，说出关键词，引导幼儿继续往下说，或者帮他回忆一下实验过程，抓住实验中的重点。对于本身对实验不感兴趣的幼儿，教师要在实验过程中提出一些挑战性的问题，让幼儿带着问题进行试验，回答这些问题意味着要他们更仔细地进行观察、思考，以及组织相应的语句。对于不自信、紧张而讲不出来的幼儿，教师一定要鼓励幼儿，不要怕说错，要敢于表达自己的想法。

16. 当幼儿实验失败时，往往不愿再次实验，不能够正确面对失败。

问题描述：

当幼儿试验失败时，会失去对实验的兴趣，不进行再次实验，而将注意力转到其他事情上面。

原因分析：

幼儿受挫能力较弱，缺乏自信心，依赖性较强。

对策建议：

在日常生活中，教师要为幼儿设计一些有一定难度的、跳一跳就够得到的任务，让幼儿去完成。在幼儿遇到困难退却、逃避的时候可以有一些批评，以提高幼儿的心理承受能力。教师在给幼儿挫折的同时，还要增强幼儿抵抗挫折的自信心，在幼儿遇到挫折的时候，说一些“你一定能做好”、“你一定会成功的”、“你很能干”、“继续努力”等等，让他们相信自己能做好。另外，同伴的榜样力量也很强，在幼儿怕自己不行而退却的时候可以说：“别怕，你可以的，你看××能做，你也一样能做好，你也行的。”或者说“我相信你会跟××一样勇敢的。”幼儿会变得越来越有信心，越来越勇敢，增添了战胜困难的自信。

17. 自然角的小蝌蚪长出了后腿，但观察记录上却很少有人记录。

问题描述：

自然角的小蝌蚪长出了后腿，幼儿会很惊讶地报告给老师，但是却无人想到要对此进行记录。教师提醒后，幼儿却说不会画，不会记录。

原因分析：

幼儿对新鲜事物容易产生兴趣，但是由于依赖性很强或者确实不会画，不愿或不敢进行描述。

对策建议：

在观察的过程中，教师提引导语，引导幼儿观察小蝌蚪的变化，如：后腿是什么颜色的？什么样子？像什么？幼儿带着问题观察，学会观察，使幼儿观察得更仔细。对于能力较弱的幼儿，不会画，教师就可以出示图片、照片等方式，让幼儿观察。

18. 幼儿的记录别人很难看懂怎么办？

问题描述：

观察试验后，幼儿对观察结果、实验结果进行记录，往往像画符，让人看不懂。

原因分析：

因为幼儿画的是一些形象符号，是专属于他们自己的记号，他们记录的是他们自己看到的东西。

对策建议：

教师可以请幼儿自己讲述记录的内容给其他幼儿听，也可以在记录的过程中，教师加以引导，找到重点请幼儿记录下来。对于能力较弱的幼儿，教师可以出示范例，先请他模仿，使他逐渐地学会记录。

19. 幼儿关注的事情，往往与教育目标不一致怎么办？

问题描述：

正在进行活动，这时幼儿将注意力放在另一个幼儿的问题上，没有跟着教师的思路走，而这个问题大家都很感兴趣。

原因分析：

幼儿对教师所安排的课程不感兴趣，教师安排的教学内容幼儿已经掌握，或者难度过大，超出幼儿的最近发展区。

对策建议：

教师应尊重幼儿的兴趣，并在幼儿的兴趣点上挖掘具有教育价值的内容，使幼儿获得有关经验。幼儿的兴趣点和关注点是教育的有效起点，在幼儿的兴趣点和关注点上生成的教育，幼儿们有真正学习的动机。这是主动学习的基本前提。作为教师，要在一日生活中随时发现并抓住幼儿的兴趣和关注点，并以此作为教育契机。如果教师硬把幼儿的兴趣拉到教师预定的内容上来，即使幼儿肯服从，也未必是真正地愿意学，这不利于培养幼儿愿学、会学的态度。教师顺应了幼儿的兴趣和需求，并通过适当地引导，使幼儿们在自己关注的基础上获得了有关经验。虽然幼儿没有完成预定的目标，但教师从大目标出发，创设相对轻松、愉快的环境，使幼儿能按照自己的兴趣和意愿活动，保护了幼儿学习的主动性和积极性。

20. 幼儿对每种植物记录的结果都是一样的怎么办？

问题描述：

观察试验后，幼儿对每种植物都用一样的记录，画一样的树干一样的叶子。

原因分析：

幼儿的观察水平有限；幼儿对植物的观察不够细致，观察能力有待提高。

对策建议：

观察是指有目的、有计划、有思维活动的知觉活动。幼儿在教师的指导下，通过观察获得大量的感性认识。幼儿要确定一个观察对象，进行有目的的观察，作为幼儿游戏活动的辅助者、引导者，我们要给幼儿明确的目标，必须清楚地让幼儿知道，首先要观察什么？其次再观察什么？给幼儿一个明确的任务。再者，所涉及到的游戏活动一定要符合幼儿年龄和身心特点。对于幼儿们的观察任务不应做过高的要求，只要幼儿有自己的发现，能够细心感知，我们都应该给予鼓励和肯定，这不仅可以增强他们的自信心，还有力地激发了其期待下次活动的愿望。幼儿在观察方面有一定的局限性，他只是从自己的直觉出发，他首先看到或想到什么，他就会在手上表现出来，而这样也就会造成一种认识的无序性。因此我们在指导幼儿学习活动的时候，一定要教会幼儿按一定的顺序进行观察、比较。无论任何事物都存在一定的规律性，我们要给幼儿一个清晰的观察顺序，从整体到部分、从大到小、从上到下、由外到内、从高到矮等等。

三、知识与经验

1. 自然角的小金鱼，幼儿天天去喂，教师知道这种行为的后果会让鱼撑死，用什么方法告诉幼儿？

问题描述：

班中很多幼儿都非常乐意去给自然角的小金鱼喂食，他们喜欢看着小鱼吃食的样子，但是有些幼儿经常跑去喂，不但每天坚持去喂，喂食次数频繁，而且每次喂食量还很大。其他幼儿看见别人喂食，也跑去再次喂食，在这种无意中小鱼反而吃了很多。

原因分析：

幼儿对周围事物、现象非常感兴趣，有初步的爱护、照顾小动物的意识，比如有的幼儿冬天觉得水很冷怕鱼冻着，就向鱼缸里倒热水；看到盐有点脏，把盐放在水里洗等等。中班幼儿主要是通过感知觉以及操作活动认识周围事物的，此时的他们对事物认识是直接、简单和表面化的。幼儿的出发点是好的，但由于经验水平和思维特点所限，幼儿探究解决问题的过程和方法具有很大的试误性，因此常常好心做了错事。

对策建议：

教师首先要肯定幼儿的想法是好的，接着告诉幼儿失败的原因，自己不懂的事先要请教大人。对于给金鱼喂食次数过多，教师应该先对幼儿给予表扬，对幼儿能够主动照顾小动物的行为给予肯定，然后告诉幼儿为什么不能这样喂金鱼的原因，带幼儿了解不同种类的金鱼和金鱼的生活习性，以及正确的饲养方法：每天喂一至二次就可以了，不需要过多地喂食，否则金鱼会撑死。这样既不会直接否定幼儿的善意行为，又可以对幼儿进行随机的教育，使幼儿进一步了解金鱼，能更主动地爱护、照顾金鱼。

2. 幼儿总是重复给自然角的植物浇水，造成植物死亡，用什么方法更好地制止幼儿的行为？

问题描述：

洋洋在给自然角的植物浇水，浇完后就去做其他的事情，过了一会儿他来到自然角看见花盆中没有水了就又浇一次，户外活动回来洋洋又去给植物浇了一次水，看见水渗下去，又继续浇。他说："我们每天要多喝水，多喝水对身体好，小苗苗也应该多喝水才能长高。"

原因分析：

中班幼儿对事物的认识是直接、简单和表面化的，他们对事物的认识和解释、所获得的知识经验，受到其原有经验和思维水平的直接影响，形成幼儿期所独有的"天真幼稚的理论"和"非科学性的知识经验"，他们总是用原有经验解释事物。幼儿的出发点是好的，但由于经验不足或能力有限，常常好心办了坏事，比如，在冬天幼儿怕小植物喝凉水冷，就会用热水去浇植物；知道种子泡在水里能发芽、长大，他们就会把落在地上的花瓣、树叶捡回去泡在水里，让它们长大。

对策建议：

教师首先要肯定幼儿的想法是好的，给予幼儿善意的想法与行为以鼓励，接着教师可以给幼儿讲讲植物和我们人类不同，开展有关植物的活动，如"小种子生病了"、"需要帮助的小植物"等，引导幼儿了解各种植物的生长特点及生长的需要，包括正确的浇水方法，如何通过观察花盆中土壤的干湿度来给植物浇水，以及不同种类的植物不同的浇灌方法。为幼儿提供种植的机会，每个幼儿种植属于自己的"植物宝宝"，比比谁的"植物宝宝"最健康，体验一些照料植物的方法，并感知植物的生长变化，懂得如何爱护植物。

3. 小鱼死了，幼儿都觉得很脏、很臭怎么办？

问题描述：

有一天，幼儿发现鱼缸里的小鱼死了，而且身体上出现了一些白色的斑点，幼儿们着急地看着，有的人为小鱼感到难过"小鱼死了，真可怜！"也有的人捂住鼻子说："真臭。"有的还急忙向后退，生怕小鱼碰到他们，并且不愿意去收拾。

原因分析：

幼儿喜欢经常观察班里的小鱼，有时还在教师的指导下喂养小鱼，给小鱼起自己喜欢的名字等。他们喜欢身边的各种小动物，看见动物活泼好动的样子，自己也会很开心。但是，相对不好的事物来说他们更喜欢美好的事物，当看到小鱼死后幼儿便失去了对小鱼的兴趣。他们并没有站在小鱼或他人的角度上考虑，死亡或受伤是一件非常伤心难过的事。

对策建议：

告诉幼儿小鱼死后身体会腐烂变质就会产生臭味，这是一种正常的问题描述。教师可以开展教育活动，引导幼儿观察、爱护身边的小动物，但是，如果喂养不当，小动物就会死掉。大家可以一起分析导致小鱼死亡的原因分析，给幼儿讲解怎样照顾小鱼，要给小鱼什么样的水，怎样饲养小鱼，要给小鱼多少食物，什么时候投放食物等。也可以带领幼儿处理死去的小鱼，培养幼儿的责任心与同情心。通过小鱼的死亡，引导幼儿要学习关心和帮助身边有需要的人。

4. 幼儿总是把自然角里的果实采摘下来怎么办?

问题描述：

当自然角里的植物结出果实后，不管是否成熟，幼儿会迫不及待地把果实摘下来想要亲眼看看，我们常常把这种行为定义为“破坏性行为”，认为幼儿在故意破坏。其实这是幼儿在“好奇心”的驱使下出现的行为，我们把它称为“好奇性行为”。

原因分析：

幼儿摘下果实后，并没有想过果实摘下来会怎样，因此会出现看完之后，又把种子放回原处，而此时却发现已经不能回到原样了。从把种子种下，到种子发芽、长叶、开花，最后到结果实，幼儿会不理解，为什么会变成这样？种子里有什么呢？索性摘下来一探究竟。怎样让幼儿认识到这种行为伤害了植物，从而有效地避免发生呢？

对策建议：

最有效的措施就是运用“因果效应”，即当幼儿发生类似行为后，教师不要及时地讲道理，让幼儿自己接受行为造成的结果，“原来这样摘下果实后，果实就不会再生长了”，让幼儿意识到是自己的行为所导致的。通过亲身观察，知道“植物是有生命的”，摘下果实，会让果实没有生命，从而没法生长下去。此时教师再加以引导，告诉幼儿“果实成熟”的相关知识，这样幼儿会充分理解，从而也可以避免类似行为的发生了。

5. 幼儿总是喜欢把鱼缸里的石头拿出来玩怎么办?

问题描述：

幼儿常常以观察小鱼为理由，把鱼缸里各种各样的石头拿出来当玩具玩，有时比颜色，有时比大小，有时还会趁着别人不注意悄悄带回家……使教师又好气、又好笑，更加不理解，班中那么多的玩具不玩，为什么偏偏玩鱼缸里的石头呢？

原因分析：

其实站在幼儿的角度就很好理解了，他们的想法其实很简单，导致发生此种行为的原因是幼儿强烈的好奇心，“鱼缸里的石头和其他的石头一样吗？”“为什么要把石头放在鱼缸里呢？”就是出于这种强烈的好奇，使幼儿产生了“把鱼缸里的石头拿出来玩”的行为，我们把这种由于好奇心所导致的行为，称为“好奇性行为”。

对策建议：

在明了原因的基础上，就很容易避免这种行为的发生了。在养小鱼前，教师和幼儿一同去找小鱼需要的物品，如“鱼缸”，同时一同探索小鱼成长的环境，如“在鱼缸中放些小石头、水草等”物品，可以使小鱼生活在相对熟悉的环境下，会成长得更好。然后鼓励幼儿自己寻找这些物品，让幼儿想办法。这样，幼儿经过亲身的参与、实践，会更加理解投放这些物品的用意。在寻找、投放的过程中增长知识，开阔了眼界，同时也避免了上述行为的发生。

6. 幼儿为什么总是会用放大镜到处敲来敲去，而不去观察？

问题描述：

中班幼儿对科学活动已产生了浓厚的兴趣。放大镜是幼儿园科学活动里经常会用到的，幼儿们也经常喜欢操作这一观察工具，不过，有些幼儿拿到放大镜玩的时候，他们并不去观察周围的事物，却总是喜欢敲敲这儿敲敲那儿。对于年龄较小的幼儿，有时还会问：“老师这是什么，怎么玩？”虽然教师给幼儿讲解了玩法，但却发现他们再次玩的时候还是喜欢拿着放大镜敲来敲去。

原因分析：

中班幼儿无意注意占优势力，他们喜欢新东西，因为新东西吸引了幼儿的注意力。他们还没有对放大镜产生兴趣，他们不知道放大镜是什么，不会具体的操作方法；幼儿喜欢用敲击的方式进行探索，就像刚出生时，他们手里有什么就用什么敲打或扔。所以他们喜欢用东西敲，不管是什么东西；由于幼儿的注意力时间短，放大镜的观察方式过于单一，所以幼儿容易失去兴趣；还有些幼儿觉的放大镜很像玩具，这些幼儿就会考虑怎么玩这个放大镜了，看看形状可以摸摸，还可以从放大镜里看小朋友，做做鬼脸，还有就是用这个放大镜敲敲打打了，敲敲有声音，所以他们就喜欢敲来敲去，发出不同的响声。

对策建议：

对于幼儿的这种行为不应责备，教师应当理解，对幼儿学习自然科学的特点作一番了解，然后遵循幼儿的学习特点来探索指导的策略，以便很好地激发和保护幼儿的认识兴趣与探索欲望，教师应开展教育活动，主动向幼儿介绍放大镜的用途，知道并学会运用放大镜进行观察；鼓励幼儿观察放大镜的结构，产生使用放大镜观察的愿望；组织幼儿讨论，带领幼儿多观察不同的事物，使幼儿感兴趣，喜欢观察。

7. 为什么幼儿喜欢昆虫却不敢接近？

问题描述：

每到春天来临的时候，或是盛夏季节，院子里总是会有许多昆虫。很多幼儿都特别喜欢昆虫，喜欢看昆虫的飞行和爬行，有时还会追着昆虫跑，甚至对着昆虫说话，但是却不敢靠近。他们告诉我他们喜欢活动的东西，还问教师：虫子会咬人吗？我害怕。确实昆虫是个会动的生物，所以很招幼儿喜欢。看到动来动去的昆虫他们很好奇，会问教师好多的问题，也喜欢观察他们，但却总是保持着适当的距离，当你把昆虫拿近时，他们可能会吓得大叫，或是四散跑开。

原因分析：

中班幼儿的好奇心明显增强了，而且好问，喜欢问为什么的幼儿多了。他们对会动的昆虫很感兴趣。昆虫动来动去地会引起他们的注意，也会让他们感到兴奋；胆子大的幼儿可能会接近虫子看看，但是大多数幼儿不敢接近昆虫。有的昆虫形态很吓人，他们从心理上害怕被虫子咬到，甚至许多的家长都不敢接近虫子，并且也不让幼儿接近这些昆虫，怕幼儿受伤。受家长的影响，幼儿对它们充满了恐惧，有的幼儿天生胆小，所以幼儿也不敢接近它们。

对策建议：

开展教育活动“我与昆虫做朋友”，要求家长配合，每一名幼儿在家养一只昆虫，在家长的陪同下每天观察昆虫，让幼儿对昆虫不产生恐惧。在教师的组织下养几只昆虫。将昆虫放进观察盒里引导幼儿观察，鼓励幼儿大胆、勇敢地接受新鲜的或者是周围事物；开展常识活动，教师带领幼儿一起观察昆虫，接触昆虫，了解昆虫知识；为幼儿讲解清楚哪些昆虫有害，哪些昆虫对我们不会有任何影响，鼓励幼儿喜欢和昆虫“交朋友”；带幼儿去各种场馆参观昆虫展，了解各种昆虫。

8. 幼儿把花摘下来找香味的来源怎么办?

问题描述：

幼儿园里的很多幼儿都很喜欢花朵，每到花朵盛开的季节，总会有幼儿在早晨来园时，带着从路边摘下来的花朵。甚至是对于自然角上的植物，幼儿都很感兴趣。每当植物开花时，他们都很关注、很开心，而且有很多问题想问。尤其是屋子里有花的香味时，总想找到花香味的来源，一个幼儿摘下了植物角的花跑过来问我：老师，香味是从这来的吧?”

原因描述：

随着身心的发展，儿童对周围的生活更熟悉了，他们总是喜欢问为什么，他们总是不停地看、听、摸、动，见到了新奇的东西，总伸手去拿、去摸，还会放在嘴里咬咬、尝尝，或者放在耳边听听、凑到鼻子前闻闻，他们会积极地运用感官去探索、去了解新鲜事物。幼儿好奇心强，也喜欢问问题；当幼儿发现问题时，就会有探索的欲望，进而去寻找问题的根源；他们发现了花香，想通过自己的嗅觉找到答案，得到教师的肯定。对于幼儿的这种行为，教师应当给予支持。让幼儿对周围事物感兴趣，学会去探索。

对策建议：

组织教育活动，教师为幼儿讲解花草对于我们生活的重要作用，我们应该怎样爱护小花，比比谁是最爱花草的小朋友；肯定幼儿发现香味并寻找答案的探究精神，但是也要告诉他们摘花是不对的；为幼儿讲解花的香味是从哪来的，花的香气来自花中的油细胞，它们能分泌出有香味的芳香油，当这些芳香油在空气中扩散后，用鼻子一闻，我们就会闻到舒服的缕缕香气了。如果花被破坏了，那香味就没有了。可以每天让幼儿轮流为小花浇水，闻一闻花香，加深幼儿保护花草的意识。

9. 为什么幼儿将罩在植物外面的薄膜用手捅破了？

问题描述：

幼儿园的植物角要随时保持亮丽的色彩，在温度不能达到植物生长所需要的热量时，教师通常采取在新种植的种子上蒙上一层保鲜膜。这样，可以增加植物生长所需要的温度和湿度。春节后的新学期伊始，乍暖还寒，为了尽快给幼儿一个多彩的世界，我们采取了这样的措施。却不知，幼儿们乘着过渡环节的机会偷偷地用小手将保鲜膜掀开或是捅破一个小小的洞，继而将小洞越撕越大，直至将保鲜膜破坏得体无完肤。

原因分析：

中班年龄的幼儿出于对未知事物的好奇心，总想通过自己的行为探究未曾见过的现象，因为幼儿不知道这层薄膜的真正意义何在。当时幼儿的想法可能是：平时爸爸妈妈用保鲜膜包食物，教师为什么要用它来包花呢？难道这花种出来也可以吃吗？或者保鲜膜挡在这里小花怎么往高生长呢？于是，幼儿撕开了这层薄膜后，试图发现里面会有什么变化。学前幼儿对周围世界的感知与探索主要就是通过看、听、摸、闻、尝等操作活动来进行的，而行为的目的性较差，思维属于直觉行动思维，导致幼儿通常反应是捅破薄膜。此外，也与幼儿活泼好动的天性息息相关。对于任何未知的事物，除了好奇以外，就是将其恢复到自己常见的模式。

对策建议：

面对此种情况，用保护幼儿的好奇心代替责备，要积极纠正和引导。抓住各种适宜的时机满足幼儿探索的需要，用适当的方式为幼儿讲解平时他们没有看到的现象，以及教师这样做的目的在于什么，引导和鼓励幼儿运用多种感官感知周围的事物，多问教师“为什么”，多去想一想。告诉幼儿植物的生长和我们的生长类同，小植物们也需要适宜的环境，为此我们就要给植物创造这样的环境。在日常生活中注意对幼儿爱护植物观念的渗透。

10. 幼儿喜欢把豆子放进鱼缸怎么办？

问题描述：

幼儿园的生物角通常都有多种植物和动物，为了给幼儿一个广阔的视野和一种对大自然的体验，教师通常把植物和动物交替重叠摆放，平时教师会引导幼儿用专用的鱼食喂养小鱼。一天，教师在给幼儿们讲完新栽植的绿豆后，趁着幼儿们加餐的时候，班上一幼儿悄悄将生物角的绿豆种子放进了鱼缸中，随后又扔进了几颗红豆，看着小鱼一张一合的小嘴儿，又摆着尾巴游走了，幼儿一脸的迷惑。

原因分析：

豆子颜色鲜艳且大小各异，看起来似乎很像某种鱼食的形状，幼儿可能会产生某种错觉，觉得这种外形看起来像鱼食的东西可以用来喂小鱼。此外，经过教师的讲解，幼儿可能认为豆子属于粮食，平时自己吃的东西，小鱼也可以吃，想让小鱼和自己共享美食。另外，豆子放进鱼缸后，透过玻璃缸里面呈现着色彩斑斓的世界，好像童话书里写得一样，幼儿大都喜欢色彩艳丽的事物，为此对自己的创意正得意洋洋。基于上述这些推理，幼儿可能产生把豆子放进鱼缸里的想法。

对策建议：

活泼好动是幼儿的天性，这些行为最简单的解释是幼儿的天性导致的。幼儿年龄小，接触的事物还比较少，视野有限，所以，对于他们来说什么都是新鲜的，他们没有接触过的任何东西都想去尝试，以获得更丰富的体验。所以，不管是教师，还是家长，都应该满足幼儿的这种好奇心，给幼儿提供一定体验的机会，当然这种体验要建立在教师和家长的引导下。要告诉幼儿什么行为可以，什么行为不可以。告诉幼儿动物和植物在生活习性、生长条件等方面相同的地方和不同的地方，让幼儿去感知，去体验。

11. 幼儿对昆虫的认识相对较少，辨别不清很多昆虫怎么办？

问题描述：

天气转暖时，很多昆虫相继复活。通常幼儿看见某种小虫时总会第一时间告诉教师，而他们的描述总是停留在很浅薄的层面。一日，午睡前，我在给幼儿们发拖鞋，忽然听见盥洗室里传来一声尖叫“老师，老师，这有一只大蟑螂。”我急忙跑过去，到了盥洗室，我顺着幼儿手指的方向寻找了半天，才发现这只“大蟑螂”原来是只小蚊子。我喘了口气，安慰了刚刚被吓得尖叫的幼儿，消灭了这只“大蟑螂”。

原因分析：

幼儿的认知有限，将生活中接触的虫子混为一体，总认为自己面对的都是常听到的。幼儿主要是通过感知觉以及各种操作活动认识周围世界，幼儿对事物的认识大多是直接、简单和表面化的，他们主要以具体形象性思维为主，还缺乏大胆猜想和主动探究的愿望。幼儿对未知世界的感知，在目的性、细致性、有意性上都相对较差，所以他们的认识总会停留在已有的认识基础上，尤其是对某些形状区分很小的事物上，往往就难以辨别出那种微小的变化。

对策建议：

教师和家长都应支持幼儿对身边常见事物、现象大胆猜想和主动探究。引导幼儿主动感知生命、亲近大自然，有好奇心和求知欲。在日常生活中，留心幼儿特别的发现，把幼儿新的发现和已有的认知进行对比，连续的观察，让他们发现其中的相同与不同，发现差异和变化，让他们去体验新事物最明显的特征，并牢记这一特征，以便下次遇到后幼儿能自己阐述和区分细微之处的变化。也可以借助放大镜等工具，培养幼儿敏锐的观察力，激发他们对大自然的兴趣。

12. 幼儿懂得如何种种子，但对培育方法认识较少怎么办？

问题描述：

为培养幼儿自己动手操作的能力，教师通常先给幼儿讲述种植种子的过程，然后在教师或家长的帮助下让幼儿自己动手进行实际操作。基于幼儿一定的理解能力，他们都能在协助下完成种子的种植过程，但总是种完了就不再呵护种子的生长，确切地说幼儿可能根本不知道如何培育。只是任其自己生长，有的种子可能就能存活，而有的种子可能就会因为照顾不周而凋谢。我在植物角栽了一盆彩色仙人球，一个红的一个绿的，两个小球每日安静的“矗立”在熊宝宝花盆的怀抱里，煞是好看。让人不解地是，两个小球日渐一日在缩小，原来班上的幼儿每日都给我的小仙人球喝点水，终于，我的小仙人球还是被淹死了。

原因分析：

教师常给幼儿讲种子要喝饱水，晒足阳光才能茁壮成长。于是，幼儿就遵从教师的教诲，每日给仙人球浇水。殊不知，仙人球属热带植物，生活在沙漠里，抗旱性极强。首先，我们要从自身找原因。我们在给幼儿灌输知识的时候是否做到了具体问题具体分析？幼儿的知识经验有限，所以需要我们循序渐进地渗透。刚刚栽种仙人球时就该给幼儿讲它的特殊性，告诉幼儿这种植物生长在沙土里，并且有着百折不挠的抗旱精神。告诉幼儿一周浇一次水完全可以供给它的生长，多则乱。而且，中班年龄段的幼儿对某种事物的好奇心通常是阶段性的，种子种下后，需要一定的时间发芽生长，可能幼儿在等待的这段时间注意力已经转移了，所以，必然导致对种子培育的缺乏。

对策建议：

通过观察和欣赏等活动，引导幼儿体会大自然的美与奇妙，让幼儿始终保持对大自然的向往，激发幼儿对大自然的兴趣和对植物生长的兴趣。让幼儿密切关注生物的成长，通过做观察记录等，让幼儿始终在进行思考。通过观察、比较，养成细心、专心、耐心、坚持等良好习惯。在此基础上，教师和家长再引导幼儿就易于接受了，主要是让幼儿感受这其中的奥秘，培养幼儿的兴趣。

13. 幼儿总把观察镜里的昆虫偷偷地放出来怎么办？

问题描述：

在科学区，教师和幼儿会把平时捕捉到的昆虫放到观察镜里，幼儿透过观察镜可以清楚地观察他们感兴趣的昆虫。可是，我发现个别幼儿总想近距离接触昆虫，因此总是把观察镜里的昆虫偷偷地放出来。

原因分析：

幼儿对身边常见的昆虫非常感兴趣，有探究的欲望。他们想把它放出来看看，他们会将昆虫肚皮朝上放置，观察它们怎样翻身，或者将观察镜里的各种昆虫放在一起，准备让昆虫进行比赛，比比看谁厉害。

对策建议：

当发现幼儿有这种行为时，不要责备幼儿。教师要支持幼儿的探究活动，为幼儿的探究活动创造宽松的环境，并通过教育活动，引导幼儿了解更多昆虫的特性，激发热爱小动物的情感。如：邀请家长和幼儿共同研究昆虫知识，与幼儿们一起寻找资料，带领幼儿去参观昆虫展，并亲自尝试体验捕捉昆虫的乐趣，在日常的活动区中帮助幼儿进一步了解昆虫知识。引导幼儿对昆虫进行观察，并进行记录；请幼儿把观察到的昆虫用绘画方式记录下来并提供幼儿丰富的废旧材料，请幼儿利用废旧材料来制作昆虫；在班里的图书区，提供有关昆虫的书籍。通过日常环境的创设帮助幼儿喜欢昆虫：幼儿用废旧材料制作昆虫世界的墙壁；在墙壁上贴上昆虫的图片及幼儿们自己的作品。

14. 幼儿不知道如何观察植物的生长速度怎么办?

问题描述：

在幼儿们自选活动区时，建筑区美工区都热热闹闹的，有很多幼儿在高高兴兴玩，只有自然角没有幼儿驻足。自然角是班里最冷清的一个区域了，只有当种子发芽或看起来很茂盛时，才会引起幼儿的注意。除此之外，几乎没有幼儿仔细地去观察植物。

原因分析：

植物生长的速度是相当缓慢、微妙的，所以幼儿们每天观察它的成长时似乎没有任何变化；而且在自然角没有可操作的材料，使观察变得比较枯燥，幼儿的耐性很小，当他看到植物今天是两片叶子，明天还是两片叶子时，就无法体验发现的喜悦，他就会放弃观察；幼儿们的注意力容易分散，会被有趣、生动的事物所吸引。所以，过了几天他们也许会突然发现植物长大了、长高了。

对策建议：

教师应当运用多种观察方式提高幼儿的观察兴趣，为幼儿们准备画笔和绘画本，让幼儿用绘画的方式记录植物动物的成长，在绘画过程中，幼儿们就会仔细地观察了。每周都会有一次固定的记录时间，这样就不会错过植物的成长了；或者采用放大镜等材料观察；通过开展“我是植物管理员”的活动，鼓励幼儿坚持观察、照顾植物；指导幼儿进行植物生长记录，制作一些测量植物生长用的工具；将记录用图例的形式呈现出来，引导幼儿观察植物的生长速度。

15. 幼儿在记录植物生长过程时，总是把它们美化，失去真实性怎么办?

问题描述：

我们班幼儿在用绘画的方式观察记录植物生长时，有一位幼儿在画一盆大蒜。他的绘画非常准确，如实记录了大蒜的成长现状。但是，他在画完蒜瓣和蒜叶之后又在叶子上添加上了一些小花，并且还画了一些小蝴蝶和一个大大的太阳，然后高兴地告诉我：“老师，你看我画的大蒜多漂亮啊！有小花和蝴蝶呢!”

原因分析：

①中班年龄的幼儿进入“形象期”，他们对表现自己的经验、情感和想象有明确的目的，能用简单形状逐渐深入地表现越来越多的事物；②幼儿喜欢绘画，有浓厚的绘画兴趣，而且掌握了绘画的基本方法，能够绘画出事物的基本特征，对颜色的认识也逐步丰富起来，更喜欢把自己认为美丽的事物记录下来；③幼儿并不理解绘画创作与观察记录在本质上的区别，所以才会把观察的植物进行了美化。

对策建议：

①教师引导幼儿理解绘画与记录的本质区别。绘画创作可以发挥自己的想象，把自己喜欢的东西画上去。记录则不一样，记录就是要原原本本地把所见到的物品如实地记录下来，不带有自己的思想与判断，否则就失去了记录的意义；②教师在幼儿进行记录时，应及时给予适当的指导；③在日常的生活中，成人可以为幼儿提供外出观察植物的机会，然后进行简单的"写生"；④专门开展一次"我给植物美美容"的活动，可以充分发挥幼儿喜欢绘画、敢于大胆创作的意识。

大 班

一、兴趣与习惯

1. 如何调动幼儿参与科学游戏的积极性？

问题描述：

在科学活动"沉和浮"中，我们为幼儿准备了许多"沉和浮"的实物，有泡沫、有铁等，在活动中我们鼓励幼儿自己去探索发现沉与浮的秘密。幼儿在相互交流评价时，有的幼儿没有观察沉浮的实物，而是在玩水，对此幼儿的活动，从结果来评价是不令人满意的，但就其参与活动的过程来说，那认真主动的态度、专心细致的观察行为无疑是积极向上的。还是在科学活动"沉和浮"中，我还留意一位观察非常仔细的幼儿，他不仅观察了沉的和浮的物品，还将一些漂浮物使劲按到水里，观察它和其他悬浮物的不同。这位幼儿真正做到了运用多种观察方法，获得了多方位的感知经验。可在讲述结果时，这位幼儿反而描述得较为简单，不如其他的小朋友。

原因分析：

科学活动的过程本身就是幼儿探索活动的过程。不同的幼儿由于能力和经验的不同，即使是同样的认真参与，同样的积极思考，其获得的结果仍是有差距的，更何况还有的幼儿的性格较为内向，即使获得了有关认知经验却不善于表达。因此教师要将评价重点放在活动过程中，这样就能更客观地评价每一个幼儿的操作探索活动，从而更好地发现他们的进步和长处，使得到良好评价的不再是对所谓聪明的或表达能力强的幼儿，从而真正体现因材施教的原则。

对策建议：

在科学活动中幼儿的主动积极参与是至关重要的。于是我对其活动的过程做出了肯定的评价，并同时鼓励他"如果你观察沉和浮能和玩水一样认真，相信你会发现沉和浮游戏中有更有趣的东西。"由于注重了活动过程的评价，挖掘到了该幼儿的闪光点，不仅保护了该幼儿活动的积极性，同时教师积极鼓励的态度使全班幼儿也获得愉悦的情绪体验，探索的积极性更高了，兴趣也更浓了。教师在活动过程中要注重对幼儿活动的评价，从而挖掘他们更多的长处和闪光点。通过评价加以肯定和鼓励，让幼儿获得愉快的情绪体验，从而充分调动和保护幼儿活动的主动性和积极性。

2. 怎样做能让女孩子喜欢科学区？

问题描述：

班里的自然科学区经常有许多的男孩子在游戏，女孩子似乎对这个活动区不怎么感兴趣。

原因分析：

女孩子相对男孩子害羞，没有男孩子勇敢。因此，有不少女孩子不爱参加集体活动或科学实验活动。教师应精心地、有针对性地提供材料、玩具，并帮助她们建立与他人的良好关系。同时通过科学实验，帮助她们提高动手、动脑能力。如面对陌生的物体或材料，不知如何下手时，教师应告知动手注意事项或启发她们探索事物的方法："敲敲看，它会发出什么声音?"、"与木头比比看，哪个轻哪个重?"等等，引导幼儿通过正确的操作、实验来认识事物。

对策建议：

幼儿心理的发展过程是一种主动积极的过程。随着幼儿主动性的发展，幼儿对他所处的环境会给予评价并主动地加以选择。教师可以在科学区放一些女孩子喜欢的东西，这样女孩子看到科学区有自己喜欢的东西，她们就可以参加科学区的游戏了。

3. 怎样让全班幼儿都积极参加科学实验活动？

问题描述：

我们发现在科学实验活动中大部分的幼儿都能积极参与到活动中去，动手进行尝试，寻求解决问题的途径与方法。但是班中也有一些幼儿常常对科学实验活动不太感兴趣，他们总是不能积极地、主动地将自己投身到活动中。

原因分析：

在幼儿心目中，科学不是那么高不可攀，科学就是他们的生活本身，所以需要我们教师在幼儿的一日活动中关注幼儿探索科学的需求，尽量为幼儿提供丰富的材料，创设宽松的心理环境，激发幼儿参与科学探索活动的兴趣，注重幼儿探索活动的过程，提高幼儿探索科学的能力。幼儿正处在身心高速发展的时期，如果在这时培养了敢于创新的精神，具有了一定的创新意识和创新能力，将会对他们的学习、工作乃至生活产生重要的影响。

对策建议：

我们应该做到的就是在科学教学课堂中，建构适合幼儿兴趣的课堂模式，让幼儿在积极的情绪中去感受、探究、体验、发现、领悟。只有这一系列的活动才能让幼儿积极地参加科学实验活动。教师注重让材料引发问题，将自己的教育目标与要求蕴含在环境之中，蕴含在材料之中。《纲要》指出："儿童通过与环境的相互作用生成并开展活动"，肯定了环境在教育中的作用。在活动中教师善于将问题设计巧妙融合在材料之中，让幼儿通过材料的摆弄与操作来解决问题，获得新经验。

4. 喜欢科学区的幼儿每天都来做实验，其他活动区不去怎么办？

问题描述：

许多喜欢在科学区做实验的幼儿，常常对其他活动区不太热衷，更不愿意去玩儿。

原因分析：

在科学领域中，幼儿对于自己不经常接触或不大了解的事物都会一心一意地揣摩或观察，当遇到一种从来没有见过的问题描述时，自己总喜欢用做实验的方式来解决问题得到结论，一些思维较为灵活的幼儿总会给自己寻找一些高难度的实验进行探索与原因分析，从中得到自己想要知道的结论。在此期间，幼儿通过动手实验，在试验中对实验的结果理解渗透着科学知识的内容，因而幼儿在发挥某一种特长时以自己的兴趣爱好为主发散其潜能，以从中获取经验知识来了解不同实验在科学中发生的不同的变化。由于此年龄段的幼儿会把此类问题描述进行观察分析，因此他们会对科学区的东西愈加感兴趣，并把所有的精力都投入科学区以至于对其他活动区都不理不睬。

对策建议：

当幼儿极为喜欢在科学区做实验时，作为家长和教师应给予鼓励并从另一个角度进行指导，可以说：你以这种方式进行科学领域活动，你做的实验较为成功，但是，你能把这种思维方式放入其他区域像建筑区、拼插区中去创设不同的玩具类型，你是不是会建造得更棒呢？由此方面激发幼儿的拼建性思维并给予鼓励，能使幼儿把科学区的创造性思维运用到其他领域，让他感受其他活动区与科学区的奥妙之处，让他喜欢其他活动区。

5. 不爱来科学区的幼儿怎样引导他们参加科学区的活动？

问题描述：

科学区的材料比较丰富，但就是吸引不了幼儿来这里参加游戏，每次总是那几个幼儿在玩。

原因分析：

首先要搞好物质环境和人际环境的结合。因为幼儿之间经常相互模仿，相互讨论，相互启发等，能使思维活跃，大大提高幼儿的操作水平。与几个幼儿一起作“沉和浮”的小实验，看看什么材料会沉下去，什么材料会浮起来，七嘴八舌地议论、争论，就比一个幼儿做的效果更好。幼儿的物质操作水平越高 ，幼儿的交往活动越活跃、越有创意。这一方式适合幼儿的好奇、好动、好创造的特点，给幼儿提供大量做做、玩玩、想想的机会和条件。

对策建议：

兴趣和爱好是影响幼儿心理发展的重要因素。兴趣能调动幼儿心理活动的积极性。幼儿感兴趣的活动，积极性较高，活动的时间也比较长；反之，则注意力不集中，活动不能持久。影响幼儿心理发展因素包括幼儿的全部心理活动，具体说：幼儿的需要、幼儿的兴趣爱好、幼儿的能力、幼儿的性格及行为习惯、幼儿的自我意识等。其中最为活跃的是幼儿的需要。教师应在幼儿去活动区的时候也在科学区里与幼儿一起玩玩具，因为幼儿们喜欢玩与别人一样的玩具，所以幼儿看到科学区的玩具这么好玩，教师也在科学区时，也就会去科学区参加这有趣的实验了。

6. 幼儿将自然角中的水果吃了，怎么办？

问题描述：

我们班的自然角中，有一些幼儿到南方旅游时带回来的水果。为了丰富幼儿的知识经验，我们把这些水果放在了自然角中，供幼儿观察、欣赏。一天下午，一个幼儿大声叫到："不好了，长寿果怎么被人咬了一口呀？"

原因分析：

幼儿对不太常见的南方水果感兴趣，这是很自然的事情。但是，把为数不多的南方水果咬上一口，的确是一件大事。为什么幼儿不去咬上一口苹果，或是一个梨、一个橘子，而是一口咬上从南方带来的长寿果呢？细细地想一下，原因也不难，因为幼儿的好奇心很强。他们对长寿果了解太少，只是通过肉眼的观察，知道它是一个白皮包裹着的小巧的椭圆形的球体。至于它的身体里长的什么样子有没有籽，什么味道，就了解得太少了。它到底是甜的？是酸的？还是酸甜的？吃上一口不就知道了嘛。

对策建议：

教师往往忽略了这一环节，只是希望幼儿知道这些水果的名字，外表长得什么样子就行了。以至于在外面见到这种水果时能够叫上它们的名字就够了。而幼儿毕竟年龄小，他们的好奇心与求知的欲望，往往大于成人，他们对认准的事情一定要问出个为什么。教师应针对幼儿的这一年龄特点，因材施教，将一个长寿果切开，让幼儿观察果实的内部结构，品尝一下他们向往已久的水果的味道，尽管水果的味道不如他们期望的那么好吃，让幼儿了解到南方水果一般要放一段时间才能吃，并且味道较浓，汁水较少。只有亲身经历了，才会印象深刻。

7. 幼儿做实验失败后就再也不玩了，怎么办？

问题描述：

在科学区的一次实验活动中，教师发现有一个幼儿只参与了一会儿后，就不再继续往下做了，他把手中的实验器材一一放到桌子上，摆得满桌子都是。别的幼儿都没有地方做科学实验了。而刚才那个幼儿静悄悄、呆呆地坐在那里，低着头不说话。

原因分析：

每个幼儿都有自己独特的超越自我的能力，这种力量有时会被他们消极的态度所阻碍，处于这种情况的幼儿常常会在迷茫中挣扎，教师要多去关注这类幼儿的心态，幼儿感觉自己不会做或是遇到困难，就不想再去动手了，丧失了继续参与活动的自信心，这时教师应该多去鼓励那些幼儿，给予他们更多一些的帮助，让他们加强自己的自信心，不怕挫折不怕困难。

对策建议：

教师这时要走过去，鼓励那个幼儿说："你的小实验做完了没有？是不是遇到不能解决的问题了？老师和你一起再做一遍好不好？"在实验过程中，教师要不断鼓励幼儿："其实你今天表现很好了，再努力一点就能和其他小朋友一样好了。"教师要一步一步教幼儿，再一边对幼儿加以指导。每一步教师都要用心地问一问，不断给幼儿增加一些自信心，让幼儿感觉成功的喜悦，把自己的特点发挥出来，让幼儿不怕困难不怕挫折。

8. 幼儿做几次实验后不成功就放弃了怎么办？

问题描述：

在做《鸡蛋会游泳》的科学小实验中，幼儿们刚拿到实验材料的时候都在小声嘀咕："鸡蛋哪会游泳呀？"又由于水杯太小，鸡蛋个儿大，幼儿们把鸡蛋往杯中一放，鸡蛋沉到杯底，杯中水都快要溢出来了，勺子一搅水就出来了。有一个幼儿说："老师，我想把水倒掉一点儿。"倒掉了杯中的一小部分水之后，继续进行着实验操作，但是还是不能成功。幼儿观察觉得是因为杯中水不够多自己又去加水，几次三番后，有的幼儿就放弃了不愿意再去实验了。

原因分析：

处在此年龄段的幼儿，对于新鲜事物的感受程度是极高的，当教师在实验课上出示一种新的实验时，幼儿则会目不转睛地看着教师的试验过程，了解实验中的各种明显问题描述。对此，幼儿会抱着一种积极好奇的态度去学着教师做此项实验，但他们并不真正了解教师在实验过程中的微小细节，所以他们只会按照教师的基本步骤进行操作，当所做的实验基本类似于教师的时候，不料结果是并不成功。幼儿以一种成功的心态去面对做不成功的事情之后，自己则会非常沮丧，没有信心再去做实验，所以，幼儿会轻易放弃。

对策建议：

在实验中幼儿不能避免的是操作中的失败，这时教师要善于指导幼儿正确面对失败，鼓励幼儿要在失败里总结经验，进行更大胆的操作与探索。教师应善于使用夸奖的言辞、友好的微笑、信任的眼神和热情的鼓励来激发幼儿，尊重信任幼儿，采取多鼓励少批评的方法，经常以肯定的口吻对幼儿说："我相信你能做好，""你肯定行"等等，幼儿们就从成人肯定的态度中获得巨大推动力，并转化为自身的内驱力，积极主动地参与活动，克服他们生活上、学习中的困难，使信心得到增强。

9. 不喜欢阅读科学图书怎么办？

问题描述：

班里的图书区一直是幼儿们非常喜欢的活动内容，在图书区也会看到有许多幼儿在安安静静地阅读图书。幼儿们会去选择自己感兴趣的书来阅读，有的幼儿会选择故事性较强、色彩艳丽的童话故事来读；有的幼儿会选择《找不同》等需要动脑筋、观察性较强的书来看；有的幼儿在奥运会期间对各国国旗及与运动有关的图书比较感兴趣；还有的孩子会选择带有汉语拼音的诗歌书来阅读。而对科学图书，幼儿们的阅读积极性却不大，只不过是随便翻一翻而已。

原因分析：

幼儿阅读图书的时候，注重的是故事内容是不是吸引人，里面的图画是不是好看，往往不知道科学图书知识性较强，蕴藏着许多自己解答不出的问题的答案。教师针对这一情况，要及时引导幼儿在遇到困难时，不但要自己通过观察、动手操作去解决问题，还可以在这些科学书籍中找到问题的答案。

对策建议：

教师引导幼儿对科学书籍感兴趣，最好的办法就是以一个具体的事例来向幼儿证明，科学书中有我们需要的答案。例如："雨是怎样形成的?"幼儿对雨并不陌生，但是要想把雨是怎样形成的解释清楚就没有那么简单了。这时，教师就可以直接告诉幼儿们科学书中就有这样的答案，而且讲解得十分清楚，不但语言简洁，还配有具体形象的图片，幼儿在自己进行阅读时就能读懂，比起教师的讲解丰富了许多。

10. 愿意收集树叶等物体放在自然角进行观察，但过一段时间就不再观察了怎么办?

问题描述：

在一次观察自然角活动中教师发现有一小部分幼儿本来在观察自然角中的树叶，不知道为什么，一会儿，他们就不去观察了。时间越长幼儿观察的人数就越来越少了。教师发现这个问题就去找了一个幼儿问了问，那个幼儿说我感觉不好看了，有的幼儿说天天看这些东西我就不爱看了。

原因分析：

幼儿的兴趣是短暂的，不会持续很常时间，觉的不新鲜了就不爱看了。

对策建议：

教师把自然角的东西丰富起来，多给幼儿一些新鲜的东西来吸引他们的注意力。例如，可以根据幼儿的想法开展活动，分别选择合适的活动空间，确定种植、喂养实验，展示公告交流活动。可以引导幼儿从日常照顾植物入手。教师可以引导幼儿一起更换一些幼儿感兴趣的东西，然后再给幼儿讲一讲自然界是广大的，我们可以在班中建立一个小的"自然界"，让幼儿了解自然角，例如：种子放在泥土里为什么会发芽而且会长的速度非常快。在观察的基础上，吸引幼儿深入了解有关知识，引导幼儿不断发现问题，想办法去解决问题。在活动的过程中，巧妙地把日常积累的知识经验进行梳理，这样就能够使自然角变成丰富、有情趣和有影响力的百科实验室。

11. 在观察比较树的变化时，幼儿不喜欢做记录，怎么办?

问题描述：

在我们班里的一次观察自然角植物的活动中，有的幼儿喜欢观察，在观察活动中表现很认真，但不喜欢做观察记录。开始幼儿做记录时还可以，可是到了后来就没有几个愿意去做记录了。

原因分析：

有的幼儿对记录不感兴趣和不理解，有的幼儿还感觉到无聊，所以幼儿就不喜欢记录了。

对策建议：

教师发现这个情况后，给幼儿讲了个小故事：一天一个小朋友种了一棵小树，开始时精心地照顾它，给它浇水施肥。那个小树苗很快就变成了一棵大树，但没过多久大树也慢慢地变老了、枯萎了，慢慢地死掉了，那个小朋友非常伤心，因为他忘记了那棵小树是怎样一点一点长大，又是怎样一点一点老的。如果他要把小树记录下来，他可能不会那么伤心了，因为他很想知道小树是怎样一点一点长大，什么时候发芽，什么时候长叶子，什么时候长成了茂密的树冠，可是那个小朋友什么也没有记录下来。如果我们大家能帮助他就好了，帮他记录下小树的成长故事，该多好呀。所以我们要从现在做起，养成做观察记录的习惯。

12. 幼儿进行实验观察时，只偏爱自己喜欢的方面，而对其他的问题不够关注怎么办？

问题描述：

一名教师在为大班幼儿进行实验演示时，首先让幼儿来观察实验。从教师拿出仪器，为幼儿讲解仪器名称和原理，进行操作实验，分别按步骤进行，中途出现什么问题描述，此问题描述能够表明什么等，教师都是边做边讲解，让幼儿深入其中了解内容。但是，经常会有几名幼儿对此实验不感兴趣，或是四处张望，对自己在实验过程中见过的问题描述不以为然，对没见过的才会细心观察和揣摩。此类幼儿属于好动型的幼儿，有自己的独特喜好，偏爱自己喜欢的，而对不感兴趣的则会不理不睬。

原因分析：

每名幼儿的性格不同，在喜好上也会不同。有的幼儿喜欢在别人做的实验中观察问题描述，并总爱问为什么，而有的幼儿只是对教师做的新颖的内容感兴趣，这都是幼儿思维较局限的表现，作为教师应该发散幼儿全方位的思维能力。

对策建议：

经常引导幼儿观察不同的实验过程或实验内容结果，了解实验的性质、原理，进一步扩散幼儿的思维能力和观察能力。当某个幼儿对教师或家长讲解的实验原理不太过于关注时，大人应该试着用提问或是引诱幼儿实验的方式，来让幼儿融入其中，讲其中的乐趣和学问，幼儿对于大人的引诱和指导，往往比较配合，并且在完成后还会与大人进行研究和讨论，无意识地去关注他们并不喜爱的实验活动。

13. 饲养的动物死了，幼儿没有反应怎么办？

问题描述：

幼儿平常细心地照顾着幼儿园里养的小蝌蚪，与蝌蚪们的感情很好。有一天它们突然死了时，幼儿们看到，却没有表现出任何伤心，也并不在意。

原因分析：

造成幼儿对死去的动物没感觉的原因一般有两种：

1. 幼儿并没有与动物建立亲密感。他与动物接触的时间少，建立的感情淡，自然当动物死后他不会伤心。

2. 幼儿对死亡没有概念，认为“死”只是长时间地离开他们，或者根本就是睡着了而已。这就需要我们对幼儿进行一些知识性的补充，告诉他们死亡的含义。当然，幼儿幼小的心灵还接受不了死亡的真正含义，但是，作为大人，我们不能去一味地回避这个话题。

对策建议：

怎样教导幼儿正确认识死亡呢？充分利用“死亡教材”教育幼儿。当幼儿看到饲养的小动物死掉了，成人可以告诉幼儿：“它死了！”让他们知道“有些东西会自然地与我们分开”；平日若看到送葬的行列经过，就抓住这个机会，使幼儿认识到“死亡”是很自然的事，是自然问题，这样他就不害怕了。成人面对“死亡”的现实要为幼儿做出表率。成人在孩子面前要深藏内心的悲痛，要节哀，要表现得比较平静、自然，切不可悲痛欲绝，甚至歇斯底里，以免使孩子觉得死是可怕的。平时，家长不要以“死”来吓唬孩子，要经常给孩子讲些英雄为革命献身的故事，让他们初步懂得英雄们牺牲了，就像花谢了，但树还活着，以后它还会再开新的花，英雄们的精神永远活着，为孩子今后形成正确的生死观打好基础。严禁让孩子看暴力凶杀影视片和戏剧，不让孩子参与迷信活动，不要在孩子面前渲染一些非正常死亡的恐怖情景和场面，更不要让孩子直接去观看这类现场，以免在孩子的幼小心灵上布下恐惧死亡的阴影。这样，当幼儿了解到了死亡的真正含义，也许，他们会为死去的动物伤心了。

14. 幼儿喜欢看别人玩玩具，自己不玩，但喜欢给别人指指点点怎么办？

问题描述：

在幼儿园里我们经常可以看到这样的情景：一名幼儿不喜欢玩自己手中的玩具，反而喜欢看别的幼儿玩玩具，还给别人指指点点，这是为什么呢？

原因分析：

幼儿看别人玩玩具，说明在他心里还是对这个玩具有兴趣的。它会对别人的做法指指点点，说明他有一种跃跃欲试的冲动。但他不玩儿，也许是因为它缺乏自信。虽然他对这个玩具说的头头是道，但他还会有些恐惧，他怕自己做不好，被别的幼儿笑话。

对策建议：

作为教师，我们应该去引导幼儿。首先，为他建立自信心，在他做好一件事情的时候，表扬他，让他知道自己能行。其次，就是当他在某件事上做错了的时候，我们应该安慰他说："没关系，让老师告诉你应该怎样做……"而不是斥责他，就算做错了事情也不要紧，没人会取笑他。最后，就是让他去尝试，但是，不能太突然。作为教师，我们可以手把手地去和他们一起玩玩具，这样他就会有一个心里暗示：有老师在，做对了他会表扬我，做错了，他也不会说我。而且，平时我们还要对班里的幼儿进行一些教育，例如：不能随便责备他人，应该站在别人的角度上想问题。在别人做错时，不能取笑别人，因为每个人都会有做错事的时候，我们应该学会体谅他人。

15. 幼儿活动时非常认真主动，但是教师提问题时，他们就不说话了怎么办？

问题描述：

有一次，我们带幼儿去户外感受秋天，幼儿们兴致勃勃地讨论起来，各抒己见。这时，我发现有一位幼儿听得特别认真，于是我走到她面前问她"你发现了秋天的哪些变化啊？讲给我听听好吗？"她却一直盯着我，脸蛋红红的，一句话也没有说出来。

原因分析：

经科学家们测验，可以把幼儿的自信心分为三组，即高度、中度和低度。具有高度自信心的幼儿，表现十分活泼，能够表达自己的思想，同别人相处的也很好。讨论问题时，他们是颇为活跃的中心人物，并对外界的各种事物均感兴趣，有创造力；具有中度自信心的幼儿在很多方面与上面一组相似。当别人喜欢自己时，事情做得更为圆满；自信心呈现低度的儿童，大都表现为不开朗，胆小怕事，在讨论时总是只听不说，有自卑感，总认为没有人喜欢自己。当这些幼儿面对困难挫折时，常常表现出害怕、退缩而不敢前进。当遇到新事物、新问题时，如果稍有一点难度，他们就会采取放弃的态度。也有这样一些幼儿，如果教师布置他们做一些有难度的事情时，他们会不加考虑地连连摆手，并说："老师，我不行"。对于这些幼儿，应培养他们的自信心。

对策建议：

在幼儿眼里，父母和教师非常伟大，无所不能，成人在困难面前表现出来的态度，对幼儿的影响很大。成人的一举一动、一言一行都尽收幼儿眼底。因此，成人不管遇到什么事情，都要采取冷静、勇敢的态度去面对现实，使幼儿在潜移默化中受到教育。

在集体教学中，教师面对的是全班幼儿，每个幼儿的表现不同，自信心表现的程度也不同，教师要有机会同每一个幼儿交往，有的放矢地给予指导。针对自信心较弱的幼儿，教师应以积极的态度参与他们的活动，关心他们的活动，寻找幼儿身上的闪光点，及时给予表扬，即便没有取得成绩，在已做出努力的情况下也要给予表扬，使幼儿感觉到教师对他们的爱，从而使他们产生自信心。

16. 总是喜欢用活动区规则提醒其他小朋友，但是自己却不按规则进行怎么办？

问题描述：

有一部分幼儿喜欢提醒其他幼儿加强规则意识，但是自己却总有做不到的地方。记得有一次，一名幼儿将一盆好看的花挪到了自己的前面。在一旁共同观察的幼儿看到了，就走上前提醒这幼儿你不能把花挪到自己的前面，我们都看不到了。于是，挪花的幼儿把花盆放回了原处。过了一会儿，提醒别人的那名幼儿却将花盆放在了自己的前面。

原因分析：

幼儿正确了解活动区规则，能发现别人的不对之处，这样的提醒能让自己有机会接近这盆美丽的鲜花。但是由于幼儿的抑制力很薄弱，虽然知道这样不对却又经常因为习惯导致不按规则去办。

对策建议：

让幼儿明白，要想让其他幼儿都按照规则去做，首先自己也要做到最好。请这个小朋友做小监督员，从中体验规则的重要性，让他自觉遵守。请这个小朋友做小标兵，让全班小朋友向他学习，让他明白自己去提醒他人不对的作法是正确的，但是自己也要做到区域中的规则，那么小朋友才会向自己学习。自己提醒别人的事情一定要对别人有帮助并且是正确的，在提醒同伴时老师一定要注意观察，要在活动后对他进行表扬，让他有信心的去帮助别人，同时以此要求自己按正确的方法去做。

17. 幼儿提出问题后，教师应如何回应？

问题描述：

在幼儿园的某个教室里，幼儿们都在兴致勃勃地玩着教师给的积木。突然有幼儿发现教室的某个角落里有一条毛毛虫在爬来爬去，大家很好奇，“为什么毛毛虫全身都是毛茸茸的呢？为什么毛毛虫不在树上，而是在地上爬来爬去的呢？”带着这些问题，一帮幼儿都集中在一起观察毛毛虫，就连教师给的积木都不玩了。教师回来看见所有的幼儿都在看那只毛毛虫，就生气地让幼儿回去玩积木，并且还把毛毛虫扫到了垃圾桶里。

原因分析：

教师并没有因为幼儿的好奇而展开探索，而是把毛毛虫扫到了垃圾桶。在教师看来，这不过是一只很平常的毛毛虫，没有什么好大惊小怪的。可是这在幼儿的眼里，却是不平常的事情。因为幼儿的知识有限，他们对周围的事物都充满无限的好奇心，可是他们有限的知识却无法给予他们自己想要的答案。在这个时候，教师就要及时地给予他们答案。

对策建议：

教师有效的回应策略就是“善于观察”。教师应该以此为主题来让幼儿自己通过发现去了解，让他们自己去发现问题，自己去收集资料。幼儿真正的主动探索和学习是从有问题开始的。只有幼儿有了疑问和问题，并产生想要寻找答案的愿望时，他们才会主动探索，这样才真正地进入了主动学习的状态。

18. 在照顾小动物的过程中幼儿的坚持性比较差怎么办?

问题描述:

幼儿在看见小动物时往往一开始都很新鲜，他们会开动自己的小脑筋去照顾这些可爱的小动物，一开始都很积极主动，但是我们发现过不了多久他们就会慢慢地失去耐心和兴趣!

原因分析:

对幼儿而言，世界上的许多东西都是新奇的，今天想打乒乓球，明天发现棋类更有意思，后天看了科幻小说还想当科学家呢！随着幼儿认识能力的提高，自我控制能力的加强，幼儿的坚持性也会得到发展，即坚持性有个随着年龄的增长而自然发展的过程。但我们也常看到：不少成年人做事依然浮躁，缺乏持久性，往往半途而废。因此，坚持性又是需要培养的，一句话、一张图片、外界一点点新鲜的刺激都会吸引他的注意力，所以容易形成兴趣改变得快、耐性及坚持性差等习惯。一个人要想在事业上获得成功，不仅需要有聪明才智，还需要有持之以恒的毅力。因此，培养幼儿克服困难、坚持努力的精神是很重要的。

对策建议:

坚持性在幼儿的社会性发展中具有重要作用。无论是形成自我意识的过程，还是内化社会规范及道德准则的过程，在幼儿期都表现为一个不断反复的、逐步完善的渐进过程。如果缺乏坚持性，则幼儿的社会性不可能得到良好的发展。

1. 培养幼儿的坚持性需要耐心的指导。可用亲切的语言把幼儿的注意力吸引到他所做的事情上，避免分散注意力，使他坚持完成所进行的活动。

2. 培养幼儿的坚持性要循环渐进。幼儿可能一会儿就烦躁不安了，这时不要强迫幼儿，要一点点耐心地指导，教会幼儿对小动物要有责任心、要有爱心，让他们一点点地理解和接受，要让他们对小动物产生浓厚的兴趣，感兴趣的活动容易获得成功，成功会带来继续坚持的动力。

19. 种植记录活动开始时兴趣高，经一段时间就不是很关注了怎么办?

问题描述:

我们班在自然角种植一些植物，让幼儿在照顾这些植物的同时进行观察活动。一名幼儿先开始进行观察时和我说："老师，这个种子发芽了。"我说："那你在记录本上以图画的方式画出来，记录种子每天生长的情况。"刚开始他很感兴趣，可是过了几天他说：老师我不想观察植物了。又过了几天有的幼儿和我说："老师，那个种子的芽有点蔫了，是不是该浇水了啊?"我对那个孩子说："你去看看，如果土壤是干的，就需要给它浇浇水啊?"他去看了看说："老师，那里的水太多了啊！是不是水浇的太多了啊?"

原因分析:

幼儿对一些新鲜的事物很感兴趣，对接触时间长的事物觉得没有什么可探索的了，就不是很愿意去做记录了。有的幼儿看见了种子发出的芽蔫了并且告诉了老师，有的幼儿则是给蔫了的芽浇了一点水，试试它还能不能长得更好些，可是浇水浇得太多了芽还是长不出来，幼儿们也许就没有太多的兴趣了。如果让幼儿们自己组成小组进行种植，并且让他们自己进行观察，进行记录，也许他们的兴趣和开始一样那么高呢。

对策建议：

多给幼儿在自然角投放一些新鲜的动植物供幼儿去观察，让幼儿的兴趣逐渐提高，也可以征求幼儿们的意见。教师可以让每个幼儿轮流着去看护植物，并且对那些植物做一些简单的记录，用图画的方式记录下来。也可以鼓励值日生轮流去观察植物并做记录，教师正确引导，及时对幼儿的观察记录给予肯定，激励幼儿有更大的记录植物生长步骤的兴趣，从而提高幼儿的观察能力、动手能力和动脑能力等，增强幼儿的责任心、自信心。

20. 鱼缸里的小金鱼死了，却只有几位幼儿发现怎么办？

问题描述：

我们班里新增添了几条小金鱼，把它们养在一个很大的透明鱼缸中，幼儿们看了都非常兴奋，抢着去看小金鱼。可是过了一段时间有几位幼儿跑到我的跟前和我说："老师你快去看看小金鱼怎么了？"我急忙跑过去看了看，遗憾地告诉他们说，小金鱼死了！而且我的表情还很难过的样子，好像失去了自己的朋友一样。

原因分析：

这几个幼儿比较关注小金鱼的状况，不用教师说他们就去观察和喂养小金鱼，小金鱼一有什么情况他们就赶紧和教师说。可是有的幼儿却不怎么关心小金鱼的状况，所以小金鱼死了，他们却没有在意，这说明他们对小金鱼的关注和爱护程度还不够。

对策建议：

教师应调动全班幼儿的积极性都去关注小金鱼的身体状况和一些不正常的反应，并且让班里的每一位幼儿去用笔和纸记录小鱼的变化和小鱼的心情，教师应该多加引导。也可以让班里的每个幼儿每周至少照料小鱼一天，了解小鱼的生活习性，并在每次上课之前让当天观察小鱼的幼儿讲一讲自己观察到小鱼都在干嘛，他们有什么活动，也可以讲一讲关于小鱼的一些故事，增进幼儿对小鱼的感情和对小鱼的了解。还要让其他的幼儿学习怎样科学地喂养小鱼，让小鱼活得时间更长。

21. 幼儿在自然科学区游戏时，总喜欢把多种材料混在一起玩？

问题描述：

我们在班里开设了自然科学区，幼儿们很喜欢在这个区域进行活动，但是有时幼儿们在活动时总是把许多材料混着放在一起玩，每次在玩之前教师都把玩玩具的规则说得已经很详细了，可是幼儿们游戏后还是把活动材料弄得一团糟，每次在收材料的时候都很费劲，甚至有的幼儿还有乱扔材料的问题，地上、桌子上都是，一片狼藉。

原因分析：

也许是幼儿认为颜色多会更好看，或者混着玩会比较好玩，能弄出更多的造型或图形来。运用材料多更能体现出幼儿们丰富的想象空间，还有他们的非凡创造能力，所以他们会把好多的材料混在一起，玩起来既开心又能创造出好多的新作品来。

对策建议：

在进行游戏活动之前教师要提醒幼儿混着玩完后分类放好了。教师可以给幼儿们提一些活动之前的要求，比如说把一种材料放在一个游戏筐里，不要和其他的材料混着放在一起，那样下次玩的时候，就会很容易地找到你想要的玩具材料。利用比赛的方式看谁把材料归类归得又好又快，那样幼儿们会更感兴趣，在竞争的条件下，会很好地将玩具材料进行归类、码放，并且会放得又快又整齐。还可以找值日生去进行玩具的整理工作，培养幼儿为他人服务的意识，教师要给予适当的鼓励与表扬。

22. 幼儿对于很多自制的材料喜欢去操作，但是很快就会进行破坏怎么办?

问题描述：

幼儿喜欢一些自己动手制作的东西，但是又很快地进行破坏。有一位幼儿告诉我，他之所以想拆钟，是因为他“相信”钟里藏有小矮人；还有一个幼儿喜滋滋地告诉我，他曾弄破镜子，是想实验一下“破镜能否重圆”的假设。

原因分析：

幼儿的好奇心很强，他们的想象力也很丰富，他们自制完了材料后，总想回过头看看他当初是怎么弄得，为什么能动或是什么，或者是教师给他弄完后，他总是好奇为什么能自己跳起来，里面到底有什么，他总是想弄个明白，总是有那么多个为什么，有时问的问题连教师都一时回答不上来。

对策建议：

当幼儿进行破坏时，教师不应该批评幼儿，而是有耐心地指导，解决幼儿一切不懂的问题，认真听幼儿是怎么想的，一起做个有趣的实验，也许幼儿的想法让你知道幼儿下一步的教育是什么，或者关于这方面讲一节课，这对他们的帮助非常大。拿闹钟做例子，告诉幼儿里边的构造，让幼儿自己去尝试，这能让幼儿的好奇心得到满足，在课中也要告诉他们，不能随便破坏东西，它们都是有生命的。

二、知识与经验

1. 有的幼儿在照顾自己的植物的同时总爱帮别人的植物浇水（其实别人已经浇水了）怎么办?

问题描述：

幼儿在自然角都有自己种植的植物，每天早晨大家都争着为植物浇水，有的幼儿在给自己的植物浇水的同时总爱帮别人的植物浇水，但是有时明明看到别的幼儿已经浇过水了还要再浇一遍。因为浇水过多，花盆底下渗水，窗台上都流满了水。

原因分析：

幼儿对自己的植物很关心，经常观察并为其浇水，但有些幼儿不知道不同植物的需水量。

对策建议：

首先肯定幼儿照顾自己的植物和他人的植物是值得表扬的，有责任心和集体荣誉感，然后要说明植物的照顾方法，在班级内明确管理植物角的幼儿，如：每天的值日生或小班长来管理植物角，给植物浇水。通过过渡环节或集体活动来集体讨论班内植物的需水量和管理方式，用饮料瓶等废旧物制作浇花器，做好刻度，设计好每种植物需要哪种浇花器。这样明确分工，提高幼儿的积极性和责任感，并为每名幼儿都提供照顾植物的机会。

2. 幼儿们种种子的时候经常把小草当成自己种的植物，这时候教师要直接告诉幼儿吗？

问题描述：

班里的每个幼儿都有自己的种植物，每个幼儿的种植物中都插有一张小的信息条，上边写着自己的姓名、种植日期、植物名。突然有一天发现很多幼儿都挤在自然角的一个角落里，你一言我一语地讨论着："我种的蚕豆长出来了，你们看，是绿色的。""我种的也是蚕豆，怎么还没长出来啊？""他种的比你种的早吧？"我走过去一看，长出来的其实不是蚕豆，而是一棵小草。大家都把它当成了小朋友种植的植物。

原因分析：

此时幼儿们都处于很兴奋的状态，对长出来的植物充满了好奇心，所以教师不要打击他们的积极性、好奇心。保护、尊重幼儿的自尊心不受到伤害。让幼儿自己去发现事实的真相更有意义，幼儿的直接操作经验要比单纯的教师灌输式教育效果明显，记忆更深刻。

对策建议：

教师简单引导：不用着急，有的种子可能会长得慢一些，但它总会长出来，大家再观察一段时间。等蚕豆发芽长出来后，幼儿自然能发现最先长出来的那个不是蚕豆，而是小草；即使他们还是分辨不出来，教师可以引导幼儿进行对比观察，找出哪个是真正自己种的植物，哪个是小草。同时保护了幼儿的自尊心又找到了真正的答案，认识到事实。

3. 幼儿观察植物的时候经常捏、摸植物。这样符合幼儿学东西的特点，但是这样经常使植物的叶子被揪掉了，又不爱惜植物。教师到底应该怎么做？

问题描述：

每个幼儿在植物角都有自己种植的植物，经常好几个聚在一起观察、讨论植物的生长情况，还有些幼儿在观察的时候经常用手去捏、摸植物，所以有时会出现植物被碰掉叶子或茎折掉的情况。

原因分析：

幼儿观察植物的方法不正确，容易破坏植物的生长，但是有些幼儿意识不到，所以应引导幼儿掌握正确的观察方法，保护植物。

对策建议：

自然角里各种各样的植物，让幼儿感受到植物物种的繁多，不同的根、叶子、茎、花和果实。我们把植物种在不同的地方，让幼儿观察、探索，发现不同的土质、阳光、水分下植物的生长状况，讨论植物角的观察方法和管理方法，怎样才能让植物长得漂亮而且能保持很长时间。

大班幼儿思维的广度和深度有所增强，能认识到事物之间简单的逻辑关系，因此，大班“自然角中的种植”活动的目标是“能关注到植物生长的外部条件，如植物生长需要适宜的水、土壤、温度、阳光等”，记录也相应地侧重这方面内容，如“种在土里、种在沙土里、泡在水里的植物各有什么不同”“种在室内和室外的植物有什么不同”，等等。为了让幼儿了解冬天植物生长需要适宜的温度，教师指导幼儿们进行了“种在户外和放在暖气片上的植物有什么不同”的观察记录，幼儿发现室外的温度在零度以下，植物根本不发芽，而室内的温度在15度左右，植物就能发芽、长叶、开花。通过对比观察和记录，幼儿获得了“植物生长需要适宜的温度”这一科学经验。

4. 幼儿都喜欢喂鱼，每天都往鱼缸里放很多鱼食，怎么办?

问题描述：

植物角的几条小鱼备受关注，幼儿们都很喜欢，并且喜欢喂鱼，可是他们不清楚小鱼的进食量，总是往鱼缸里放很多鱼食，导致鱼缸里的一条小鱼被撑死了。

原因分析：

幼儿不明确小鱼的进食量，只对喂鱼的过程和动作感兴趣。

对策建议：

教师与幼儿一起收集资料，讨论喂养鱼的方法，并进行总结。投食方法：班级内养金鱼是为观赏，鱼食不必多喂，以每天喂1～2次，每次5～10分钟内吃完为宜，阴雨天要少喂，晚间不能喂。可根据鱼粪的颜色来分辨别金鱼饥饱和消化吸收情况：鱼粪呈绿色、棕色或黑色者，表示鱼体摄食适合，吸收良好。如果鱼粪呈白色，则表明鱼食过饱，要减少喂食量。

5. 爱饲养小动物，但是经常喂小动物吃很多食物怎么办?

问题描述：

幼儿们对班里的小动物兴趣很浓厚，总喜欢观察和喂养小动物。当小动物吃饱时，有些幼儿还给小动物投放食物，所以出现食物浪费和小动物生病的情况。

原因分析：

幼儿天生就很喜欢小动物，喜欢跟它们一起玩，但不清楚如何照顾它们，给它们吃什么、喝什么，他们喜欢与动物玩的过程，对小动物的生活习性了解不深入。

对策建议：

幼儿与教师共同收集资料，了解几种常见小动物的饲养方法，分析饲养各种小动物应注意的事项，结合本班植物角饲养的小动物，联系实际生活分析应注意的事项，讨论并确定饲养小动物的方法。

在班级内明确管理小动物的幼儿，如每天的值日生或小班长来管理小动物，给小动物喂食。通过过渡环节或集体活动来集体讨论班内小动物的进食量和管理方式，这样明确分工，提高幼儿的积极性和责任感，并为每名幼儿都提供照小动物的机会。

6. 知道节约用水，但常常为了节水而不洗手怎么办？

问题描述：

前两天班里教育活动讲了关于节约用水的活动，小朋友们不仅明白了水对人们生活的重要性，更加深入地了解了节水的方法。可是却发现有一个幼儿常常在别人洗手的时候不去洗手，每次都要等教师提醒，问了原因，他说是因为想要节约用水。

原因分析：

幼儿虽然知道节约用水，但可能具体节水的方式和方法没有掌握，有些幼儿错误地认为节水就是不用水，而且对讲卫生的概念模糊，应该明确如果不洗手，很容易生病，病菌会经过口腔进入消化系统，导致生病等等，从小就应该培养讲卫生的好习惯。

对策建议：

幼儿与教师一起收集和讨论：水是怎样被人类浪费的，抓住细节，进行教育，并总结改进措施。家园合作，共同培养幼儿良好的行为习惯。

明确"节约用水"并不是不用水，节水是让人合理地使用水，不能随意地浪费。

7. 幼儿们非常喜欢听科学家的小故事，但是有些特别难的问题幼儿们想知道怎么办？

问题描述：

正在上课的时候，忽然外面下起了阵雨。雨水哗哗地从天上飘落下来，幼儿感觉像发生了什么重大事情似的。看着瓢泼大雨，教室里出现了嗡嗡声，"哦，今天的雨下得可真大呀！""这有什么希奇，上次我还看见过更大的呢！一边下雨还一边打雷，真吓人！""唉，这叫雷阵雨。"说着说着不由地争论起来。"老师，我们在讲电的时候也说到了雨，雨是怎么来的呢？"

原因分析：

大班年龄段的幼儿在感知大量事物的基础上，逐渐能够整理、加工已有的知识经验，初步理解事物之间的内在联系，发现一些浅显的规律。这时，语言在认识活动中的作用也明显增强。教师应该在各种活动中，支持、鼓励幼儿感知和主动探索可接触的简单物理现象，发现事物之间的关系。对于太有科学性的问题可简单给予初步的引导、了解，不必很明了的讲解太深奥的科学性知识。

对策建议：

通过各种途径收集、积累有关“雨”的资料，初步了解雨的形成过程。通过故事、老师的讲解、powerpoint 的演示让幼儿进一步加深了解雨的形成过程。注重为幼儿提供更多发现问题、解决问题的机会，引导幼儿增强“问题意识”。对于“雷阵雨”可以进行简单讲解，找一些辅助性的图片或 flash 供幼儿进行简单初步的了解。

8. 对科学实验能进行简单的分析，但理由不准确怎么办？

问题描述：

今天我们上的是一次关于“浮力”的小实验活动，实验用具：装有三分之二的水的透明玻璃杯，铁块，铁片；实验分成小组进行，实验后请每组的一名幼儿说出自己组的实验结果。试验后大家的结果是一致的：铁块沉到水底，而铁片浮在水面。教师分别请每组的幼儿进行讲解，为什么会是铁块沉、铁片浮？大家不约而同地也是一个答案：因为铁片要比铁块轻。

原因分析：

很明显幼儿们的答案是错误的，实验原理是：体积越大，浮力越大。如果给幼儿讲出这个原理，他们肯定不会理解。这时教师要鼓励幼儿通过其他的实验，连续观察，探究事物变化的简单原因和规律，尝试简单的推理，发展幼儿的思维能力，不要急于告诉幼儿正确答案。

对策建议：

根据幼儿的回答，教师举出相反的例子：如，轮船是不是很大，它也是浮在水面上的，铁块扔进海里它还是要沉下去的。证明说法进行下一个实验：为幼儿准备装满水的盆，金属盘一个、小钉子一个（提前让幼儿感受小钉子比金属盘的质量要轻），请幼儿猜测实验结果；进行实验，证实结果。让幼儿简单理解体积越大、浮力越大的原理。也可以让幼儿自己找一些实验材料来进行试验，证明此原理。

9. 幼儿的种子没有发芽会比较伤心，会丧失继续种植和观察的兴趣怎么办？

问题描述：

班里的每个幼儿都自己种植了一样种子，有红豆、黄豆、绿豆、蚕豆等很多不同的种类。时间一天一天过去了，幼儿们的种子都分别发了芽，慢慢地生长着。突然有幼儿跑过来对我说：“老师，您快去看看吧，小叮当哭了”。我赶紧过去一看，小叮当正拿着自己装满土的小盒子默默落泪呢。盒子里的土有些干，明显没有水分。

原因分析：

其他幼儿种的种子都已经发芽长了出来，小叮当的种子没有发芽，他很伤心、失落，需要教师的帮助。解决问题的同时要保护幼儿的种植兴趣，重新建立幼儿的信心。帮助幼儿分析找到种子不发芽的原因，让幼儿明白一些简单的科学种植知识。

对策建议：

教师向幼儿询问：为什么伤心？帮助幼儿找到种子不发芽的原因：是不是种子没有见过阳光，或者没有及时给它浇水。带幼儿观察其他幼儿种的植物，都是在阳光下，而且会定时给它们浇水，这样种子才会长得很好。

鼓励幼儿重新种植的信心，如果培育方法正确种子会长得更快，比其他幼儿的种子发芽后长得更高。可以重新挑选一颗种子，和小叮当一起进行种植，然后和他一起精心照料种子，最开始几天可以在盒子的上边加上保鲜膜，保证它的温度，让种子更快地长出来，让幼儿感受种植的乐趣。

10. 种植时幼儿急于知道结果，会把土拨开，看种子是否发芽怎么办？

问题描述：

每个幼儿都有自己的种植物，可能是因为大家种的时间不同，有的幼儿的种子先发芽，有的稍微晚些发芽。有的幼儿急于看到自己的种子是否发芽就会经常去观察，甚至会把土挖开看种子发芽了没。户外活动回来后，然然在自然角看着自己的种子，还是没有发芽，看看其他小朋友的种子都已经发芽了，长出了土面。只见他拿起旁边的种植小工具就一层层地把土拨开……

原因分析：

当幼儿看到其他人的种子已经长出来，而自己的种子还没有长出来时自然心里就会更着急，想挖开土看看到底自己的种子发芽了没。这时，教师知道他的做法是不正确的，但不可以当时就批评指正幼儿的错误行为，因为他不知道这样做的后果。教师应尽量做到以幼儿的思维方式去考虑问题。用简单的比喻来讲述他这样做后的结果，也可以用对比观察的方法让幼儿知道这样做的后果，明白做事情不要急于求成。

对策建议：

问幼儿为什么要这样做，然后教师用比喻的方法讲解种子的发芽条件，它需要一定的时间、水分和温度才会发芽，就像冬天睡觉时要盖被子一样，没有了被子会生病感冒的。把它的土拨开，种子就没有了被子，就不暖和了，更不会发芽了。

引导幼儿进行一个小实验，把拨开土的种子和其他没有拨开土的种子（都没有发芽的种子）一起养，最后看看哪个种子会先发芽，从而让幼儿更深刻认识到自己的做法是错误的，更直接地了解植物生长需要的条件。

11. 户外活动时，幼儿用落叶对着太阳照，并说叶子发光了，太阳也不刺眼了怎么办？

问题描述：

成成和瑞瑞在户外活动中拍皮球。这时他们注意到了地上的落叶，并逐一仔细地观察每一片树叶，仿佛在给树叶“看病”。过了一会儿，成成拿起两片很漂亮的树叶做墨镜并挡住了眼睛。他高兴地带上“墨镜”仰望天空，惊奇地大声说：“叶子会发光了，太阳也不刺眼了。”

原因分析：

幼儿具有好奇、好探索的特点，他们生机勃勃、精力充沛，不知疲倦地探索周围的世界。对于大班幼儿来讲，对周围事物好奇、好问的特点越发明显起来。正因为有着强烈的好奇心和探究欲望，每个幼儿都有一双敏锐的眼睛，尤其是在游戏活动当中，他们往往以直接操作的经验来认识事物，将这种直接的认识当做自己新的认识和经验。

对策建议：

幼儿的学习是在游戏活动中进行的，教师要抓住这个学习的契机，倾听他们的看法并鼓励他们的发现，同时利用教育活动帮助幼儿了解对太阳的认识及与人们生活之间的关系。

通过操作实验活动，运用身边一些玩具材料或变色片尝试遮挡太阳光，发现其中的变化，引导幼儿认识植物与太阳之间的关系、作用及太阳与树叶的反射作用，从而帮助他们建立有益的认知经验。

12. 幼儿坚持己见怎么办?

问题描述：

最近，幼儿们的求知欲望大大增强。他们在生活中听到或看到的事情总是喜欢与教师和小朋友们共同来分享。但是在相互交流的过程中，教师了解到事情的来由时，会发现他们的认识是错误的。幼儿之间也会因为认识想法的不同发生争议，而且幼儿会固执地坚持己见，不再继续听。

原因分析：

虽说大班幼儿思维能力进一步地发展，但对事物的认识和解释，所获得的知识经验，还是受到其原有经验和思维水平的直接影响，形成幼儿期所独有的“天真幼稚的理论”和“非科学性的知识经验”。当幼儿出现上述情况时，教师不要急于抹煞他们的求知欲及看待事物的想法，他们在认知发展上的局限性，就决定了他们能理解的科学知识，具有一定程度的非科学性，决定了他们不能像中小学生那样学习真正的科学概念，而只能获得一些有关周围世界的浅显知识经验。

对策建议：

幼儿认知发展特点决定了他们本身不可能获得真正的科学知识和科学概念。因此，作为教师要以“儿童化的思维”方式努力去理解幼儿，接纳幼儿对周围事物不同于成人的“独特但非科学性”的认识和想法。充分的尊重幼儿的言语表现，保护幼儿的求知欲及探索行为。

针对幼儿的结论，教师不要急于否定与告诉正确结论。幼儿是以直接经验来认识事物，因此可以将幼儿争议的事情通过科学试验或实际操作的活动来验证幼儿的想法，从而获得有益的学习经验。

13. 幼儿喜欢让地球仪转起来，并不关注看上面的地理位置怎么办?

问题描述:

大班认知区里投放了地球仪，很多幼儿都喜欢到那里去摸一摸。区域游戏时，成成来到了认知区拿起了地球仪转了一下，接着又连着转了很多下，看着连续转动的色彩他很高兴，之后离开了；一段时间后，琪琪来到这里，同样拿起了地球仪连续转动，之后边抱在手里边看着旁边的幼儿玩玩具。

原因分析:

区域材料的投放中投放了地球仪，但是却没有起到实际的意义。在实际的游戏中幼儿较偏向于动手操作类的玩具。教师着重了这方面而忽略了引导认识地球仪的使用和特殊意义。兴趣是学习的先决条件，贴近幼儿生活的教育内容能为幼儿获得能真正理解和内化的科学知识、经验，而且，只有幼儿真正体验到学习内容对自己及与自己相关的人的意义，是自己当前想要知道的东西和解决的问题，他才能积极主动地去学习和探究，才能发现和感受到周围世界的神奇，也能保持长久强烈的好奇心和探究欲望，更能提高他关注的兴趣。

对策建议:

通过教育活动引导幼儿认识我们生活的地球的结构特征及其他的国家，并在地球仪上找一找我们的国家。针对大班年龄孩子，提高认字能力的同时和查找地球仪上位置的游戏相结合。可以设计其他国家的旗帜或文字表格、准备一些小贴画，当幼儿根据表格中的旗帜或文字提示在地球仪上找到相应位置时，可在地球仪上做粘贴标记。这样既提高了幼儿参与活动的兴趣，也促进幼儿关注地球仪上的地理位置。

14. 幼儿总喜欢把乌龟放回到水中而不让它趴在外面怎么办?

问题描述:

最近班内出现了一种奇怪的现象，自然角总是聚集着一些幼儿在交头接耳，仔细一看才知道他们在观察小乌龟，于是我在一边看着孩子们到底在观察什么？原来小乌龟从一层的水里爬出来，缓慢地通过短短的楼梯爬到了第二层，正想休息晒太阳的时候就被一个幼儿又把它抓回了一层的水里，其他的幼儿在一旁笑。连续几天总是出现这种情况，小乌龟费力地爬上来，总有幼儿将它放回去。

原因分析:

对于这种现象的出现，我仔细分析了原因，有两种可能：第一种是幼儿觉得很好玩，他们享受着把乌龟送回去的一刻，但是根据本班的特点和几天来的观察结果，幼儿们不像是在玩乌龟，因为能听到幼儿们在议论“乌龟出来了，快放回去吧，没水了”。由此看来属于第二种情况，就是幼儿们对于乌龟的生活习性不太了解。作为教师来讲，看到现象发现了问题，我们就要根据幼儿的兴趣，抓住这个时机，帮助幼儿来了解乌龟的生活习性，它属于两栖动物，不用长期钻到水里。让幼儿了解天气暖和了，乌龟需要爬到第二层来晒太阳，这样幼儿就不会总把乌龟放到水里了。

对策建议：

首先要把教师发现的问题作为班级的共同问题，和幼儿共同来讨论“小乌龟为什么会总是想爬到第二层呢?”收集幼儿们的讨论结果然后留作疑问，请幼儿和教师一起回家收集资料。

将这个活动作为系列活动，“介绍乌龟的生活习性和特征”“我们应该怎样照顾小乌龟”等等活动。大班幼儿基本具备了爱护动植物，关心周围环境的意识，所以当幼儿了解了乌龟爬出来的意图之后就不会再勉强将其放回到水中了。

15. 幼儿在给植物浇水时，不清楚种子的需水量怎么办?

问题描述：

班内的自然角有一些花盆，每天幼儿们都很愿意照顾它们，帮助那些花儿浇水，天天观察它们，盼望着这些花能早日长大。但是每次当幼儿们浇完花的时候要么就是有水从花盆底下流出来，要么就是花盆里的水刚刚浸湿，总是把握不好浇水量。

原因分析：

这种现象的原因很明显是孩子们不了解这些花需要浇多少水。现在幼儿具有了关爱动植物的品质，但是对于如何关爱，怎么做是对动植物最好的照顾幼儿还不太清楚。

对策分析：

我们需要做的就是帮助幼儿，丰富他们对于照顾植物所缺少的这部分知识经验。可利用活动区的总结时间来引入活动的主题，“为什么会出现浇水量不合适的情况?”“这些可爱的花需要怎样来喝水（几天喝一次，一次喝多少)”，这些活动可以和幼儿共同来搜集资料共同讨论。当幼儿了解到每种植物需要的喝水量是不一样的时候，我们接着和幼儿讨论“我们班的这些花是应该怎么样来浇水的”，“这些花浇水量是不一样的，那我们有什么好办法来记住它呢?”可以通过这次活动引导幼儿学会记录，将班内的花名记录下来，几天浇一次，每次浇多少，几号浇的水，根据这些条件列出记录表，请每天浇水的幼儿来做记录。大班的幼儿有能力进行小组或者独立的记录表，有了这些记录，幼儿对如何来照顾班内的植物就一目了然了。

16. 在观察小乌龟时，幼儿对乌龟换水时间和吃的食物不明确怎么办?

问题描述：

区域活动的时候，乐乐突然大声说：“小乌龟都没有水了，怎么没人给换水啊？也没有人给小乌龟吃的。”这时佳佳回答说“多久换一次呀？小乌龟喝水不就行了。”

原因分析：

现在幼儿家中饲养小乌龟的较少，养鱼或花草等动植物的居多。小乌龟换水和吃东西是关于动物饲养方式和生活习性的一些问题。教室虽然饲养了小乌龟，但是大班幼儿的发展水平和认知经验有差异，他们很少去关注这些问题，怎样照料小动物？它们生长变化是什么样的？

对策建议：

首先，教师可以从鼓励幼儿参加饲养小动物的活动开始，萌发幼儿爱小动物的感情。其次，教师就要有意识地对目前现象提出问题，如："小乌龟最近心情不太好，也不喜欢动了，这是为什么？"等问题，然后把问题抛给幼儿思考，幼儿就会有意识地关注这个现象，带着问题通过各种途径去寻找答案，在观察、思考、体验、探讨中，幼儿会逐渐积累相关的科学常识和知识经验，了解动植物生存的法则。

17. 幼儿在观察种子时，只注重观察种子的外形特征，却不能够观察种子的结构特征怎么办？

问题描述：

在植物角，小乖不小心打翻了种子盒，之后她就把撒出来的种子全部捡到一起。木子看到之后说："这样不对，应该这样收。这些应该放在一起，这些应该放在那里。"边说边把黄豆放在一堆，把蚕豆放在了一起。"这个叫什么名字啊？"我随口问道。"这个是豆子。"木子答。"什么豆啊？"我继续问。"我忘记了。"木子说。

原因分析：

幼儿能够根据豆子的外形特征来进行分类，比如颜色、形状、大小上的相似，说明他们有一定的判断能力，能够支持他们进行合理的推测，说明他们的抽象逻辑思维开始萌芽，所以，他们能将种子正确分类放好。但是因为幼儿知识经验的相对缺乏，如种子，就不是他们日常生活中随时随处都能见到的，所以他们还不能记住或是说出这些种子的名字。

对策建议：

可以通过种子的外形特征来为幼儿讲解种子的名称，比如，红豆是红色的，黄豆是黄色的。也可以在种子盒上贴出这种种子长大后的图片，用以帮助幼儿进行记忆。还可以通过小游戏，比如送种子宝宝回家等等方式来帮助幼儿记住种子的名称。最重要的是，要和幼儿一起观察这些种子的生长变化，让幼儿照顾这些种子，这样才能为幼儿留下更为深刻且宝贵的经验，而不只是表面的记住名字而已。

18. 在对种子与非种子分类时，幼儿能够清楚分类，但对于所分物品的名称认识不明确怎么办？

问题描述：

幼儿们在看到小种子和其他嫁接、水培的植物时能够明确地区分什么是种子什么不是，但是，当你问幼儿，这是小种子么？幼儿说："是！""那么，它是什么种子啊？叫什么名字呢？"他就回答不上来了。

原因分析：

幼儿的生活体验和认知经验不足，比如有些物品幼儿见过或是品尝过，很自然就知道了名称。如果有些东西在幼儿的日常生活中很少见，接触的机会也较少，他们就不会对其感兴趣。

对策建议：

教师应给幼儿创设环境，激发幼儿对一些物品的兴趣，在日常的游戏或活动中，让幼儿知道物品的名称。教师要利用多种形式的活动如主题活动、区角活动、种植活动、动手操作活动、品尝活动等。教师可以为幼儿出示物品的具体实物、图片，让幼儿观察、操作或是品尝，吸引幼儿对物品的兴趣，在活动中间接地知道名称。

家园共育。教师可充分调动家长的力量，协助教师让幼儿增加相关经验，鼓励幼儿去感知各种物品，如：家长可以有意识地带幼儿到相关的物品商店或场所，向幼儿传达物品的知识。在自然的状态下，幼儿通过看、听、摸、闻、尝等多种感官，也能认识一些物品的名称。

三、能力与技能

1. 对班里的植物进行观察的时候，幼儿愿意记录但是总表现不出植物的变化怎么办？

问题描述：

幼儿们对观察植物区的各种植物很感兴趣，也愿意记录植物的生长过程，但是当我翻开记录本时，几乎每一页都差不多，植物的生长变化在他们的观察记录里，几乎很难看到。

原因分析：

大班幼儿身心都有了进一步的发展，观察力和理解力增强，求知欲和好奇心盛，爱说，好动，但是幼儿对事物细微的特征还是抓不到的，只是对于表面的事情有所关注。幼儿在做植物的记录时只是看到长叶子了，或者变绿了；有的幼儿观察到了但是在记录时没有表现出来，问他的时候他讲述得很清晰，但是记录本上却没有。与幼儿进行了一定的沟通，幼儿语言表达要比实际记录清晰。

对策建议：

对此我鼓励幼儿要将观察到的记录清楚，做到让其他幼儿一看到记录本就知道当时的叶子是什么样子的，并不是看完记录本后不理解也不知道。要求幼儿对自己所做的记录负责；对幼儿进行绘画技巧上的训练，提高幼儿的绘画表现力；将记录的旁边贴上照片；也可以将有变化的部分单独纪录，还可以采用录像、照片的方式和记录同步进行。

2. 玩科学玩具不按规则，总是创新玩法怎么办？

问题描述：

在科学区摆放了很多玩具，幼儿们开始玩的时候特别开心。可是过了一段时间后，他们开始创新玩法，本来用来测重量的弹簧秤，被他们当成了连接电路的工具。

原因分析：

玩具是幼儿最宝贝和亲密的伴侣，幼儿玩玩具，就像成人劳动一样重要。通过玩具，可以增加想象力，扩大眼界，同时也丰富了知识。他们对玩具总是尝试新玩法，我认为有以下几个原因：他们还不了解玩具的玩法，所以只能自己想着玩；玩具的玩法太难，他们难以接受；他们玩了太长时间，没有什么新鲜感了，所以自主创新玩法。

对策建议：

幼儿在操作过程中会发现新的玩法，教师应对其进行鼓励，但又总是创新玩法，对幼儿来说未必是好事，针对这种现象我认为幼儿应首先对一种玩法产生兴趣，这时需要教师引导幼儿对其感兴趣，在此基础上还可以增加玩玩具时的趣味性，如中大班可以利用幼儿的竞争意识，玩玩具时可以让幼儿进行比赛。在小班可以加上生动的情节，使幼儿在快乐的氛围中，对玩玩具的持久兴趣保持下去。

3. 实验中遇到问题，还没有思考就主动找教师寻求帮助怎么办？

问题描述：

在进行科学实验的活动中，一个又一个的问题难住了幼儿们。在每次遇到问题时，他们总是不假思索，先问教师，这个该怎么办呀？遇到问题第一反应就是向教师求助。

原因分析：

现在的幼儿聪明，这是人们的共识。可很多人也发现，现在幼儿的聪明是表面现象，遇到事情也不爱动脑筋解决。这与他的周围环境有关，在温室里成长，家长都给予了最高的呵护，所以造成幼儿没有自己解决问题的意识和能力。

对策建议：

教师应给予幼儿机会，鼓励他自己动脑筋来独立完成，进行适当的引导。在实验中我们可以为幼儿创造动脑的机会，充分调动幼儿的积极性。如：这个问题可难住了老师，请聪明的小朋友帮我想想该怎么办？或者是你再想想，你那么聪明肯定可以自己解决的……在幼儿独立解决问题后教师一定要及时肯定幼儿，树立自信心，为下次独立解决困难做铺垫。

4. 幼儿不能积极地大胆想象怎么办？

问题描述：

科学活动中，有很多实现猜想的实验，幼儿们虽然对实验很感兴趣，但是表现的不能大胆的猜想，总是畏畏缩缩，甚至总是顺着别人的思路想。

原因分析：

幼儿的想象潜力是巨大的，他们天真的童趣、独特的想法往往给人新的启迪。其实幼儿出现这样的现象与教师对幼儿的评级有关，可能平时教师请幼儿参与的想想活动少，或是教师没有对幼儿的积极想想作出积极的评价。

对策建议：

幼儿的想象力很大程度上取决于教师的评价。在平日的教学中一定要注意对幼儿想象的评价。教师还可以通过对幼儿一些发散性提问，使幼儿展开丰富的想象。如：你们见过细菌吗？你们想想细菌可能是什么样子的？除了刚才小朋友说的之外，谁还能猜想一下细菌的样子？在幼儿回答完之后教师要肯定他的想象部分，幼儿就一定会更加夸张，想像会随之出现更加扩张。所以教师应多提问、多肯定幼儿，引导他们将现实的物象任意夸张、错位、变形、组合、打乱、改动——从而萌发每个幼儿孩子的想象意识。

5. 活动中有的幼儿不发表自己真实的发现、感受，经常受别的幼儿的影响怎么办？

问题描述：

在活动中，幼儿经常会发生这样的现象：教师请幼儿回答问题时，开始幼儿回答得很好，但后来幼儿就会受他人的影响，不发表自己真实的想法、发现和感受，开始顺着别人的想法说，将自己的想法遗忘。

原因分析：

幼儿的注意力已转移，在回答问题时很容易受到他人的干扰，顺着别人的思路回答问题，而将自己的真实想法抛在脑后。幼儿没有自信，不太肯定自己的真实想法，对自己没有把握。

对策建议：

教师应创设一个宽松的语言环境，让幼儿对自己的想法有充分的自信，并有信心坚持说出自己的想法。教师可以鼓励幼儿尝试将自己的想法说出来。对于能敢于说出不同想法的幼儿应给予及时的肯定。有的幼儿不敢讲或者是受到别人的影响，没能将自己的想法说出来。教师请幼儿开动脑筋想不同的办法和不同的见解，将不同的想法讲出来。

6. 愿意操作材料，但是不喜欢动脑思考怎么办？

问题描述：

在很多活动中，幼儿对教师准备的材料很感兴趣，但是他对教师的问题似乎很麻木。

原因分析：

幼儿很喜欢操作是他的天性，当我们遇到这种问题的时候要分析：幼儿是不是对教师的提问不感兴趣；他思考的问题是否超过他自己的发展水平；幼儿是不是对材料有很强的新鲜感，暂时他还沉静在玩弄材料的过程中。

对策建议：

幼儿的活动受兴趣和需要的支配。我们在讲授新课之前，要根据教学内容，创设学习新知识的气氛，唤起幼儿积极参与、主动求知的学习意识，激发他们的思维兴趣。在活动中我们可以让幼儿带着问题去操作，如：在实验的过程中你们看看磁铁会把什么吸起来；看谁等会儿有新的发现给大家分享……激发幼儿主动探索的欲望，还可以请幼儿竞选“爱动脑筋的好宝宝”等活动，让幼儿觉得积极动脑筋是一个特别好的行为，我们大家应该像他学习。

7. 教师经常拿捏不好介入幼儿活动的时间，早了影响幼儿们，晚了幼儿们积极性已经没有了该怎么办？

问题描述：

《纲要》中提出教师要做幼儿的支持者、引导者、合作者，但如何在活动中很好地介入幼儿的活动，并对幼儿进行及时的引导呢？

原因分析：

现在，随着教师理念的不断提高，许多教师都知道在组织活动时应避免干预幼儿游戏，减少介入指导，应该做个观察者、引导者。那么，很多教师就会很苦恼，因为又不能介入太多，又不能像“放羊”一样，那么，怎样去做个引导者。教师应进入幼儿的角色，在不影响活动展开的情况下介入其中，这样既不影响幼儿的活动又可以参与到活动中，加以引导幼儿。

对策建议：

教师一定要先做观察者，观察到幼儿在活动时的问题，有时幼儿可以主动想办法解决问题，有时以幼儿的能力解决不了问题，然后再做引导者，选择适当的时机进入到游戏当中，通常可在里面担任一定的角色，很自然地与幼儿一起活动引导他们将问题解决，使幼儿获得愉快的情绪体验。

8. 教师经常担心自己的指导策略不恰当怎么办？

问题描述：

在活动中，教师要对幼儿进行指导，有时指导语会对幼儿有很大的启示，但有时会起到反作用，不但没有启示，反而会影响幼儿的思考，影响幼儿的主动学习。

原因分析：

教师可能觉得自己经验不丰富，拿捏不好指导的方法；教师对此类活动没有把握。

对策建议：

有的教师在指导幼儿活动时采取了直接指导，有的教师采取了间接指导，有的采取直接指导与间接指导相结合的指导。在遇到具体问题时，教师可以根据当时的情况与幼儿的发展水平，采取适当的措施。

在平日的活动过程中我们可以发现：教师直接指导得越多，幼儿越被动；反之，教师直接指导得越少，幼儿主动性就越强，自主游戏的目的越能体现。但是，教师直接指导的过分减少和开放度的加大，也会使幼儿在活动中产生一些过激行为。又因为年龄、经验的限制，游戏内容往往单一，游戏水平不高。

在游戏中，教师应注意两个极端：一是认为间接指导就是不指导，让幼儿放任自流，认为自主游戏就是让幼儿随意玩，教师无须干预，只要不打起来，在一旁看着就行；二是看到放任自流的结果，矫枉过度而强制介入，追求游戏结果，直接告诉幼儿应该怎么玩，缺乏引导幼儿探索和发展的信心和耐心。因此，掌握好指导的“度”非常重要，完全直接指导会让幼儿墨守成规，不敢逾越；完全的不指导也会使幼儿无规则意识，形成惟我独尊的性格。教师的指导是一门艺术，把握得当，幼儿的自主性就能充分体现。明确在活动中的主题地位，并在可能的情况下，尽力指导和满足幼儿的需要。

9. 在科学实验中，总是会有一部分幼儿对活动不感兴趣，教师无法兼顾两类幼儿怎么办？

问题描述：

在科学区的活动中，我们会发现总是有一些幼儿几乎没有进过科学区，当教师干预请他们进去活动时，也会出现一部分幼儿动手操作十分起劲，另一部分幼儿几乎没有在关注活动。

原因分析：

这部分幼儿没有活动的兴趣与积极性。

对策建议：

可以尝试一些有趣的挑战，比如最近我们在做纸床的实验，运用不同的折法使纸床的床板能承载更多的插片，第一天有几个感兴趣的幼儿进区操作，活动结束后，他们把自己的实验结果记录下来和其他幼儿们一起分享，教师这时抛出了问题，明天没有操作过的幼儿可一去挑战他们今天的成绩，这样调动了其他幼儿挑战的积极性，也提升了科学区的吸引力。之后的几天，科学区的纸床实验一直是幼儿们关注的热点。

在班内设置一个区域活动调查表，幼儿们可以在表格中填写自己进入的是哪个区，今天进区的心情如何，通过一段时间的填写，幼儿们自己就会发现最近常去哪几个区，还有哪几个区没有去过。大班也是培养幼儿计划意识的最好时期，这样也可以帮助幼儿计划进区活动，教师也可以及时了解幼儿的进区情况，并适时给予干预。

10. 幼儿爱告状，不会自己尝试解决问题怎么办？

问题描述：

在区域活动中，总会遇到幼儿们发生意见分歧或是摩擦的情况。一次在观察角，孩子们就由谁来填写观察记录发生了冲突，这时有几个幼儿跑过来请求老师帮助。

原因分析：

大班幼儿已经开始有自己对待问题的见解及看法，在集体活动时避免不了发生冲突，但发生冲突后往往不知道如何解决问题，总是依赖教师帮助。

对策建议：

我走过去首先问了一下争执的原因，然后没有马上采取措施而是问幼儿们有没有什么好办法解决，这时有几名幼儿都发表了自己的观点，有的说猜拳决定，还有的说投票表决，我们两种方法都试了试，最后决定用投票的方法决定，幼儿们在解决问题时非常认真，对于最后的结果也非常满意，在那以后的很多次类似的情况下，他们会自己采用这种方法解决，不会再来找老师了。

教师不是替幼儿解决问题，而是应该教幼儿解决问题的方法，只要方法被幼儿接受和理解了，以后再遇到同样的问题他们就可以自己解决了。

11. 在实验游戏中幼儿能够动手操作，但对于结果的总结，总要在教师提示或提问的情况下才能够去思考怎么办？

问题描述：

在活动区活动结束点评时，经常会有这样的情况，幼儿在区域里玩得很好，但请他总结经验与大家分享时，幼儿总是半天说不上来，教师问一句他说一句。

原因分析：

幼儿的总结归纳能力是有限的，往往操作时非常熟练，但一到要用语言进行归纳时就不知道从何说起，教师一提问他就能回答上来。

对策建议：

教师在活动结束后，一般都是就实验提出问题，请幼儿根据问题进行归纳总结，在幼儿跟着问题一步一步回答的同时，也就有了一个比较清晰的思路，最后，教师可以鼓励幼儿自己试着把问题连在一起回答。我们还尝试过以小组为单位，大家一起归纳总结，幼儿们把各自的意见以及观点整合起来，派出代表进行发言，这样也是锻炼幼儿归纳总结的好办法。

12. 幼儿在自然科学区取得的新发现总是很多，但却不善于与同伴共同分享这些新发现怎么办？

问题描述：

在自然角幼儿经常会有新奇的发现，他们总会跑来告诉教师，拉着教师一起看他们的发现，却很少和小伙伴进行交流分享。

原因分析：

自然角的动物植物品种繁多，每天都会有细微的变化，幼儿们关注的焦点不同，新奇的发现也有所不同。有了新发现，他们自然十分渴望与别人分享，但却不知道应该和谁分享，所以才会总是来找教师。

对策建议：

我们班的观察区是幼儿们发现新事物的天堂，在那里每天都会有不同的新鲜事被幼儿们观察发现出来，我们把活动区里的植物进行了分类，并且把每类植物都安排了专门的观察小组进行观察，这样组员之间就有了共同讨论的话题和焦点。在每天的活动区总结以及过渡环节时，我们会请观察区的代表为大家讲讲今天他们观察的发现，在这种环境下，幼儿们把各自的观察结果与大家分享，也引起了其他幼儿的兴趣，在有时间的时候他们会再到观察区，观察其他小组的植物。

13. 幼儿在相互交流时，能够出现很多很好的新想法，但总不能继续深入思考，而是很快跳跃到别的话题怎么办？

问题描述：

在教学活动和活动区小结时，幼儿的回答总能给教师带来新意，能够引发教师和其他幼儿的思考，但总不能深入，很快就转移到别的话题。

原因分析：

幼儿的年龄特点决定了幼儿的注意力不能持久地集中，所以非常容易出现跳跃话题的情况。

对策建议：

在幼儿相互交流时教师可以从中发现幼儿比较感兴趣的问题，引导幼儿一起讨论，教师不时要提出更加深入的话题引到幼儿随着问题深入思考，特别是当幼儿的兴趣点发生迁移和改变时，教师应该及时提出新的问题，再把幼儿的注意力和思维牵引回来。

14. 幼儿们不能将以往实验中获得的有关认知能力有效地迁移到新的认知情境中怎么办？

问题描述：

很多幼儿都学过按一定规律排序，也上过思维训练课，可是在一次幼儿发展水平测查中，幼儿在排序题上的得分最低。

原因分析：

可能是幼儿并没有真正理解相关的知识，只是机械记忆，记住了教师讲的问题，并没有从本质上理解题的意义；另一个原因可能是幼儿对新的问题情境并不理解，所以没法做出反应。

对策建议：

教师可以在科学区多设置一些实验活动，请幼儿参与实践从而积累相关的经验，在新的活动开展时，教师还可以进行有针对性地引导，启发幼儿回忆之前积累的实验经验，再把这些经验运用到新的认知情景当中，经过长时间的训练，幼儿就可以慢慢自己运用已经掌握的经验解决新的认知活动。

15. 自然角种植的时候经常受环境、空间的限制，怎样发挥最大的空间设置更科学、更丰富的内容？

问题描述：

幼儿园的自然角中种植了很多的植物，还饲养了几种小动物，每天都会有许多幼儿到自然角去观察植物，常常会把自然角围得水泄不通。

原因分析：

自然角是幼儿认识世界的一个窗口。它是指在幼儿园室内或活动室开辟一角，作为饲养小动物、栽培植物之用，因此它的空间很有限。

对策建议：

自然角的创设应本着因地制宜、就地取材的原则，地点的选择应考虑到班级所处的地理位置，应向阳、阳光充足；器皿的运用提倡废物利用，如塑料瓶子、酸奶杯等等，安全不易碎，幼儿人手一份。运用这些废旧物简单易得，还可在上面做可爱的装饰。

自然角的种植、养殖内容必须是幼儿们喜欢的，是他们自主选择的。只有这样才能吸引他们主动参与到自然角的活动中来，才能发挥自然角的作用。

要根据幼儿的年龄特点和认知水平选择自然角的内容。小班的自然角内的物品种类不宜过多，以直观、常见、典型、成品类的为主，如小兔、小鱼的护养，种植类的也应选择生长较快的、容易观察的植物，如黄豆的发芽等。到了中、大班，自然角的动植物品种就可以丰富一些，可以观察一些周期较长的动植物，如蚕宝宝变蝴蝶的过程、茎叶的吸水性实验等。有的动植物可以在各年龄段的自然角中出现，但前提是教师必须有不同的指导要求。如小兔的饲养，在小班仅停留在外形特征的认知，到了中大班则应进一步研究它的生活习性。

自然角内容的选择可以与主题教学相关联，如在“美丽的秋天”主题活动中，自然角可以相应地增添秋天的水果、孩子捡来的落叶等，使自然角与主题教学互为补充、互相渗透与促进。

16. 怎样引导幼儿使用多种方法解决实验中的问题？

问题描述：

实验活动中教师提供了一张平面的纸还有一些辅助材料，如皮筋、胶棒等。请幼儿想办法让纸站起来。大班幼儿就会直接用各种辅助材料进行实验。

原因分析：

大班幼儿已有了初步的抽象逻辑思维，因此要通过适当的引导、启发就能够想出办法。

对策建议：

教师要用有趣、简单的问题引导幼儿探索。如在科学活动中，教师拿出一张纸在桌子上立不起来，然后提问："纸怎样才能立起来？"幼儿就会用纸做各种实验，通过改变纸的外形而让纸立起来。在这个活动中教师提问很少，但充分激发了幼儿的探索愿望，使幼儿通过多种方法解决问题，而且也给幼儿更多的操作时间，从而有更多时间发现与众不同的方法。

为幼儿提供丰富、巧妙的材料，引导幼儿解决实验中的问题。如在科学活动"小纸片跳舞中"，教师提供棉手套和一次性饭盒，幼儿在利用这些材料摩擦让小纸片动起来后，很快就会有幼儿问："其他东西可不可以让小纸片跳舞呢？"于是幼儿又在教室里找来了积塑、梳子、塑料杯和铁盒，在头上、衣服上摩擦，发现有些材料可以让小纸片跳舞，有些不能。在教师提供材料和幼儿主动寻找的材料中，幼儿找到了更多产生静电的方法。

教师可以把实验中的个人问题或少数人的问题变为全班幼儿的问题，让幼儿在活动中积极思维、相互启发，在探索中寻找问题答案，或发现多种解决问题的方法。如大班幼儿在"连接小电路"实验中，有些幼儿能够把电路连接成功，有些幼儿则没有成功。这时教师既可以单独引导幼儿寻找原因，也可以请连接电路成功的幼儿介绍自己的成功经验，从而启发连接电路没有成功的幼儿找到解决问题的办法。

17. 幼儿操作时有错误，教师指导又怕阻碍幼儿自己发现问题怎么办？

问题描述：

科学小实验"不湿的布"中，教师指导幼儿要把透明的杯子直立着放进水盆里，只有这样做幼儿的实验才能够成功。但是，幼儿往往不能准确地把杯子放进水盆中而导致实验失败。当实验失败时，有些幼儿就灰心不再专注地做实验。此时，如果教师去直接指导幼儿甚至说出答案，那么幼儿就会不再探索。

原因分析：

幼儿的年龄小，小肌肉还没有发育完善，精细动作还不灵活，再加上幼儿的发展存在个体差异，所以在实验中往往不能一次成功。可是如果老师发现此种情况就去直接指导幼儿，对幼儿有过多的干涉，就会影响、阻碍幼儿观察能力的发展。

对策建议：

在科学教育活动中，幼儿是主动活动的探究者、研究者和发现者，知识经验的主动构建者，教师则是儿童探究活动的支持者和引导者，要让幼儿亲身经历真实的研究过程，要让他们真正地"做科学"。所以教师在幼儿操作有误时，要改变只注重结果不注重过程的做法，允许幼儿探索过程的存在，给他们足够的空间，通过适时的引导和足够的耐心等待幼儿自己发现，而不是急于告诉幼儿结果。如在"不湿的布"活动中，有的幼儿由于操作失误，使布变湿了，幼儿有些急、气馁。这时教师就给幼儿提出问题："你看看别的小朋友玻璃杯旁边有气泡吗？"幼儿回答："没有"。教师又问："看一看你的玻璃杯周围有气泡吗？怎样才能让玻璃杯周围没有气泡呢？"幼儿就会再次进行实验。在这里教师没有直接告诉幼儿怎么做，只是提供解决问题的方向或线索，激发幼儿用新方法来解决问题的欲望。

18. 测量活动中，幼儿往往不会正确使用测量工具，教师如何进行个别和针对性指导？

问题描述：

测量活动中，教师为幼儿提供了很多测量工具，但是有些幼儿往往不会正确使用测量工具，需要教师个别、有针对性的指导。

原因分析：

该测量活动不符合本班幼儿的年龄特点；幼儿没有前期的测量经验；教师没有讲清测量工具的正确使用方法，幼儿不理解。

对策建议：

测量活动中使用测量工具之前先让幼儿通过直接的观察来进行推测和预测，根据自己的推测对物体进行比较和排列。在活动中帮助幼儿选择和使用合适的测量设备，并教给幼儿使用测量设备，让幼儿解释测量数据并指导幼儿采用合适的方式进行记录。

进行测量活动时，首先让幼儿使用非标准单位，当他们对测量活动变得越来越熟练的时候，适时地教给他们使用标准单位。如可以用一本书作为非标准单位来测量一袋豆子、一包石子、几块积木，当幼儿们开始变得比较自如地使用标准单位时，他们越来越感觉到使用这种非标准单位测量的限制性，这时应该将标准单位介绍给他们。当他们正在称一个1千克的物体时，告诉他们千克的含义。在活动中还应让幼儿们预测一个物体是大于还是小于1千克。

19. 幼儿对测量感兴趣，但往往记录不准确怎么办？

问题描述：

幼儿在测量活动中，大胆尝试用各种工具进行测量，可是往往只专注于测量过程而忘记做记录。

原因分析：

幼儿喜欢直观形象的测量活动，但是可能由于教师提供的测量工具不便于幼儿进行记录，所以会导致记录不准确。幼儿在测量过程中对测量工具不了解其用途和使用方法。幼儿专注于测量过程而忘记及时作记录，测量结束后再凭印象补充记录，所以会导致测量记录不准确。

对策建议：

教师所设计的测量活动要建立在幼儿日常活动中，在各种形式测量的基础上形成的。在测量过程中教师要和幼儿共同收集各种测量工具来测量，才能使幼儿的兴趣浓厚。教师要指导幼儿明确，对于不同的量进行测量，应使用不同的测量工具。教师要引导幼儿正确的测量方法，如长度测量的方法包括：从被测的一端开始，连续移动测量工具，并使前一次测量的终点成为下一次测量的起点，测量一次，数一个数，并记住最后的量数，这样幼儿就容易做到记录准确了。

20. 很多幼儿喜欢用水瓶给植物浇水，而不用浇水器去给植物浇水？

问题描述：

每天早上来园，值日生需要做的第一件事情就是给植物角的植物浇水。植物角摆放的浇水工具有很多种，矿泉水瓶、易拉罐、酸奶盒、奶瓶、喷壶等，然而幼儿更喜欢用自己喜欢的工具给植物浇水，很少幼儿用喷壶（浇水器）给植物浇水。

原因分析：

因为水瓶是幼儿到处都可以得到的东西，很方便，有利于幼儿用手拿，不管水的多少，幼儿都可以方便的拿来拿去，而且向水瓶里面灌水不会轻易地洒到地上，弄湿衣服，而浇水器就不是很方便，不利于幼儿取放。幼儿喜欢新鲜的事物，各种各样的瓶子大小不同颜色不同，只有提高幼儿的兴趣，幼儿也会越来越喜欢的。

对策建议：

教师可以就“浇水器”使用情况组织幼儿谈话，先弄清楚幼儿为什么不喜欢使用浇水器，在了解原因的基础上，教师向幼儿讲解使用浇水器浇植物的好处，鼓励幼儿体验多种工具的利弊，帮助幼儿提升经验，充分尊重幼儿的想法，切忌强迫幼儿使用浇水器。

21. 幼儿喜欢用符号做记录，却说不清楚为什么要用符号做记录？

问题描述：

在科学活动课或者在科学区活动时上，幼儿不仅专注于活动过程，而且还喜欢做记录，记录的内容和方式多种多样，有些幼儿用文字记录，有些幼儿用画图的方式记录，还有一些幼儿的记录方式教师根本看不懂，只有和幼儿交流才能明白它的意思。

原因分析：

幼儿不会写字，通过使用符号幼儿可以清楚得知自己记录的东西是什么，而且各种各样的符号比如 V、X 是幼儿们很喜欢使用的符号。这两个符号代表了对的与错的。在各种活动中对与错也是我们经常遇到的问题。当得知这件事情是对的，幼儿不会写字那么他们只能用符号来表示，这样很简单，容易让幼儿懂。

对策建议：

教师应该了解幼儿的发展水平，应该让幼儿明白记录的意义、记录的内容和记录的方式。记录是对幼儿思考过程的整理。教师既要尊重科学观察记录的基本特点，又要把握好幼儿的年龄特点，图画记录和文字说明相得益彰。老师们认为，绘画表现比文字描述要容易，事实上，尽管幼儿不会写字，但他们的语言表达远比绘画方式表达更容易，他们常常说得清楚，但画不出来。这种情况下，教师可以帮助幼儿记录，有一定绘画水平的幼儿，教师可以鼓励其用绘画的方式记录主要过程及结果，对于会写字的幼儿，教师可以鼓励其使用文字进行记录。

22. 有什么好办法教幼儿认识温度计?

问题描述：

在一次关于“水的温度”科学活动中，让孩子们了解水的温度不同，水有什么变化，需要用到温度计，可是很多幼儿在测量温度时，有些把温度计拿反了，有些在记录水的温度时不准确，影响了实验的进度。

原因分析：

温度计有很多种，可能幼儿平时接触到的温度计与幼儿园使用的温度计不同，所以才会出现实验中的现象。

对策建议：

利用教学活动教幼儿认识温度计。在科学区投放温度计的材料，利用伙伴关系帮助不认识温度计的幼儿学习认识温度计。家园合作，请家长在家为幼儿准备一只温度计，及为幼儿提供可操作温度计的机会。

第五章

科学区幼儿百问必答

1. 乌龟最爱吃什么？

百问必答：

乌龟食性较广，稻谷、小麦、豌豆、小鱼、虾、昆虫、蜗牛等均吃，其中最喜欢吃的食物是小鱼、蜗牛、玉米和稻谷。

相关链接：

龟分很多种，每种的食性都是不一样的。大致来说，分为陆龟和水龟，还有半水龟。一般陆龟都是素食性的，不吃荤的东西；大多数水龟都是杂食性的，以荤食为主，但缅甸孔雀龟是特例，只吃素；半水龟也是杂食性的，但以素为主。

2. 乌龟咬人吗？

百问必答：

乌龟一般不会咬人，但如果它饿了，可能会把人的手指当成食物，再有，如果是经常喂生肉的话比较会咬人。

相关链接：

被咬后采取措施：被咬后千万不要死拉硬拽，它反而咬得更紧了。最好的办法是：放在水里用手堵住它的鼻孔，它不能呼吸了自然就会送开的。如果碰到巴西红芫龟或者越南草龟那你就要小心了，因为两种龟都有毒。记得常换水，否则会传播疾病。有时误伤时，也会因为水质的问题导致手部感染，同时，也要给乌龟创造一个好的生存空间。

3. 乌龟和鱼打架吗？

百问必答：

乌龟和鱼会打架，但自然状态下是不会打架的。一般人们不会把它们放在一起饲养。

相关链接：

乌龟有壳，防御力比较强，而且可以自由收缩。但是乌龟有时也会吃鱼，如中国的草龟，属浅水龟类，平时多喂乌龟些小鱼可以补钙，让它的壳长的更硬一些，乌龟在水中的优势比起鱼来说更大一些。

4. 乌龟有牙齿吗？

百问必答：

乌龟没有牙齿，但它的上颚和下颚外面有一层类似鸟嘴那样的硬东西，叫做“喙”。龟就是靠这样的嘴巴把食物撕碎的。

相关链接：

乌龟会咬人，一旦咬住就不会松嘴，感觉会很疼，因此大家一定注意不要让乌龟咬住。乌龟咬伤一般不会中毒，但是要注意不要让细菌感染。一旦咬破了，最好去医院让大夫看看，开些消炎药就应当没事儿了。

5. 小乌龟有耳朵吗？

百问必答：

乌龟有内耳没有外耳。龟的耳朵不像人的耳朵那样有耳垂，看起来很醒目。如果你不仔细看是找不到的，要等它把脖子伸出来，仔细观察脖子的左右两侧，你才会发现，在它的眼睛后面有两个看起来像贴着的薄膜一样的东西，这就是龟的耳朵。

相关链接：

小乌龟可以听到声音吗？可以。陆地上肚子贴在地面靠声音的振动来感觉有没有人；在水中时对水中声波的震动具微感受力，因此当我们故意拍打水族箱壁时，乌龟还是会吓一跳。

6. 乌龟壳掉了一块，它会疼吗？

百问必答：

会的，壳上有神经的，龟壳看似很坚硬其实也很脆弱，尤其是每片的连接处是很娇嫩的。

相关链接：

刷龟壳：用洗涤精和软毛牙刷，用温水泡着刷。注意不要用牙膏，也不要太用力哦，切记钢丝球会磨伤龟甲的，受损的龟甲很容易造成腐甲。若是经常给乌龟晒太阳，龟壳一般是不会脏的。

7. 我家养的小乌龟，为什么要给它常换水呀？

百问必答：

长期不换水，水里会有细菌，特别是乌龟吃剩的食物更易滋生细菌，但过于勤快地换水容易让龟不适应水质。

相关链接：

自来水要晒了后再换比较好，另外，水里面最好加点龟壳护理液，如果没有就加一点点食盐；水量过它的头就可以了。如果有沙子，偶尔也要晒一下，以达到消毒的目的。有时还要给乌龟晒太阳，以防止乌龟的背上长小白点。

8. 小乌龟为什么会把头缩回去？

百问必答：

小乌龟把头缩回去会有几种原因，但大多是因为受到惊吓，这是它机警的一种表现。当它感到外界环境足够安全时，会自己把头伸出来的。

相关链接：

乌龟大多会把头和四肢都缩到壳里睡觉，但有时也会有其他的姿势，所以乌龟偶尔缩到龟壳里一段时间，幼儿们不用担心，它是在休息睡觉呢。

9. 乌龟的宝宝是什么样的？

百问必答：

乌龟一般会在沙中生蛋，所以乌龟宝宝最初是以蛋的形式来到这个世界的。经过 80 天左右，小乌龟就突破壳的束缚降生了。

相关链接：

龟科乌龟属，是我国龟类中最常见的一种。其头部粗大而宽阔，略呈三角形，体形较小，头前部平滑，头侧至颈部有黄色纵向斑纹，头后部皮肤有小鳞片，背甲棕黄色间有黑色，其上有六角形规则的黑褐色斑块。

10. 为什么乌龟老是背着一个壳，它不累吗？

百问必答：

乌龟的背壳是天生就有的。因为乌龟是软体动物，身体很脆弱，所以龟壳就像是保护自己的盔甲一样，在大自然界中不受敌人的伤害。

相关链接：

龟壳能为乌龟保存营养；进行光合作用，保证乌龟不受寒；乌龟肉与龟壳相互组成乌龟的营养循环；锁住龟体内的水分，起到了防晒保湿的作用。

11. 乌龟如果没有壳，会死吗？

百问必答：

乌龟没壳肯定不能活。因为乌龟的壳就像人体的骨骼一样，和肉是相连的，分开的话会直接导致乌龟的胸腔和腹腔破裂而死亡；背甲是脊椎骨的延展和变形，如果没有壳，它的脊椎就没有了。对于脊椎动物来说，没有脊椎是必定无法成活的。

相关链接：

乌龟肉与龟壳相互组成乌龟的营养循环，一旦失去龟壳，便不能很好地进行循环；龟壳是龟的保护，避免龟肉持续被阳光暴晒或受寒。若去了龟壳，乌龟将必死无疑。

12. 天黑了，乌龟会睡觉吗？

百问必答：

乌龟一般晚上睡觉，且常在十小时以上。乌龟入睡后通常是把眼睛闭起来的，同时一动不动。

相关链接：

小乌龟老泡在水里会淹死，因此，小乌龟在水里玩后要爬到石头上休息啊。所以，小龟的生活环境，水位不要太高，龟壳高度即可，这样它一伸脖子就可以呼吸了。

13. 冬天，小乌龟为什么总把头缩在壳里，也不吃东西？

百问必答：

一般十月份以后，当气候渐渐变冷，食物缺乏的时候，小乌龟就冬眠了。冬眠时，它一冬不吃东西也不会饿死。因为冬眠以前，从夏季开始，它们便在自己的身体内部逐渐积累营养物质，特别是脂肪，来满足整个冬眠过程中身体的需要。在冬眠期间，它们减少活动，降低新陈代谢，所消耗的营养物质也相对减少，则其体内贮藏的营养物质足够冬眠供应。

相关链接：

若越冬场所条件不好，龟无法正常越冬，直接影响次年生长和繁殖；若一个冬眠期内多次反复冬眠和苏醒也会引起龟的死亡。所以人工设置乌龟的冬眠场所时必须考虑可能出现温度变化因素，如给它盖上纱布保暖或常给它晒晒太阳。

14. 乌龟吃生肉会肚子疼吗？

百问必答：

乌龟吃生肉不会肚子疼的，吃熟食反而会消化不良呢。肉食偶尔吃就好了，不要吃得太多，因为长期吃肉龟会很肥，不利于它的生长，平常吃些龟饲料，如果能吃到鱼虾类的食物会更好。

相关链接：

生肉最好是新鲜的瘦肉，且吃肉丝比较好。生肉会影响水质，吃完生肉之后，一定要记得换水，要不然水上浮的那层“油”会滋生很多细菌，使乌龟受感染，尤其是眼睛这一敏感部位，严重时眼睛会起白霜甚至失明。

15. 乌龟的壳为什么这么硬？

百问必答：

首先，龟壳是自然进化演变的结果，由脊椎骨、肋骨等进化而成的。其次，龟壳的主要成分是碳酸钙、骨胶原等之类的东西，所以相当坚硬。乌龟小的时候龟壳稍软，大约在2岁时会变得更硬一些。

相关链接：

龟壳变软可能是蜕皮，准备冬眠；也可能是得了软骨病造成的。应采取以下措施：可以多喂小虾等富含钙的东西补钙；用钙片磨成粉放一点在水里；最重要的是要让龟晒太阳，只有这样它才能吸收钙，这就是为什么在野外龟常常爬上石头晒太阳的原因。

16. 小乌龟不吃青菜，会生病吗？

百问必答：

小乌龟不吃青菜对身体不会有什么大的影响，是不会生病的。但因乌龟是杂食性动物，要想让乌龟营养均衡，可以搀夹着喂点小鱼小虾（剪碎了喂）、瘦肉、蚯蚓、粮食等，有时还要放点青菜、草让它吃。

相关链接：

注意若在水里喂食，应将吃不完的食物清除掉，绝不能将食物残渣长时间泡在水里，否则将会影响水质，从而影响龟宝宝的健康。

17. 晚上，小乌龟能看见东西吗？

百问必答：

可以看见。这跟乌龟的生活习性有关，乌龟喜欢黑暗的生活条件。例如，乌龟喜欢选择黑暗的生活环境冬眠。

相关链接：

乌龟的眼睛睁不开了，可能是白眼病，应重点做好消毒工作，可以在水里加盐水消毒或用少量高锰酸钾消毒；或用其他消炎类眼药水点，如氯霉素，每天一至两次；龟眼睁不开，可用棉签或新毛笔尖蘸着1%的呋喃西林或1%的雷夫奴尔水溶液，每天涂眼两次，再放入清水中。

18. 如何知道小乌龟的年龄？

百问必答：

以龟背甲盾片上的同心环纹（生长年轮）多少计算，一个环纹为一年的生长期。

相关链接：

在动物世界里，论寿命当推龟最长了，所以龟有“老寿星”之称。那么，龟的寿命究竟有多长呢？有记录的一只最长寿的龟，共饲养了152年，它的寿命至少152岁。

19. 小鱼晚上会睡觉吗？

百问必答：

在暗光条件下入睡的鱼以淡水鱼和在浅海中生存的鱼居多，如鲤、石鲷，其中隆头鱼科类的鱼，一到傍晚就涌进砂堆的“被窝”里酣睡。第二天太阳一出来就钻出砂堆。还有部分肉食性的鱼白天睡觉，夜间活动。

相关链接：

冬眠的鱼还有鲤、鲱、鳗和沙丁鱼等。它们在砂中或泥中期待着温暖的春天。与此相反，在夏天需要休息一段时间的鱼，可以在炎热地区生活的淡水鱼中找到，比如非洲的肺鱼和生活在多瑙河沿岸水域里的泥鳅。

20. 鱼在水里怎样睡觉？

百问必答：

鱼也需要睡眠。如同人有各种睡相一样，鱼也有各种各样的睡觉方法。仔细观察我们饲养的金鱼，你就会发现，它们到了夜晚，就会躲到鱼缸内的小假山、水草里等暗处一动不动。这就是金鱼睡觉时的状态。

相关链接：

在淡水里生活的鱼大多躲在岩石后、水草丛的暗处睡觉，像鲤、鲫钻进水草里，而鲻、鲷则在岩石后面睡觉。

21. 鱼在水里会不会被憋死？

百问必答：

鱼终生离不开水，用鳃呼吸，鱼在水里是不会被憋死的。

相关链接：

鱼类有适于水中生活的特点：鱼身体的颜色上深下浅为鱼的保护色；身体呈流线型，中间大两头小；身体表面覆盖鳞片，保护身体；鳞片表面有一层粘液，游泳时减小水的阻力；身体两侧有一行侧线，侧线和神经相连，主要是测定方向和感知水流的作用；鱼的身体长有胸鳍、背鳍、腹鳍和尾鳍，是鱼在水中的运动器官；鱼用鳃呼吸；体内有鳔，主要作用是调节身体的比重。鳔在鳍的协同下，可以使鱼停留在不同的水层里。

22. 小鱼为什么会生病?

百问必答:

小鱼生病主要有水质水温失宜、饲喂不当、操作不慎、外部带入病原体等原因。

相关链接:

如果单位水体内载鱼量太多，生存的生态环境很恶劣、超过鱼的适应范围，便可能发病。水温突然变动，温差超过5℃以上，或长时期水温偏低，都会使鱼发病。如果水温过高或过低，大大超过其能适应的温度时，鱼会立即热死或冻死。

如果投喂的饲料营养成分不足，如长期投喂干饲料，缺乏动物性饵料，缺乏蛋白质、维生素、微量元素，或者不能定时定量，饥饱不匀，使鱼营养不良，体质衰弱而致病。还有配合饲料霉败变质，鱼会中毒致病。

23. 为什么不换水鱼缸里的鱼会死?

百问必答:

如不及时换水，鱼的排泄物、分泌物过多，二氧化碳、氨增多，微生物孳生，蓝绿藻类浮游植物生长过多，都可使水质恶化，溶氧量降低，使鱼发病，如不及时防治，小鱼会死。

相关链接:

养金鱼保持水质清纯至关重要，要经常用乳胶管吸除积渣，把玻璃缸底部的粪便、残饵连同混浊水吸干净，然后徐徐地补进已放置一天的新水。倘若操作过程中出现水草浮起或假山被碰倒等情况，要及时恢复原状。

24. 小鱼为什么会从鱼缸里往外跳?

百问必答:

水没养好，pH 值过高，氯气没有除净，或者是水凉，不适应新的水质环境，导致鱼儿要跳槽。一般情况是没事的。放点盐，适应几天可能就可以了。

相关链接:

pH 值就是指水的酸碱度，7.0 为中性水，低于 7.0 为酸性水，高于 7.0 为碱性水，主要看养什么鱼，大多数的鱼都喜欢中性水。

氯气是水里的一种有毒气体，自来水公司一般在水中要加入消毒剂，其中就少不了加氯气。氯气对人是没伤害的，但对鱼来说就是毒剂。所以加入鱼缸的自来水要通过处理才能加入缸中。如将自来水通过过滤器过滤、或用其他容器存放 3 天以上等方法处理，就会使自来水中的氯气散发掉。

25. 小鱼在水里能听见声音吗?

百问必答:

小鱼能够感受到细微的波动，然后会迅速做出反应。比如你站在鱼缸前，大声喊鱼儿啊鱼儿，如果鱼儿没有什么动静，那么你就敲一下鱼缸，它肯定会有反应的。

相关链接:

在水里能听见外面的声音吗？能。声音是靠介质传播的，水也是介质，所以水是能传播声音的。声音在海水中传播的速度是 1 500 米/秒。

26. 小鱼有没有牙齿?

百问必答:

鱼是有牙齿的，不过在真正意义上来说不应该叫牙齿，大部分鱼的齿长在喉处，就是嗓子。肉食性鱼的牙齿分布在口腔，很锋利的。鱼的牙齿排列还有规则，这个也是进行鱼种分类时候的一个特征。

相关链接:

鲨鱼的牙齿大小和形状差异很大，有细长而呈锥状，也有扁平而呈三角形的。护士鲨的牙齿就是另外一个形状，它的牙齿为铺石状，这些牙齿可以全部使用，把食物磨碎是很适用的。而虎鲨的牙齿就更怪了，它居然在同一颌上出现不同形状的牙齿，这在鱼类中还是少见的。

27. 小鱼有耳朵吗?

百问必答:

鱼有耳朵，很多人没有注意到。确切地说鱼有内耳，没有中耳、外耳，鱼的内耳在头骨里，只有打开头骨才能看到。鱼耳的功能和人类一样，一是收听声音，二是维持身体平衡。

相关链接:

英国鱼类学家克利特尔博士发现，每当投放饵料时，同时摇铃，铃声一响，果然不少红鳟鱼便云集而来等待喂食。人耳的听觉范围是每秒 16～20 000 次振动的音波。而多数鱼耳所能感受到的声音，只能是每秒 340～690 次振动的音波。所以说，虽然我们看不见鱼的耳朵，但它的作用却不小呢。

28. 小鱼会不会流泪?

百问必答:

小鱼不会流泪。简单来说有两种原因，一是鱼没有泪腺，二是泪腺的作用是保持角膜的湿润，鱼本身就在水中，角膜本身就是湿润的，所以也就没有必要去流泪了。

相关链接：

其实眼泪最开始是用来分泌盐分的，只有一些哺乳动物和一些生活在海洋环境里的爬行类和鸟类才有泪腺。海龟和海鸟都会流泪，干了后留下白花花的盐渍。具有泪腺的哺乳动物也和海洋生活有关系，甚至这还被作为一条有力证据证明人是从海猿进化来的。

29. 小鱼会发烧吗?

百问必答：

不会，因为鱼是变温动物，不是恒温动物，不会调节体温，不会发烧。

相关链接：

最常引起发烧的原因是感染症，不论是病毒、细菌或微生物，当它侵入人体，激发免疫系统放出“热素”时，就会影响下视丘的体温调节中枢，将设定温度提高，于是体温超出正常范围，称为“发烧”。当服用退烧药，将设定温度降下来，体温逐渐回复正常，称为“退烧”。

30. 小鱼为什么能不停地喝水?

百问必答：

如果你仔细观察就会发现，鱼在水中一刻不停地用口吞水。我们所看到的吞水，并不是鱼在喝水，而是在呼吸，以便取得生命活动需要的氧气，排除体内产生的废气——二氧化碳。鱼和人的呼吸不同，它不能直接利用空气中的氧气，而是通过鳃来取得溶解在水中的氧气。

相关链接：

鱼鳃位于头部两侧的鳃盖内，由鳃耙、鳃弓、鳃丝构成。鳃丝里有许多毛细血管，当水流经鳃丝时，溶解在水里的氧气就渗入毛细血管里，随着血液循环，氧气输送到身体各部分。血液里的二氧化碳渗出毛细血管，排在水中。如鱼离开水，鳃丝会干燥，也无法与空气中的氧进行气体交换。离开了水，鱼就无法生存了。

31. 小鱼能够闻得见食物的味道吗?

百问必答：

鱼是有嗅觉的，通常会通过嗅觉和视觉同时分析食物，而且对食物有一定的选择性。它们对腥的食物比较感兴趣。

相关链接：

章鱼、鱿鱼和乌贼当受惊吓威胁之时，是依赖其所放出墨汁的麻痹作用。从前人们认为，此种墨汁仅具有水下烟幕作用。后来科学家才知道，这是一种化学雾，能麻痹追踪者的嗅觉器官。

32. 小鱼老在水里喝那么多水，肚子不会疼吗?

百问必答：

生活在淡水中的鱼，一生都不喝水。生活在海中的鱼需要经常喝水。其实，无论是多数海水鱼要喝水，还是淡水鱼与少量的海水鱼不要喝水，它们都是为了在水里呼吸，是不会肚子疼的。

相关链接：

渗透压是由溶解在水中的物质形成的。溶解在水中的物质越多，渗透压也就越高。鱼在血液和组织液中含有很多盐和蛋白质，溶液浓度要比周围的淡水高，渗透压也比淡水高。由于水是从渗透压低的溶液流向渗透压高的溶液的，因而周围的淡水会从四面八方渗入淡水鱼的体内。结果，淡水鱼不但不必喝水，还得想方设法地把多余的水分排出体外，不然它们会被水活活胀死。

33. 小鱼如果没有尾巴还能在水里游吗?

百问必答：

小鱼的尾巴是调整方向、掌握平衡的，如果小鱼没有尾巴就不能在水里游了。

相关链接：

猫从高处掉下或者跳下来的时候，要靠尾巴调整平衡。袋鼠的尾巴又粗又长，长满肌肉。它既能在袋鼠休息时支撑袋鼠的身体，又能在袋鼠跳跃起帮助袋鼠跳得更快更远。鹿的尾巴又小又短，然而它却是重要的报警器。兔子的短尾巴可以在紧急情况下帮助兔子逃命。当兔子被猛兽咬住时，兔子立刻使用“脱皮计”，将尾巴的“皮套”脱下，从而赢得逃命的一刹那时间。草原上奔跑的骏马，尾巴向后飘逸，神气极了。在奔跑时，马的尾巴起了很好的平衡作用。平时马儿又将尾巴当作“苍蝇拍”，左抛右甩地驱赶对它发起攻击的蚊子、牛虻和马蝇。

34. 小鱼是单眼皮还是双眼皮?

百问必答：

鱼没有眼皮，所以不能眨眼睛；鱼眼不怕盐水，并且随时保持潮湿，不必靠眼泪湿润眼睛。因此，没有单双眼皮之分。

相关链接：

鱼眼有大有小，形状各异，这与它们日常所接触光线的强弱有关系。通常生活在水上层的鱼大都有一双正常的眼，而生活在浑浊的水底或者常常钻入泥里的鱼，如泥鳅、黄鳝等，视觉就不太重要了，所以眼睛变得很小。

35. 怎样分出小鱼的性别？

百问必答：

雄性鱼的头部高而饱满，体形较瘦长，胸鳍较长，游动活泼，追逐灵敏。雌性鱼则肉瘤较低欠丰满，体形短圆，胸鳍短。

相关链接：

一般家养的鱼类大体分三种：热带鱼、金鱼、鲤鱼。这里面热带鱼的绝大部分种类比较好分辨，都是遵循雄鱼色彩艳丽，雌鱼色彩相比较暗淡。部分热带鱼则是雌雄形态很相像的，平日很难分辨，但到了繁殖期就能明显分辨出来了，这时雄鱼的鳃部都会长出很多小疙瘩，而且大部分呈白色，较容易分辨。雌鱼这时的腹部也都普遍较大，也是比较容易分辨的了。

36. 为什么小金鱼的眼睛会在两个大水球里？

百问必答：

这是因为小金鱼眼睛的特殊构造造成的，名叫水泡眼的金鱼，眼睛向上，眼球下有一层膜，内藏液体，形成水泡状。水泡眼游动时，水泡会左右晃动，好像会破掉似的。

相关链接：

金鱼是世界著名的观赏鱼类，它的始祖是野生鲫鱼。在中国，最早发现野生鲫鱼群体中有变异的个体（即金色或金黄色鲫鱼），大约是在晋朝，至今已有1600多年的历史。我国古代劳动人民为培育金鱼，付出了辛勤劳动，积累了丰富的经验，至今已培养的金鱼品种不下300个。

37. 小鱼在鱼缸里面能看见我们吗？

百问必答：

小鱼能看见1米以内的物体，在鱼缸里面是能看见我们的。

相关链接：

鱼眼是天生的近视，加上水本身的透明度比空气差，鱼在水中不会看得很远，多数鱼只能清楚地分辨1米以内的物体，它们能看到的最远距离顶多也不超过10～15米。但是，因为鱼能借助水的折射作用看到空气中的东西，所感觉到的物体距离比实际距离要近的多，所以能较早的发现岸上的情况，能感到人在水边行走，也就不足为奇了。

38. 蜗牛的眼睛长在哪里？

百问必答：

有眼看不见。

相关链接：

蜗牛的眼睛长在触角上。蜗牛大触角的上端有两个黑黑的小圆点，这就是它的眼睛。虽然有眼睛，可蜗牛根本看不到外面的花呀草呀，因为它的眼睛不是很高级，所以看不到外界的图像，只能感受到外界的明暗变化。小蜗牛自己可一点儿也不在意，它觉得这样蛮好的。它一边慢慢地散步，一边用它的眼睛东触触西碰碰，一遇到障碍物，它就把触角赶紧缩回来。

39. 蜗牛有嘴巴吗？

百问必答：

在蜗牛的小触角中间往下一点儿的地方有一个小洞，这就是它的嘴巴，里面有一条锯齿状的舌头，称之为“齿舌”。齿舌的表面就像擦姜末用的锉板一样，有一些角质的小齿整整齐齐地排列着。

相关链接：

蜗牛有嘴巴，而且是世界上牙齿最多的动物，虽然它的嘴大小和针尖差不多，但是却有 25 600 颗牙齿！蜗牛吃东西的时候就用这把“小锉板”把植物的叶子磨碎，再一点点地吃下去。虽然它的牙齿很小，肉眼无法看到，但是却十分厉害，即便你把蜗牛放入一个比它的身体还硬的硬纸盒中，它也能咬破硬纸板爬出来。

40. 蜗牛喜欢吃什么？

百问必答：

一般春天喂白菜、青菜、莴苣等植物；夏天可喂各种瓜果皮渣、甘蔗、向日葵叶等；秋冬喂菜叶、薯片、胡萝卜等。

相关链接：

白玉蜗牛不吃青草、杂草，拒食葱、姜、蒜、韭、芥等有异味食物。瓜果、块茎要切成细丝或薄片才能饲喂，并注意食物的多样性以防偏食。

41. 蜗牛为什么背个小房子？

百问必答：

蜗牛没有骨骼，壳可以起保护作用。而且，壳中是它的内脏，所以蜗牛没壳不能活。

相关链接：

蜗牛有一个比较脆弱的、低圆锥形的壳。蜗牛一般生活在比较潮湿的地方，在植物丛中躲避太阳直晒。在寒冷地区生活的蜗牛会冬眠，在热带生活的蜗牛种类旱季也会休眠，休眠时分泌出的黏液形成一层干膜封闭壳口，全身藏在壳中，当气温和湿度合适时就会出来活动。

42. 蜗牛爬过的地方为什么留白线?

百问必答:

蜗牛走路慢腾腾地，全靠腹足来爬行。蜗牛与鼻涕虫一样，腹面有长而扁平的足，借肌肉收缩而前进，前进时分泌黏液，干后闪闪发亮。

相关链接:

把一只蜗牛放在干燥地面，它每分钟移动 9～13 厘米；爬到遮阴地面时速度减慢，每分钟移动 6～8 厘米；再爬到有薄水层的地面时速度加快，每分钟滑行 25～30 厘米。

43. 蜗牛小便吗?

百问必答:

有小便，有生殖孔和排泄孔，没有气孔。

相关链接:

有些蜗牛的排气孔和排泄孔距离很近，人们误认为它们是同一个孔，但气孔不是排泄空，气孔在螺口左边，排泄孔在螺口右边。

44. 小鸡有耳朵吗?

百问必答:

有的。眼睛后面有两个小洞，被羽毛盖住了，是鸡听觉器官的开口。

相关链接:

鸡的听觉器官（内耳、外耳）对可听声有很好的敏感性。地震前地下岩石失稳破裂，产生地声。鸡栖息地面，除耳朵外，它的腿部还具有灵敏的振动感受器，震前可能感受到地声，出现行为异常。

45. 小鸡最爱吃什么?

百问必答:

虫、小米、蚂蚱、蚯蚓。

相关链接:

用玉米面兑温水，兑成芝麻糊的稠度，不要太稀哦。小鸡不能喝太多的水的，之后可以喂熟小米糊。再大几天就可以加一点切碎的蔬菜糊，三个星期后可喂大米、面里生的小白虫子（如果有的话），也可以领到户外的蚂蚁窝旁让它吃小蚂蚁或小型虫子。

46. 鸡为什么要吃石子?

百问必答：

因为鸡没有牙齿，不能嚼碎食物，只能依靠小石子、砂帮着磨碎。鸡的身体里有一个小口袋，里面有许多鸡吃进的小石子。鸡吃的食物和石子混在一起，就被磨碎了，磨碎的食物就容易消化吸收了。所以鸡除了吃食物，还要吃小石子。

相关链接：

鸡吃进石子，其实就是为了把食物磨碎。没被嚼碎的食物被鸡吞下后，先经过食道进入嗉囊，在其中储存一段时间，经过各种消化液的作用，食物变得比较软了。食物接着到达砂囊，砂囊俗称鸡肫，是鸡进行消化食物的地方。鸡肫十分坚韧，内有一层黄色的角质皮。鸡吃进的掺着沙粒的食物在鸡肫里开始消化。鸡肫的肌肉通过强有力地收缩，和沙粒在鸡肫的用力蠕动下，共同摩擦着食物，这样将吃进肚里的米粒、谷物磨碎，才能把食物彻底消化吸收。

47. 我特别喜欢吃薯片，为什么小兔子不吃呢?

百问必答：

兔子是草食性动物，喜欢吃的食物有胡萝卜、红薯、洋白菜、南瓜、菠菜、黄瓜等。有些食物不能大量食用如玉米、花生、马铃薯等，不能吃的食物有巧克力、咖啡、酒、洋葱、韭菜、大葱、大蒜等。

相关链接：

特别要注意食物的水分不要太多，否则会导致兔子拉稀甚至死亡。喂食前应将食物洗干净，将表面的水分擦干后再给兔子吃。煮过或者冷冻的食物都不可以吃！

48. 为什么小兔子要蹦蹦跳?

百问必答：

当兔子感到非常高兴时，会出现原地跳跃，在半空微微反身的行为，有时候兔子也会边跳跃边摆头。它们跳跃时，就好像跳舞一样。特别是迷你兔，它们比较爱用跳跃去表达自己高兴和非常享受的感觉。

相关链接：

当兔子成年，兔子就可能出现绕圈转的行为。绕圈转是一种求爱的行为，有时候更会同时发出咕噜的叫声。绕圈转也同时可以代表要人注意或者要求食物。有些兔子不喜欢人家去碰它的东西。当主人清理笼子、换食物盘时，兔子就可能会扑过来。这样是代表它不喜欢，扑过来是一种袭击的表现。当兔子感到害怕时，它们会用后腿跺脚。在野外，当敌人接近，兔子会用后腿跺脚去通知同伴有危险。

49. 兔子的眼睛为什么是红的？

百问必答：

兔子眼睛的颜色与它们的皮毛颜色有关系。黑兔子的眼睛是黑色的，灰兔子的眼睛是灰色的，白兔子的眼睛其实是透明的。那为什么我们看到小白兔的眼睛是红色的呢？这是因为白兔眼睛里的血丝（毛细血管）反射了外界光线，透明的眼睛就显出红色。

相关链接：

小兔是有各种颜色的，它们的眼睛也是有不一样颜色的。那是因为它们身体里有一种叫色素的东西。含有灰色素的小兔，毛和眼睛就是灰色的；含黑色素的小兔，毛和眼睛是黑的。小白兔身体里不含色素，它的眼睛是无色的，我们看到的红色是血液的颜色，并不是眼球的颜色，所以它的眼睛自然就是红色的了。

50. 兔子的三瓣嘴是磕坏的吗？

百问必答：

兔子是三瓣嘴（确切地说应该是两片唇瓣）的动物，它上嘴唇分叉，主要是为了增强嘴唇的灵活性，更便于把地面上的草搂进嘴里。兔子有着发达的门齿，如果上嘴唇不分开，低头吃草时，门齿正好挡住口腔，而分开的上唇则可以把草夹住后再朝嘴里送，因此兔子的三瓣嘴不是磕坏的。

相关链接：

其实类似兔子这样三瓣嘴的动物不只是兔子一种。小朋友们仔细观察就会发现，骆驼和羊的上嘴唇也有很大的可动性，跟兔子的三瓣嘴差不多，只不过我们把兔子作为典型代表而已。凡是食草动物的嘴唇都特别灵活，能起到类似手指的作用，建议小朋友有机会和爸爸妈妈到动物园的时候仔细地看一下长颈鹿进食的情景：它们不是把嘴凑到树叶上，而是用嘴唇和舌头把树叶卷进嘴里的。

51. 为什么兔子耳朵那么长呀？

百问必答：

兔子是弱小的动物，它的长耳朵可以帮助它听到微弱的声音（像食肉动物悄悄接近时发出的声音），并确定声音来自何处。它在逃跑时耳朵总是高高地竖起来，这样凉风可以冷却血管内的血液，使较凉的血流到身体各个部位，同时身体也不会出汗，所以兔子的耳朵很长。

相关链接：

兔子的两只耳朵很大，在捉兔子的时候，人们为了方便，就会去拉它们长长的耳朵。其实，兔子的耳朵血管丰富，揪兔子耳朵很容易造成其耳根受伤。正确方法应是，先将兔子的两耳连同颈部皮肤大把抓住，轻轻提起，另一只手迅速托住兔子臀部，让兔子的体重主要落在托住兔体的手上，这样既不损伤兔子，又可防止兔子抓伤人。

52. 兔子为什么不爱喝水?

百问必答：

兔子的排尿机制属浓缩性，它们对水分的需求比其他动物少。兔子可以从吃下去的青草或经由舔食青草上的露珠得到足够的水分，所以较少看到兔子到水边喝水。

相关链接：

有人说兔子不需要喝水、兔子喝了水会死的观念是不对的。如果家庭饲养的兔子吃的是干草或专用饲料，那里几乎没有水分，所以必须提供适量的水让它们饮用。季节和食性不同，兔子对水的需求量也会不同，譬如冬天喝得少，夏天喝得多。另外，个体不同，对水的需求也会不同。准备一个足够大的饮水器，让它随时有水喝就对了。

53. 为什么小猫走路静悄悄的?

百问必答：

那是因为猫的爪子上长有很柔软的肉垫，这层肉垫不仅可以使猫咪从高处跳下时起到缓冲的作用，而且还可以在行走的时候悄无声息，从而更好地靠近猎物而不被发觉。另外，猫的尾巴也有很强的平衡能力，这对于它走路没有声音也有一定的作用。

相关链接：

猫有“洁僻”，是最讲究卫生的动物之一。每天猫要用爪子给自己洗好几次脸，每次都在固定的地方大小便，便后都要用土将粪便盖上，猫没有随地大、小便的习惯。猫和犬总是不能友好相待，一旦相遇，特别是陌生的犬，它便会把腰弓起盯着对方，并发出嘶嘶或呼嘻呼嘻的叫声。猫是夜游动物，喜欢晚上活动。

54. 小猫的胡子是干什么用的?

百问必答：

小朋友你知道小猫的胡子有什么用吗？千万不要以为它没有用，而用剪刀去剪它的胡子，其实它对小猫是很重要的东西，和抓老鼠有关。因为猫的胡子就像一把尺子，当小猫追到老鼠洞口的时候，它会用胡子去量一下洞口的宽度，如果胡子能进得了老鼠洞，猫就进得去。

相关链接：

你知道吗，小猫的胡子可神奇了！因为小猫的胡子不但能测量洞口的大小，而且还能明察秋毫。在猫的嘴两边、眼睛、脸颊、下巴等四处长着许多的胡子。在胡子的根部有许多的神经，轻微的动静都能够察觉，据说 2 毫克的东西从小猫身边拂过它都能感受到，而且连气流、风向都知道，很神气吧。在我们的生活中也很少听说，猫会撞上什么东西或东张西望时会踏空，这都得益于猫的胡子——这把出色的尺子，你知道了吗？

55. 小猫是不是很懒，老睡觉?

百问必答：

不是，因为猫的睡眠时间，大约是人睡眠时间的两倍左右。但是猫不像人那样集中地睡，而是分成数次睡，所以，猫在夜里的任何时候都可以起来。研究表明，猫的睡眠中有四分之三是假睡，即是打盹儿。所以，看上去一天中的 16 个小时猫都在睡觉，其实熟睡的时间只有 4 个小时。

相关链接：

人在睡觉时有各种姿势，猫也像人一样在睡觉时有各种姿势。猫有爬着睡的，坐着睡的，有时也仰天大睡。猫也有说梦话的，这梦话便是鸣叫。猫在做恶梦时也会被吓醒了睁开眼睛的。

56. 小猫为什么会爬树?

百问必答：

所有的小猫都会爬树，这是因为，小猫的爪子又尖又弯，非常厉害，它在爬树的时候，用它那尖尖的爪子可以稳稳地抓住树皮，一步一步地爬上去，不会滑下来，也不会掉下来。

相关链接：

你知道吗，小猫往树上爬的时候，非常轻松，几下就能爬上去，可是上树容易下树难，小猫下树的时候可困难了。人们经常会看到有小猫困在树上下不来的情景。这是为什么呢？因为小猫的爪勾是向后弯曲的，如果头冲下往下爬，下树的时候它的爪子根本勾不住树干，会从树上掉下来，它下树的唯一的办法就是屁股冲下一点点往下出溜，可是这样一来，它下树的动作就不好看了，所以对于非常好强的它来说，宁愿困在树上。

57. 为什么我家的小狗狗，一来人它就叫?

百问必答：

小狗狗叫的原因很多。如正在享受某种乐趣、感到害怕或孤独不安、希望引起你的注意、听到了什么响动等。

相关链接：

叫声是狗儿交流的方式，也是人们很难忽略的声音。当你踏进久违的家门，你的狗狗会欢呼着迎接你。在思狗心切的主人听来，这是一种美妙的声音，那是它在对你说："你是一个特别的人，真高兴你又回到家里，和我在一起啦!"

58. 狗为什么爱啃骨头?

百问必答：

小狗爱啃骨头是因为骨头里富含大量的钙元素，能够给小狗补钙，使它的身体长得壮壮的，另外啃骨头还有锻炼牙齿的作用。但是千万注意不可以喂给它大块的骨头，因为这样很容易卡到小狗的喉咙，或者因为太大了，它嚼不烂而堵到胃里，这样会给小狗造成很严重的伤害，你知道了吗？

相关链接：

小狗的牙齿，上下各有一对尖锐的犬齿，这是因为它是肉食动物，肉食动物有善于撕咬猎物的特点，它可以用它尖尖的犬齿一下子咬住猎物的要害，从而捕捉到足够的实物。狗的臼齿也比较尖锐、强健，它能够很快地切断食物，啃咬骨头时特别有劲，但它们不善咀嚼。因此，吃东西时真是“狼吞虎咽”，很少咀嚼。这也是我们为什么不能给小狗喂太大骨头的原因。

59. 我喜欢大恐龙，为什么动物园里没有？

百问必答：

在动物园里有许多的动物，还有很多非常珍惜的动物，但小朋友一定会问为什么没有恐龙呢，它也是动物呀？只是因为大恐龙在很久很久以前就已经灭绝了，就是说它已经从我们的身边彻底消失了，我们永远也看不到了，所以我们在动物园里是看不到的，想看的话只能是在自然博物馆里看到恐龙的化石了。

相关链接：

恐龙是怎么灭绝的，为什么会全部灭绝了，这个问题一直都是一个谜，是一件奇特的事情。好在我们的科学家们现在发现了许多的恐龙化石，从获得的这些珍贵的恐龙化石中潜心地研究，使科学家们的研究工作能够进行。我们希望通过他们的刻苦研究，在不久的将来，这个谜能够解开。

60. 小猫喜欢吃什么？

百问必答：

鸡肉、鱼肉、牛肉，小猫都爱吃，你可以煮熟了喂给它吃。

相关链接：

猫除了吃鱼还喜欢吃老鼠。老鼠体内含有能提高夜间视力的牛磺酸，而一向善于在黑夜活动的猫却没有这种物质。如果猫的体内长期得不到牛磺酸的补充，那么，这只猫就会丧失夜间视觉的能力。猫为了保留它夜间活动的习惯，就必须大量捕捉老鼠。科学家发现鱼肉中也含有大量的牛磺酸，这也是猫爱吃鱼的原因所在。

61. 小猫为什么不穿衣服也不冷？

百问必答：

冬天的天气那么冷，我们大家都要穿上厚厚的棉衣，可是为什么我们看不见小猫穿衣服呢？这是因为小猫身上有一件我们看不见的棉衣，到了冬天，小猫会长出一层厚厚的皮毛，就像我们穿了一件皮衣一样，所以就不觉得冷了。

相关链接：

有许多的小动物都是靠这个方法过冬的，比如小兔子、小狗等。但不是所有动物都像他们一样不怕冷，像小燕子、大雁等，它们就很怕寒冷的冬天，天刚一冷他们就早早地飞到温暖的南方去了，在那里呆上整整一个冬天，等到天暖和了，才成群结队地飞回来。青蛙、蛇这些动物，他们会在地下挖一个洞，然后都钻到地底下睡大觉，一直要到春天天暖和才出来，这叫冬眠。

62. 小猫喜欢舔毛，它的毛上有糖吗？

百问必答：

不是，是因为猫是十分喜欢干净的动物，所以常常用舌头把自己身上的毛舔的干干净净，猫几乎能舔到身上的大部分地方，对脸的部位还用前脚醮上它的唾液，认真地梳洗一番。

相关链接：

猫咪是一个非常爱干净的动物，经常梳理可以保持身体干净。猫咪不能像狗狗那样吐舌头散热，在夏天舔毛可以帮助它们散热。在寒冷的冬天，猫咪舔毛又可以帮助它们保暖。猫咪可以通过舔毛来消除压力，当它们因做错事被责骂时，就会有舔毛的动作，其实这是一种稳定情绪的转移行为。

63. 河水结了冰，鱼会冻死吗？

百问必答：

河面结冰，鱼在水下，水下的温度还是恒定的，没有结冰。确切地说，水下反而更暖和，适合鱼生存。冬天河面上结了一层厚厚的冰，这层冰就像是给河面上盖了一层厚厚的棉被一样，不管外面天气多冷，冰下面的河水都可以保持在4℃左右，所以鱼儿可以照样游来游去，不会被冻死，只是没有夏天那么活泼而已。也就是说，外界的温度和水下温度是不一样的。

相关链接：

在鱼缸里会有微生物在水中快速繁殖，所以要勤换水，尤其是夏季更要换得勤快些。最好买一两棵水草放在里面，既可以增加氧气，吸收鱼的排泄物，还可以绿化水的环境。

64. 毛毛虫吃什么呀？

百问必答：

多数毛毛虫喜欢吃青菜叶子和树叶。它们以植物的嫩叶为食，易于咀嚼且水分充足，但也有食肉毛毛虫。

相关链接：

全世界的毛毛虫有十几万种。很多人都以为，这种让人想起来就有些“怕怕”的小东西以花果为食，可是，科学家在夏威夷热带雨林发现了以肉为食的毛毛虫。

65. 毛毛虫有脚吗?

百问必答：

毛毛虫没有脚，它有腿。毛毛虫一般有 16 条腿。

相关链接：

昆虫有六条腿，它们行走是以三条腿为一组进行的，即一侧的前、后足与另一侧的中足为一组，这样就形成了一个三角形支架结构。当这三条腿放在地面并向后蹬时，另外三条腿即抬起向前准备轮换。

66. 癞蛤蟆（蟾蜍）不讲卫生、不洗澡，才变成那样儿吧?

百问必答：

不是。蟾蜍俗称癞蛤蟆。皮肤粗糙，背面长满了大大小小的疙瘩，这是皮脂腺。其中最大的一对是位于头侧鼓膜上方的耳后腺。这些腺体能分泌白色的毒液。

相关链接：

白天，蟾蜍多隐蔽在阴暗的地方，如石下、土洞内或草丛中。傍晚，在池塘、沟沿、河岸、田边、菜园、路边或房屋周围等处活动，尤其雨后常集中于干燥地方捕食各种害虫。

67. 小猪在泥里玩，不知道讲卫生，是吗?

百问必答：

猪也不是天生肮脏。它的皮肤上汗腺不多，所以大热天时为了散热，喜欢泡在水里，只是因为找不到干净的水，只好泡在泥中。猪也懂得讲卫生，它总是尽可能地远离吃睡的地方去拉屎撒尿，只是人们将它关在猪圈里没办法，弄得很脏的。猪看上去又笨又脏，实际上它有一些聪明才智连狗都比不上。

相关链接：

考古学家发现，早在近万年前，人类就开始驯化并饲养野猪了。野猪身上披着硬毛，性格十分凶猛。而被驯化的家猪，一改野猪的恶性，在长相、性格上也都发生了很大的变化，发育快、繁殖力强。不仅能供人们食用，还能提供制革制药的原料，就连粪便也是上等的农肥，浑身是宝。

68. 螃蟹不停地吐泡泡，它肚子里是不是有肥皂泡呀?

百问必答：

不是，这是螃蟹在呼吸呢。

相关链接：

螃蟹生活在水里，但要经常上岸来觅食。它离开水后并不会干死，是因为鳃里仍残存许多水分，还可以不停地呼吸。但是，时间久了，鳃里大部分的水分被空气带走，鳃逐渐干燥，它就会感到呼吸困难了。这时候的螃蟹，拼命鼓动嘴和鳃，不断吸进空气再把鳃里少许的水分连带空气一起吐出，就形成了许多气泡。

69. 小鸟有翅膀会飞，我安上翅膀也能飞吗？

百问必答：

不能。因为人没有鸟类那样发达的胸肌可以拉动那样的翅膀，人的骨骼不像鸟类那样轻，人的肺不像鸟类那样适应高强度运动的代谢需要；还有，人类没有可以让强大胸肌附着的龙骨突。

相关链接：

鸟有翅膀。翅膀有足够大的面积，从而产生足够大的升力。鸟有发达的胸肌，这些肌肉都附在一个叫龙骨突的结构上，能产生足够的牵引力。鸟有中空的骨骼，最大可能地减少了飞行的重量。鸟能进行所谓的双重呼吸。

70. 鸽子怎么总是“咕咕，咕咕”的叫，它是在唱歌吗？

百问必答：

因为它长大了，小时候它是叽叽叫的。

相关链接：

无论是野鸽还是家鸽，均是以植物性食料为主，主要有玉米、麦子、豆类、谷物等，一般不吃虫子等肉食。鸽习惯吃生料，人工喂养也可适应熟食。在人工饲养场也可用颗粒混合饲料喂养。

71. 母鸡下蛋时候会“咯咯哒”的叫，它和蛋宝宝说什么呢？

百问必答：

母鸡下蛋了，总爱大声地咯咯叫，这是母鸡高兴的表现。因为母鸡生蛋并不容易，它要在窝里趴很长的时间，才能生下蛋来。所以母鸡生了蛋后，会觉得十分轻松，就高兴地叫起来。

相关链接：

初出壳的雏鸡，要 10 天后才能达到正常体温，加上雏鸡绒毛短而稀，不能御寒，所以对环境的适应能力不强，必须依靠人工保温，雏鸡才能正常生长发育。

72. 我喜欢喝酸奶，是大奶牛下的吗？

百问必答：

不是。酸奶是以鲜牛奶或脱脂牛奶为原料，在消毒灭菌后的奶中加入纯培养的乳酸菌。发酵时将牛奶中的乳糖分解成乳酸，当 pH 值达到一定程度时，酪蛋白就开始沉淀，凝结成酸牛奶。

相关链接：

酸奶味道好、有营养，奶中的蛋白质变得更容易消化吸收。乳酸菌在人体肠道中还能合成维生素 C、B 族维生素和叶酸等。酸牛奶比纯牛奶更能补钙，还能帮助消化。

73. 蝴蝶为什么总是找花儿玩儿，它们是好朋友吗？

百问必答：

蝴蝶和花是好朋友。因为蝴蝶喜欢花的香味和花的颜色，花香吸引蝴蝶。花是它赖以生存的根本，每只蝴蝶的卵大部分都是产在有花种的植物上的，卵孵化后变成毛毛虫才演变成美丽的蝴蝶的！

相关链接：

蝴蝶喜欢在花丛中飞来飞去，并不是因为鲜花美丽，而是鲜花里有花蜜。花蜜里有蝴蝶最喜欢的食物——蜜汁。蝴蝶还可帮助雄花传粉。

74. 小蜜蜂和小花是好朋友，对吗？

百问必答：

小蜜蜂和小花是好朋友。因为蜜蜂采花蜜、酿蜂蜜。蜜蜂一类的昆虫吸食花粉，借机让它们传播花粉。

相关链接：

蜜蜂最喜欢的花有油菜花、梧桐花、熏衣草花，还有好多花呢。

75. 小蚂蚁怎么爬爬就不见了？它藏哪了？

百问必答：

小蚂蚁喜欢生活在阴暗潮湿的地方，所以它就会爬到自己喜欢的地方在那里活动，如藏在潮湿的土里、树叶下等，我们就看不见它了。

相关链接：

小蚂蚁喜欢生活在温暖阴暗潮湿的洞穴里，冬天那里最温暖了。

76. 大蚂蚁是小蚂蚁的妈妈吗？

百问必答：

不是。因为不是所有的大蚂蚁都是小蚂蚁的妈妈，在蚂蚁这个大家庭里还有蚁王、工蚁和兵蚁，他们不会产卵，所以只有蚁后才是小蚂蚁的妈妈。

相关链接：

蚂蚁的生活习性是群居，分工明确，是社会性很强的昆虫。蚁后的工作就是产卵，兵蚁负责保护自己的巢穴，工蚁采集食物等其他所有工作。

77. 小羊“咩咩”叫是叫妈妈吗？

百问必答：

小羊“咩咩”叫不是在叫妈妈。“咩咩”是小羊的叫声，是动物的一种本能。

相关链接：

小羊有较强的合群性，受到侵扰时，会互相依靠和拥挤在一起。

78. 小鸟会唱歌吗？

百问必答：

小鸟不会唱歌。人们常说小鸟会唱歌是因为小鸟的鸣声圆润嘹亮，富有韵律，非常优美，十分悦耳动听。

相关链接：

据说，全世界的鸟类语言共有两三千种之多，和人类语言的种类不分上下。有些动物学家对鸟类的各种语言进行了研究，并编成了《鸟类语言词典》。

79. 猴子会说话吗？

百问必答：

猴子不会说话。语言的产生是人和动物的区别之一。猴子虽然是动物界较高等的类群，大脑发达，但是只会鸣叫，不会说话。

相关链接：

每一种动物都有自己独有的语言，当然包括猴子。

80. 袋鼠妈妈为什么有袋子，兔妈妈却没有呢？

百问必答：

母袋鼠怀孕 40 天左右就产仔了。还没有发育完全的小袋鼠，是自己从母袋鼠的泄殖腔里爬出来的。小袋鼠的身长只有 2 厘米，体重不到 1 克，在妈妈的育儿袋里继续发育，直到发育完全，才从妈妈的育儿袋里出来，没有妈妈的育儿袋小袋鼠是不能成活的，所以袋鼠的妈妈就有育儿袋。小白兔生下来就发育完全了，能适应自然环境的生活，所以兔妈妈就没有育儿袋。

相关链接：

袋鼠妈妈这一套奇妙的育儿方法，还引起了医学家的兴趣。1984 年，两位美国医生从袋鼠的育儿方法得到启示，发明了一种养育早产婴儿的新方法。婴儿放在育儿袋里，又温暖，又能及时吃到妈妈的奶。而且，婴儿贴着妈妈的身体，听着妈妈的心跳，活力可以大大提高。

81. 蜗牛为什么一下雨就会出来?

百问必答：

蜗牛喜欢生活在阴暗潮湿的环境中，雨后比较潮湿，所以蜗牛出来了。

相关链接：

蜗牛虽然喜欢阴暗潮湿的地方，但却怕水淹，因为水淹会使它们窒息。蜗牛身体上有许多黏液，能帮助它免受外界的侵害。

82. 蜗牛是庄稼的好朋友吗?

百问必答：

有的蜗牛是以植物叶和嫩芽为食，因此是一种农业害虫，不是庄稼的好朋友。

相关链接：

也有肉食性蜗牛，以其他种类蜗牛为食。

83. 鹦鹉会学人说话，它会和人聊天吗?

百问必答：

不能和人聊天。有些鹦鹉会说话但它们不会真正交谈。鹦鹉的主人教它们说一些简单的字句，虽然它们能够照念，可是却不懂其中的意思。

相关链接：

动物一般都有模仿能力，特别是模仿能力比较高的鸣禽，常常能模仿不同的声音，并且与它们所模仿的声音条件、地点、时间及不同的个体有关，鹦鹉对这些事都是无意识产生的，是看见一件东西后产生的条件反射。

84. 夏天，狗为什么老爱伸出舌头?

百问必答：

狗的汗腺是长在舌头上的。夏天很热，为了散热，它就只有张开嘴巴，伸出舌头，让汗腺散出热来。

相关链接：

狗正常的体温应该在 37.8～39℃。在高热的环境或者是高湿闷热气候下，最快 20 分钟就有可能使狗的身体系统衰竭而死亡，所以中暑是夏季或其他闷热天气条件下对狗健康的最大威胁。

85. 为什么蚊子在黑夜也能咬人啊？

百问必答：

蚊子吸血不是用眼睛看的，而是依靠嗅觉，闻到气味后，它就知道这是不是它要找的活物了。黑夜里，蚊子可以感知空气中人体散发出来的二氧化碳，在很短的时间内就能正确敏捷地飞到吸血对象那里。

相关链接：

如果你一不小心还是被蚊子给咬了，不要急着用手抓。来一点盐水或牙膏，涂在患处可以迅速帮你止痒。

86. 为什么蚊子会吃人的血？

百问必答：

因为人的血液里含有让蚊卵成熟的物质。如果你的血液里含有较丰富的胆固醇或维生素 B，雌性蚊子就比较喜欢你了。那是因为母蚊子要产卵，吸血是为了增加能量，如果不吸血，将不能产卵。

相关链接：

防止蚊子的大量繁殖，家中不要有积水，雌蚊子就不会就近产卵。

87. 蚊子为什么会传染疾病？

百问必答：

蚊子吸血不光是人还有其他动物，比如牛、老鼠、鸡、鸭等等。蚊子在其他动物身上吸过后，在它的吸管里会留有细菌。蚊子吸血时有个习惯，当它吸饱时会往回吐出一点，因此在下次吸到人时它就会把细菌传给人类。

相关链接：

当蚊子叮咬人时，会从口器注入唾液，其唾液含有蚁酸、抗凝血剂及目前成分不明的蛋白质，造成皮肤发痒和红肿。这种刺激性感觉，乃是被叮咬者对蚊子唾液的一种过敏反应。

88. 苍蝇吃了脏东西会生病吗？

百问必答：

苍蝇身体感染的许多细菌，主要躲藏在消化道里。这些细菌大部分对人是有害的，如伤寒杆菌、痢疾杆菌和其他病原体等，但它们对苍蝇本身没有害处。这是由于致病微生物与媒介昆虫之间，在长期的进化过程中形成的一种适应。很多对人有害的细菌，在苍蝇的消化道内仅生活五六天，一部分死亡，一部分随着粪便排出体外。所以，苍蝇虽然专门呆在脏地方，身体内也携带很多细菌，但这些细菌不会使它生病。

相关链接：

苍蝇可携带六百万个细菌，但它自己却很少被感染。科学家发现，苍蝇在生长发育过程中，幼虫会合成抗菌素，使其对病原体具有免疫作用。

89. 苍蝇为什么会传播疾病？

百问必答：

苍蝇生长在最脏的地方，经常吃腐败发臭的东西，身上能携带许多病菌。因而，苍蝇会传染疾病，主要有痢疾、霍乱、肝炎等传染病。

相关链接：

苍蝇吃东西时，先吐出嗉囊液，将食物溶解才能吸入，而且边吃、边吐、边拉；这样也就把原来吃进消化液中的病原体一起吐了出来，污染它吃过的食物，人再去吃这些食物和使用污染的餐饮具就会得病。

90. 为什么七星瓢虫是益虫？

百问必答：

七星瓢虫是著名的害虫天敌，成虫可捕食麦蚜、棉蚜、槐蚜、桃蚜、介壳虫、壁虱等害虫，可大大减轻树木、瓜果及各种农作物遭受害虫的损害，被人们称为“活农药”。

相关链接：

七星瓢虫色彩醒目，俗称“花大姐”。

91. 蚯蚓有眼睛、嘴巴、鼻子吗？

百问必答：

有是有，但因为长年的地下生活，退化的几乎无用了。

相关链接：

蚯蚓一生要经历生长发育及繁殖的全部过程。生活史包括一个生殖细胞的发生、形成和受精，到成体的衰老、死亡。

92. 蚯蚓为什么要躲在土里？

百问必答：

蚯蚓的皮肤湿润，能用来呼吸。它们很怕阳光，只要一晒身体就变得干燥，就无法呼吸，最后就要死掉，所以潮湿的地方是蚯蚓最好的生活环境。

相关链接：

蚯蚓和壁虎一样，身体中包含着生物器官——再生器官，能使蚯蚓在被分节后再生。

如果这个器官被破坏了，也许蚯蚓就不能够再生。蚯蚓被分节后，分泌出一种黄色的带有黏性的物质把伤口包裹起来，所以蚯蚓又能再活下去。

93. 蚯蚓为什么下雨后就钻出地面?

百问必答：

蚯蚓尽管喜欢潮湿环境，但它们从不选择和栖息于被水淹没的土壤中。养殖床若被水淹没后，多数蚯蚓马上逃走，逃不走的，表现身体水肿状，生活力下降。下雨后，泥土中都灌满了水，泥土里含氧量减少，蚯蚓就会钻出地面上来了。

相关链接：

仔细观察蚯蚓，它圆圆的身体分成一节一节的，所以叫做环节动物。蚯蚓既没有眼睛，也没有鼻子和耳朵，但它的表皮有许多感觉细胞，因此它有灵敏的触觉和对光线的反应。

94. 为什么麻雀不会走路只会蹦?

百问必答：

麻雀的后肢较短，整个后肢肌肉都分布在股部和胫部，其他部位则全是肌键。这些肌键贯穿至趾端，能控制足趾的弯曲，使麻雀能掌握住树枝安稳地生活。但是，麻雀后肢的胫部跗骨和跗部趾骨之间却没有关节臼，因而胫骨和跗骨之间的关节不能弯曲，这就使麻雀没有能力用它们的后肢在平地上行走，而只能作迅速频繁的跳跃运动。

相关链接：

麻雀是与人类伴生的鸟类，栖息于居民点和田野附近。白天四处觅食，不耐远飞，鸣声喧噪，主要以谷物为食。繁殖期食部分昆虫，并以昆虫育雏，繁殖力强，巢大都建在屋檐下和墙洞中。每窝产卵 4～6 枚。卵灰白色，满布褐色斑点。孵化期 11～12 天。雏鸟全身裸露，15 天以后才能飞出自行寻食。

95. 壁虎为什么能在墙上爬?

百问必答：

壁虎四肢的指（趾）扁平宽大，下面形成了皮肤襞褶，有无数微细的腺毛，且具有粘附能力，可在墙壁、天花板、光滑的平面上爬行。

相关链接：

壁虎无毒，是一种有益的爬行动物。它以蚊蝇和蛾类为食物，可以消灭大量蚊蝇，防止疾病发生。同时大量消灭农田害虫，对保护农作物、提高产量起到了很大的作用。

96. 壁虎的尾巴断了为什么还会长出来?

百问必答：

壁虎身体里有一种激素，这种激素能再生尾巴。当壁虎尾巴断了的时候，它就会分泌出这种激素使尾巴长出来，当尾巴长好了之后，它就会停止分泌。

相关链接：

因为断掉的尾巴里有很多神经，尾巴离开身体后，神经并没有马上失去作用，所以还能摆动。当壁虎遇到敌人攻击时，它的肌肉剧烈收缩，使尾巴断落。刚断落的尾巴由于神经没有死，不停地动弹，这样就可以用分身术保护自己逃掉。

97. 骆驼为什么不渴?

百问必答：

骆驼的胃里有许多瓶子形状的小泡泡，那是骆驼贮存水的地方，这些“瓶子”里的水可以让骆驼即使几天不喝水，也不会有生命危险。骆驼的驼峰里贮存着脂肪，这些脂肪在骆驼得不到食物的时候，能够分解成骆驼身体所需要的养分，供骆驼生存需要。骆驼能够连续四五天不进食，就是靠驼峰里的脂肪。

相关链接：

骆驼，别看它长那么大块头，可是没有一点攻击力的，是个动物都可以欺负他，可是骆驼的祖先没有选择进化出獠牙、利爪，而是选择了退让，它们为了生存一代一代地进化最终适应了几乎是世上所有生物无法适应的沙漠。

98. 为什么骆驼在沙漠里走不费劲?

百问必答：

动物中，最耐劳的要算骆驼。一只骆驼，驮 200 千克重的货物，每天走 40 千米，能够在沙漠中连续走 3 天。夏天，骄阳似火，沙漠的气温在 50℃以上，骆驼却一点也不在乎，它那宽大的蹄子走在沙漠上，像走平地一样，稳稳当当，陷不下去，全是因为它的脚底长着一层厚厚的角质垫，好像一只特别的“靴子”，一点也不怕烫。

相关链接：

骆驼体温升高到 40.5℃后才开始出汗。夜间，骆驼往往预先将自己的体温降至 34℃以下，低于白天正常体温。第二天体温要升到出汗的温度点上，需要很长时间。这样，骆驼极少出汗，再加上很少撒尿，又节省了体内水分的消耗。

99. 老虎不刷牙会不会长虫牙?

百问必答：

生物在进化过程中都形成自己适应环境的能力。老虎的生存环境不允许其刷牙，老虎进化出锋利的且不用护理的牙齿，是自然选择的结果。

相关链接：

老虎是最大的猫科动物，拥有现存猫科动物中最大的体型、最强大的力量、最长的犬齿、最锋利的爪子和最大的咬力。

100. 蜈蚣怎么有那么多脚?

百问必答：

蜈蚣，俗称“百足”，是地球上历史悠久的动物之一，它的触觉和视觉很敏锐，有毒牙和毒腺，捕获猎物后把毒牙插入体内，注射毒液，先麻痹后使猎物死亡。

相关链接：

被蜈蚣咬伤后，其毒腺分泌出大量毒液，顺腭牙的毒腺口注入被咬者皮下而致中毒。

101. 鸟巢是鸟睡觉的地方么?

百问必答：

许多鸟儿并不在鸟巢中过夜，就连狂风暴雨的时候也不到巢中藏身，例如野鸭和天鹅，夜晚时总把脖子弯曲着，将脑袋夹在翅膀之间，身体漂浮在水面上睡觉。那为什么鸟儿要辛辛苦苦地筑巢呢？原来，鸟巢对大多数鸟类来说是繁殖后代的“产房”。在通常情况下，雌鸟在巢中产卵和孵卵。等小鸟孵出后，鸟巢又成为育儿场地。随着小鸟逐渐长大，把鸟巢塞得满满地，父母就再也没有立足之地了。以后，当小鸟长大开始独立生活时，鸟巢的重要使命已经完成，最后被鸟儿们遗弃。

相关链接：

鸟类的繁殖一般开始于筑巢活动而结束于幼鸟离巢。鸟巢和鸟类的筑巢活动，对于已经配对的鸟类来说，是刺激它们的性生理活动的重要因素。

102. 螃蟹为什么横着走?

百问必答：

从生物学的角度看，蟹的胸部左右比前后宽，八只步足伸展在身体两侧，它的前足关节只能向下弯曲，这些结构特征也使螃蟹只能横着走。

相关链接：

螃蟹身上坚硬的甲壳可以保护它避免遭受到天敌侵害。地球上体型最大的螃蟹是蜘蛛蟹，最小的螃蟹是豆蟹。

103. 长颈鹿的脖子怎么长得那么长呀?

百问必答：

长颈鹿祖先生活的地区，因自然条件变化成为干旱地带，牧草稀少。长颈鹿为了生存，必须依靠高大树木上的叶子充饥。为达此目的，它就特别努力伸长脖子。由于经常使用的器官愈用愈发达，这样一代一代延续变化下去，长颈鹿脖子就逐渐变长了。

相关链接：

大多数长颈鹿头顶都只长出一对角，可那是玩耍时用的，真正打架的地方是它那一双有力的后腿，这四条腿可以将狮子、豹子这些猎食者踢翻在地上，有时甚至还可以将猎食者踢死呢。

104. 大虾和螃蟹的钳子是干什么用的呀?

百问必答：

螃蟹和大虾长着两只像钳子的大螯，虽然这两只大钳子又大又重，但它很锋利，可以用作捕捉食物和攻击敌人的工具。

相关链接：

虾含有比较丰富的蛋白质和钙等营养物质，如果把它们与含有鞣酸的水果如葡萄、石榴、山楂、柿子等同食，不仅会降低蛋白质的营养价值，而且鞣酸和钙离子结合形成不溶性结合物刺激肠胃，引起人体不适，出现呕吐、头晕、恶心和腹痛腹泻等症状。海鲜与这些水果同吃至少应间隔 2 小时。

105. 企鹅为什么不怕冷?

百问必答：

企鹅全身长满了又密又厚的羽毛，羽毛的尖端是弯弯的，像房顶上的瓦片一样一层压一层，连水都透不进去。在这层羽毛下面还生有密密的绒毛。有了这么好的羽毛，企鹅就像穿了厚厚的羽绒大衣，防水保温，不怕寒冷。企鹅的身上还有厚厚的脂肪，也能起到保温的作用。

相关链接：

和鸵鸟一样，企鹅是一群不会飞的鸟类。最早的企鹅是能够飞的哦！直到 65 万年前，它们的翅膀慢慢演化成能够下水游泳的鳍肢，成为目前我们所看到的企鹅。

106. 大象为什么能用鼻子吸水?

百问必答：

大象的气管和食道是相通的，在它的鼻腔后面，连接食道的上方，有一块会自动开合的软骨。当大象用鼻子吸水时，喉咙部位的肌肉收缩，这块软骨自动将连接气管的入口盖住，大象吸入鼻腔中的水就只能进入食道，这样大象就不会被呛到了。

相关链接：

大象祖先的鼻子和个子都没有现在这样大。由于对生活环境的适应，身体渐渐高大，四肢越来越长。为了从地面取食，大象的上唇慢慢延长了，鼻子在上唇上边，自然也逐渐伸长，这样取食、拾物就更方便了。

107. 为什么啄木鸟能给树治病？

百问必答：

啄木鸟能够牢牢地站立在垂直的树干上，这与它们足的结构有关。啄木鸟的足上有两个足趾朝前，一个朝向一侧，一个朝后，趾尖有锋利的爪子。啄木鸟的尾部羽毛坚硬，可以支在树干上，为身体提供额外的支撑。它们通常用喙飞快地在树干上敲击，以寻找隐藏在树皮内的昆虫，确定之后，它们坚硬的喙能够飞速地在树皮上啄出一个深深的小洞并闪电般伸出长长的舌头捕捉到昆虫。

相关链接：

雄啄木鸟在求爱时，会用自己坚硬的嘴在空心树干上有节奏地敲打，发出清脆的“笃笃”声，像是拍发电报，迫不及待地向雌鸟倾诉爱的心声。

108. 蚂蚁那么小，为什么说它是大力士？

百问必答：

蚂蚁是动物界的小动物，可是它有很大的力气。它所举起的重量，竟超过它的体重差不多有 100 倍。世界上从来没有一个人能够举起超过他本身体重 3 倍的重量，从这个意义上说，蚂蚁的力气比人的力气大得多了。

相关链接：

蚂蚁的视觉非常敏锐，不但陆地上的景物会用来认路，而且太阳的位置和蓝天上照射下来的日光，都能被蚂蚁用来辨认回巢的方向。此外，除了依靠视觉，蚂蚁还能根据气味和利用触角认路。有些蚂蚁会在它们爬过的地上留下一种气味，在返回时只要追寻着这种气味，就不会误入他途。有的蚂蚁虽然不会在爬过的路上留下什么特殊的气味，但是它们能熟记往返道路上的天然气味，所以也不会迷路。

109. 为什么蜜蜂蜇人后会死？

百问必答：

蜜蜂的毒针是变态的生殖器，它不光关连着毒腺，还关连着许多的内脏。当蜜蜂蜇人之后，毒针就会留在人的皮肤上，自然，毒针所连的许多器官，诸如毒腺、内脏等都会留下来，失去了许多重要内脏的蜜蜂不多久就会因生理机能衰竭而死。

相关链接：

蜜蜂是人类有益的昆虫，它为农作物、果树、蔬菜、牧草、油茶和中药植物等传粉，产量可增加几倍至二十倍。

110. 蜜蜂怎么知道什么地方有花?

百问必答:

小蜜蜂出去采蜜以前，先由几只“侦察兵”飞出去寻找哪儿有花。如果它们发现了花丛，就急忙飞回来用舞蹈向大家报告消息。它们跳圆圈舞，就是告诉大家不远的地方有花丛；它们跳“8”字摆尾舞，就是告诉大家花丛离家很远；它们跳舞时头向上，就是告诉大家要朝着太阳的方向飞；它们跳舞时头向下，就是告诉大家要朝背着太阳的方向飞。这种舞蹈就是蜜蜂的语言。小蜜蜂得到了“侦察兵”报告的消息，就知道哪儿有花蜜了。

相关链接:

蜂王（雌性）产卵，部分卵细胞不经过受精作用直接发育成雄蜂（孤雌生殖）。成熟的雄蜂给卵细胞提供精子，使卵细胞受精形成受精卵。受精卵发育成幼蜂之后，少部分幼蜂可以吃到高品质蜂皇浆，继而长成蜂王；大多数幼蜂只能吃到低品质蜂蜜，后发育成工蜂。

111. 狗高兴的时候为什么会摇尾巴?

百问必答:

狗是人们喜爱的动物之一，狗很有灵性，看见主人归来，总是不停地摇尾巴，以示欢迎。可你知道这是为什么吗？原来，狗在相互“认识”时，总是要互相闻闻对方的屁股，因为那里有散发体味的腺体。所以，当狗急于想表白自己，强调“这就是我”时，就用尾巴当扇子，将带有自身气味的气浪传向四方，只不过人的嗅觉能力还无法接受这种信息。

相关链接:

狗是可能在15 000年前就已经被人类驯化的家畜。家犬的种类已达数百种，身高从只有十几厘米的吉娃娃到近一米高的爱尔兰猎狼犬，颜色也从白色到黑、灰或棕都有。

112. 冬天鸭子在水里为什么不怕冷?

百问必答:

鸭子在水里经常游动，活动后体内的温度就会增加，更适于防寒了。它还有一层厚厚的羽毛包裹着，热量不易散发，代谢水平也较高。它跗骨里的骨髓凝固点较低，长期呆在冰水中，仍能保持脚上体液的流通，脚掌就不怕冷冻了。所以，鸭子冬天呆在水里也不怕冷。

相关链接:

野鸭像其他候鸟一样，差不多都是在每年同一时间迁徙的。支配鸟类开始迁徙的是外来刺激（包括气候）和体内“生物钟”所构成的复杂的相互作用，这种作用使鸟类能知道现在是一年中的某一季节，决定是否开始迁徙。

113. 为什么鸭子走路摇摇摆摆？

百问必答：

鸭子上岸后，它的双脚靠后，身子前重后轻，走路时为了保持身体的平衡，就得抬起头，挺起胸，于是走起路来，就一摇一摆。

相关链接：

鸭子走路为什么要排队？如果带头的是母鸭的话，小鸭子由于有模仿的天性，它会跟在母鸭子的后面模仿。

鸭子为什么能游泳？鸭子能在水中游泳，是因为它的羽毛不怕水。鸭子的尾部有一个尾脂腺，能不断分泌出脂肪。鸭子有经常扭回头，把头贴在尾部，然后在羽毛上擦来擦去的动作，就是用头把这些脂肪涂在羽毛上。脂肪把水和羽毛隔开了，所以鸭子的羽毛不会被水浸湿。

114. 动物换牙吗？

百问必答：

哺乳动物也有和人类一样的换牙现象。动物的牙齿与食性有密切关系。食肉兽犬齿（又叫“尖牙”）特别发达，因为这种牙齿锐利，适于撕裂肉类；而食草兽臼齿（又叫“磨牙”）特别发达，用来磨碎和咀嚼植物。有些食肉兽已经改变了食性，比如大熊猫改吃竹子，黑熊主要以植物为食，因而它们的臼齿在加强发展，犬齿却在逐渐退化。

相关链接：

古生物学家研究发现，有些恐龙也有类似人类的换牙现象。著名的三角龙，它的牙齿用来剪切棕榈和苏铁的叶子。在采食过程中，这些叶子容易磨损牙齿，但旧的牙齿磨掉了，三角龙又会长出新的牙齿来。

115. 蛇为什么会蜕皮？

百问必答：

蛇的鳞片非常坚韧，不能随着身体一同长大。所以，每隔 2～3 个月，蛇就要蜕一次皮。每蜕一次皮，蛇的身体就长大一些，新长出的皮比脱去的老皮更加坚韧。蛇蜕皮是一种正常的生理现象。

相关链接：

蛇和大多爬虫类一样，会按成长速度而定时蜕皮，大约四个星期一次，一次需要 3～6 天的时间，而步入成体的蛇蜕皮次数也会减慢。

116. 为什么有的鱼有鳞，有的鱼没有鳞？

百问必答：

有鳞或没有鳞，是鱼类在长期适应自然环境后逐渐形成的。鳞是鱼类皮肤的衍生物，具有保护鱼类身体的功能。没鳞的鱼，它们的皮肤上有其他东西来代替鳞所起的作用，如黏液腺极为丰富的鱼，所分泌的黏液紧密而厚，足够保护鱼长期生存下来而不需要鳞了。

相关链接：

无鳞鱼多数是海底生活的鱼类，身上无鳞而有黏液，可以杜绝泥沙中有害微生物的侵袭。有鳞鱼多为水域中游动性强的鱼类，身上的鳞片对身体有盔甲般的保护作用，可以防止外来的物理性伤害（譬如撕咬和寄生虫叮咬）。

117. 鸽子为什么能送信？

百问必答：

从生理上看，家鸽的记忆力和视觉都很强，能观察一些巢穴所在地的环境，同时还能辨认方向。也有的科学家认为，家鸽两只眼睛间突起的部位，能测出地球磁场的变化，从而判断出回家的方向。

相关链接：

家鸽怎么会认识回家的路的呢？家鸽是由野生鸽驯养成的，家鸽有强烈的恋巢性，即使它被带到千百公里以外的地方也能飞回来，飞行时速可达 70 公里。

118. 为什么狗睡觉时总把一只耳朵贴在地上？

百问必答：

它是为了更好地听见声音才把耳朵贴着地面，这样使它的听觉更加灵敏，更能听到人类和别的动物听不见的声音。同样，军犬在执行任务追寻东西或人时，一会儿把耳朵贴在地面上，一会儿又飞速地奔跑，原来也是在更清晰地听到远方的微弱的声音，更好地完成任务。

相关链接：

狗可分辨极为细小和高频率的声音，而且对声源的判断能力也很强。它的听觉是人的 16 倍，晚上，它即使睡觉也保持着高度的警觉性，对半径 1 公里以内的声音都能分辨清楚。狗对于人的口令和简单的语言，可以根据音调音节变化建立条件反射。特别注意的是，没有必要对狗大声叫喊，过高的声音对它来说是一种逆境刺激，使它有痛苦、惊恐的感觉，当然在它犯错误时，可以提高声音来管教它。

119. 警犬为什么能帮助警察破案？

百问必答：

警犬通过追踪、鉴别犯罪嫌疑人气味、搜索犯罪物证等方式直接或协助破获刑事案件，同时警犬也可用于守候、追捕、围捕，直接或协助抓获在逃重大案件犯罪嫌疑人。有时因为现场的情况千变万化，气味条件常常遭到人为的或自然的破坏，从而使罪犯遗留的气味发生混淆或消失，在这种情况下，警犬就无能为力了。

相关链接：

搜救犬是仅次于警犬的、最受人们尊敬和赞扬的犬之一。搜救犬的工作范围包括在自然灾害现场搜索与救援失踪人，比如地震废墟、建筑物倒塌、雪崩、山上及水面等各种现场。

120. 燕子为什么要去南方过冬，它怕冷吗?

百问必答：

燕子是以昆虫为食的，北方的冬季是没有飞虫可供燕子捕食的，食物的匮乏使燕子不得不每年都要来一次秋去春来的南北大迁徙，以得到更为广阔的生存空间。

相关链接：

家燕还有着惊人的记忆力，哪怕千山万水它们也能返回故乡。家燕返回乡后头一件“大事”便是雌鸟和雄鸟共同建造自己的家园，有时补补旧巢，有时建一个新的巢穴。家燕们不断地用嘴衔来泥土、草茎、羽毛等，再混上自己的唾液。没多久，一个崭新的碗形的窝便出现在你家的屋檐下了。

121. 为什么麻雀不到南方去过冬，它不怕冷吗?

百问必答：

麻雀主要通过加厚自己身上的皮毛或者羽毛来保持身体的温度，抵御冬天的寒冷。麻雀必须有窠巢庇护才可过冬，要是没有栖息处和食物，在零度的气温下只能活 15 个小时。

相关链接：

麻雀是与人类伴生的鸟类，白天四处找食，活动范围在 2.5～3 公里之内。主要以粟米等农作物之果实为食物，在夏季时也捕捉大量的昆虫为食。繁殖期在每年的 3～7 月底，每巢约有 4～8 个蛋。麻雀是所有鸟类中数量最多的一种。

122. 鱼身上的鳞片有什么用?

百问必答：

鳞为鱼体提供了一道保护屏障，使它与周围的无数微生物隔绝，有效地避免感染和抵抗疾病。鳞是鱼的一层外部骨架，使鱼体保持一定的外形，又可减少与水的摩擦。此外，生物学家根据鳞片上环生的年轮（每轮表示过一冬），判知鱼的年龄，亦可较为正确地掌握其生长、死亡率及健康状况。

相关链接：

鱼鳞是特殊的保健食品，含有较多的卵鳞脂，有增强人脑记忆力、延缓细胞衰老的作用。鱼鳞中含有多种不饱和脂肪酸，可减少胆固醇在血管壁的沉积，促进血液循环，起到预防高血压及心脏病的作用。

123. 大雁为什么排队飞行？

百问必答：

一般靠前面的大雁，是很有力量、很有经验的。头雁扇动翅膀带动气流，排成“人”字形或“一”字形飞行，后面的大雁飞起来会很轻松，就不必休息很多次。头雁身后形成一个低气压区，紧跟其后的大雁飞行时就可以利用这个低气压区减少空气的阻力，有利于整个群体的持续飞行能力。

相关链接：

大雁是出色的空中旅行家。每当秋冬季节就从西伯利亚一带飞到我国的南方过冬，第二年春天回到西伯利亚产蛋繁殖。大雁每小时能飞 68～90 公里，几千公里的漫长旅途要飞上一两个月。

124. 为什么说小海马是父亲生的？

百问必答：

当繁殖季节到来时，雄海马的体侧腹壁慢慢地形成宽大的“育儿袋”。雌海马就将卵产在雄海马的育儿袋里（雌海马无育儿袋），卵总数在百粒上下，就在育儿袋里进行胚胎发育。等到幼海马发育完成，雄海马就开始“分娩”了，将发育完成的小海马排出育儿袋。

相关链接：

浅海情况十分复杂而凶险。海马是浅海的老住户，保卵适应比其他动物更要巧妙。不仅雌海马将卵子产在雄海马的育儿袋里，而且由卵生演进到类似胎生，这样，就容易保证全部的卵都发育成小海马。

125. 猫的眼睛为什么在黑暗中闪光？

百问必答：

这和猫眼睛的结构有关系。猫眼睛的脉络膜前有一层银色的照膜，具有反光作用，在光线较暗的情况下，可以增强亮度。它可以反射所有射进眼里的光线。如果你在夜里打开手电照猫，就会看到猫的眼睛像个亮灯笼似的。

相关链接：

猫的眼睛对光很敏感。猫眼的瞳孔在早、中、晚各不一样，早晨如枣核，中午成一线，晚上似满月。为什么会这样呢？因为猫眼的瞳孔很大，瞳孔“括约肌”的收缩能力极强，在不同的光线下，括约肌能很好地对瞳孔进行调节，使瞳孔与光线相适应，在光线过强或过弱的情况下，猫都能很清楚地看到东西。

126. 为什么猫从高处跳下不会摔坏？

百问必答：

猫刚往下跳的时候，头部和前肢朝下。当距离地面还有一定高度时，它立即将脖子向上昂，随即，身体就与地面平行了，让四只脚同时落地，这样就不会摔伤更不会摔死。

相关链接：

猫体内各种器官的平衡性能较强。猫从高处往下跳时，一旦身体失去平衡，体内的器官就能感觉到，并立即反应到大脑里，然后大脑很快做出“纠正”动作的指令，首先调整四肢骨骼肌，由骨骼肌通过肌肉运动，一直将不平衡的身体调到平衡为止。除此之外，猫的四只脚掌部长着厚厚的肉垫，肉垫富有弹性，大大减轻了落地时的震动。

127. 斑马身上的条纹有什么作用？

百问必答：

斑马身上的条纹漂亮而雅致，是同类之间相互识别的主要标记，更重要的则是形成适应环境的保护色，对动物本身是十分有利的，条纹可以分散和削弱草原上的刺蝇的注意力，防止它们叮咬。

相关链接：

人类从这种现象中得到了启示，将条纹保护色的原理应用到海上作战方面，在军舰上涂上类似于斑马条纹的色彩，以此来模糊对方的视线，达到隐蔽自己、迷惑敌人的目的。

128. 海葵是生长在海里的葵花吗？

百问必答：

不是，海葵是腔肠动物珊瑚纲中的一个大类，它们与珊瑚的不同之处在于珊瑚有骨骼且群体生活，而海葵没有骨骼且是单体生活。

相关链接：

海葵约有 1 000 多种，一般生活在温暖海水中，颜色鲜艳。它们的身体为圆柱形，有粗有细，或长或短。口长在身体上端，四周围着颜色鲜艳的触手。触手上有刺丝囊，那是用来麻痹猎物用的。

129. 鲸为什么要浮上水面后喷水？

百问必答：

鲸是用肺呼吸的，当它换气时，就需要游到水面上来，先要将肺里大量的空气吐出来，因为肺里的压力很大，所以喷气时不但要发出巨大的声响，强有力的气流冲出水面时，会把海面也带到十几米高的空中，形成美丽壮观的海上喷泉。

相关链接：

当鲸鱼呼吸时，就需要游到水面上来，这时鲸鱼是利用头上的喷水孔来呼吸，呼气时，空气中的湿气会凝结而形成我们所熟悉的喷泉状。专家们可以从喷水的高度、宽度及角度，来辨识鲸鱼的种类。

130. 冬天为什么看不到青蛙？

百问必答：

青蛙、蛇等动物夏天体温升高，冬天体温降低，跟周围环境的温度保持一致。冬天，青蛙、蛇的身体变得冰冷，呼吸也变得缓慢，身体几乎不能动了。冬天到来的时候，它们提前钻进洞穴里或泥土中去冬眠了，一动不动地睡到来年春天。

相关链接：

狗熊和蝙蝠等温血动物过冬也要冬眠，钻进较温和的地方（如树洞、岩洞）过冬，不吃不喝，等待春天的到来。印度有一种锦蛇，到了盛夏却要以夏眠的形式来度过酷热的夏天。不论是冬眠还是夏眠，都是动物为了适应外界环境的一种生存方法。

131. 蛇为什么老伸舌头？

百问必答：

蛇伸舌头主要是为了闻味儿。因为蛇的闻味器官长在口腔里面，伸不出来，必须依靠舌头伸出来，把香臭的气味粘附在舌头上，再送进一个特殊的闻味器官。

相关链接：

蛇的舌头是嗅觉器官。当蛇把舌头伸出来时，得到了一些物质微粒，并能鉴别出微粒中的化学物质。经过判断，蛇就可以准确地捕获猎物了。被蛇咬伤的动物逃走时，蛇可以利用它那伸缩的舌头和灵敏的助鼻器控寻和跟踪，直到再次发现捕捉的对象。

132. 松鼠的尾巴有什么用？

百问必答：

跳跃时它的尾巴在空中可以保持身体平衡，晚上睡觉时尾巴盖在身上当被子，白天炎热时尾巴高高翘起成为一把大遮阳伞。

133. 为什么刺猬身上长刺，有什么作用？

百问必答：

刺猬的硬刺是它们的一大法宝。针刺是毛发的变异，非常尖，摸上去不大舒服。一只成年的刺猬身上大约 5 千根刺。腹部长的全是软毛。当它们蜷起身体时，收缩全身的肌肉，使头尾相接，缩成一个圆球，使敌人无从下口。这是刺猬最有效的防卫方法。

相关链接：

每年冬季刺猬都要冬眠，在漫长的5个月冬眠期内，它们几乎像一具僵尸，浑身冰冷。到了3月，它们的体温开始慢慢升高，呼吸和心跳也逐渐加快，逐渐苏醒过来。

134. 熊为什么冬眠？

百问必答：

缺乏食物是动物冬眠的主要原因，如果食物充足，许多熊不会冬眠，反而会整个冬天都在狩猎。食物不多时，熊就会躲在洞中过冬，它的能量来源于体内储存的脂肪。

相关链接：

鸟类中的夜鹰和一些猫头鹰也有冬天休眠的习性，而小小的蜂鸟在每天日落后也会昏死过去，要等第二天的太阳把它们的身体烤暖才能恢复知觉。所以不是只有冷血动物才冬眠的，只是冷血动物的冬眠更带有典型和普遍性而已。

135. 乌贼为什么会吐墨汁？

百问必答：

乌贼肚子里的墨汁，是保护自己的一种武器。假如有什么凶猛的敌害向它扑来，它就立即从墨囊里喷出一股墨汁，把周围的海水染黑，状如烟雾，借以迷惑敌害，而它就在这黑色的烟幕里溜之大吉。这种墨汁还含有毒素，即使大鱼在这种液体中也会失去嗅觉和辨别方向的能力。

相关链接：

"墨汁"中含有毒素，可以用来麻痹敌害，起到较强的御敌效果。不过，这种"墨汁"需要储积相当长的时间，所以非到万分危急时刻，乌贼是不肯轻易喷放"墨汁"的。

136. 蚕宝宝是怎么变成蚕蛾的？

百问必答：

蚕的一生要经过卵—幼虫—蛹—成虫四个阶段，是完全变态。

相关链接：

蚕卵很小，像油菜籽那么大，分量很轻，40 000个蚕卵仅50克。春天桑树发芽时，蚕卵开始孵化，小蚕就破卵壳而出。小蚕黑色多毛，很像蚂蚁，叫做蚁蚕。蚁蚕一出壳就会吃桑叶。从蚁蚕到吐丝作茧要经过27～30天，有四次眠期，蜕四次皮，每次蜕皮后便长大一点。各次蜕皮的间隔时间叫"龄期"，蜕皮四次的蚕就是五龄。五龄蚕再吃七天左右的桑叶，蚕体变得透明，开始吐丝作茧。蛹蚕吐丝结茧后变成蛹。成虫（蚕蛾）蛹经过13～14天变成蛾，破茧而出。蚕蛾在出茧时会吐出一种碱性液体溶解粘着蚕丝的丝胶，使丝分离，然后用头和足把这部分丝拨开，形成一个大孔，从孔里钻出来。

137. 为什么蜻蜓总在水上点来点去？

百问必答：

它们是在产卵。

相关链接：

蜻蜓一般将卵产在河川、池塘、稻田或下雨积成的水坑中，有时也产在水边附近的植物上。它们的幼虫叫水蚕，长得和蜻蜓可根本不一样，是 6 只脚的长长的大虫子，下颌不但长，而且能屈能伸，发现猎物时，能伸出去捕捉猎物。水蚕在水中需要生活 1～2 年，个别种类要在水中生活 5 年。要经过 7～14 次蜕皮才能长成，爬出水面，再蜕一次皮，长出翅膀成为蜻蜓。

138. 白鹤睡觉时为什么用一只脚站立？

百问必答：

白鹤的脚趾很独特，伸直时要使劲收缩肌肉，相反要抓紧树枝等却只要放松肌肉就行了。这样一来，它们在站立休息时就要持续收缩着肌肉以保持平伸脚趾站立，时间久了是很累的，所以它们就要交替地提起一只脚以放松肌肉，休息片刻。

相关链接：

科学家发现，鸟的脚部的肌肉和哺乳动物的手部肌肉是不同的，鸟的肌肉放松时，它的脚部是抓紧的，而它要离开脚抓住的树枝，需要用力才行，而哺乳动物正好相反。正是鸟类的这个特殊的肌肉，才使它在睡觉时抓住树枝不至掉落下来。

139. 乌龟为什么既能在水里生活又能在地上生活？

百问必答：

乌龟属半水栖、半陆栖性爬行动物。主要栖息于江河、湖泊、水库、池塘及其他水域。白天多喜居水中，夏日炎热时，便成群地寻找荫凉处。性情温和，相互间无咬斗。遇到敌害或受惊吓时，便把头、四肢和尾缩入壳内。

相关连接：

乌龟是杂食性动物，以昆虫、蠕虫、小鱼、虾、螺、蚌和嫩叶、浮萍、瓜皮、麦粒、稻谷、杂草种子等为食。耐饥饿能力强，数月不食也不致饿死。乌龟为变温动物。水温降到 10℃以下时，即静卧水底淤泥或有覆盖物的松土中冬眠。冬眠期一般从 1 月到次年 4 月初，当水温上升到 15℃时，出穴活动，水温 18～20℃开始摄食。乌龟寿命究竟有多长目前尚无定论，一般讲能活 100 年，据有关考证也有 300 年以上的，有的甚至过千年。

140. 蝙蝠为什么只夜晚出来觅食，它怎么发现猎物？

百问必答：

蝙蝠是唯一一类演化出真正有飞翔能力的哺乳动物，有900多种。它们中的多数还具有敏锐的听觉定向（或回声定位）系统。大多数蝙蝠以昆虫为食。因为蝙蝠捕食大量昆虫，故在昆虫繁殖的平衡中起重要作用，甚至可能有助于控制虫害。

相关链接：

某些蝙蝠可食果实、花粉、花蜜，热带美洲的吸血蝙蝠以哺乳动物及大型鸟类的血液为食。蝙蝠呈世界性分布。在热带地区，蝙蝠的数量极为丰富，它们会在人们的房屋和公共建筑物内集成大群。

141. 变色龙是怎样变色的？

百问必答：

当受到惊吓时，变色龙体表的颜色如同施展幻术那样不断地变换，尽量保持与周围的环境一致，使自己永远处在隐蔽状态中。

相关链接：

变色龙变色取决于皮肤三层色素细胞，在这些色素细胞中充满着不同颜色的色素，最深的一层是由载黑素细胞构成，中间层是由鸟嘌呤细胞构成，它主要调控暗蓝色素；最外层细胞则主要是黄色素和红色素。

142. 有没有骨头的动物吗？

百问必答：

软体动物，如蚯蚓、水母、海蜇、章鱼。

相关链接：

蜗牛没有骨头，但是它有壳子可以保护自己。毛毛虫身上也没有骨头，但是它身上长着刺可以保护自己。蚯蚓也没有骨头，但是它每天都生活在土里，只晚上出来，白天不出来，所以也可以保护自己。

143. 萤火虫为什么会发光？

百问必答：

萤火虫的发光是荧光素催化下发生的一连串复杂生化反应，而光即是这个过程中所释放的能量。萤火虫的发光器是由发光细胞、反射层细胞、神经与表皮等组成。虽然只是小小的光芒，在黑暗中却让人觉得相当明亮。

相关链接：

萤火虫的发光细胞内有一种含磷的化学物质，称为荧光素。在荧光素的催化下氧化，伴随产生的能量便以光的形式释出。由于反应所产生的大部分能量都用来发光，只有2%～10%的能量转为热能，所以当萤火虫停在我们的手上时，我们不会被萤火虫的光给烫到，所以称“冷光”。

144. 小花、小草它们晚上睡觉吗?

百问必答：

人需要睡觉，动物也需要睡觉，而植物小花小草也会睡觉。植物白天都在进行光合作用，制造食物，释放出氧气，给人类提供清新空气。到了夜晚，太阳落山了，叶绿素不能工作了，因而进入了休眠期也就是睡觉。所以，小花小草们晚上会睡觉。

相关链接：

植物睡眠的原因和它们叶柄基部叫做叶枕的膨压组织有关。叶枕膨压发生变化造成植物叶片开合聚拢的现象，出现了睡眠运动。一般来说，植物的生长情形如果不理想，睡眠运动就会显得比较迟钝。观察植物睡眠的情况，可以帮助我们了解植物健康与否。更有趣的是，花儿睡眠的姿态是各种各样的：胡萝卜的花，垂下头来，好像一个正在打瞌睡的小老头儿；蒲公英的花睡眠时，把所有的花瓣都向上竖起来闭合，看上去又像一个黄颜色的鸡毛帚。

145. 小花能听见我对它说话吗?

百问必答：

不会，因为小花是植物开的花。植物是生物界中的一大类，一般有叶绿素，没有神经，没有感觉，所以小花不能听见我们对它说话的声音。

相关链接：

印度有位科学家喜欢在花园里拉小提琴，日子久了，他发现园中的花木受到音乐的“熏陶”后，长得格外旺盛。于是他就开始了一个别开生面的实验。在一块稻田里，每天播送 25 分钟交响乐，一个月以后，居然发现这块田的水稻比同样一块没有“听过”音乐的水稻，长得好得多，十分茂盛茁壮。

凤仙花、金盏菊和烟草等对小提琴的曲调，也有特殊的“感情”，那些欣赏过音乐的灌木，枝叶也长得比一般的灌木更加稠密繁茂。

146. 花儿会听音乐跳舞吗?

百问必答：

音乐能促进植物生长，因为音乐是一种富有节奏的声波，它的振动能使植物细胞产生一种机械刺激，适当的机械刺激可以加速细胞的新陈代谢。花儿会跳舞是因为植物体内的生长素转移，引起植物细胞的生长速度变化，植物体内微弱的生物电流的强度与方向变化所致，所以花儿会听音乐也会跳舞。

相关链接：

植物的叶片表面分布着许许多多的气孔。气孔是植物与外界环境进行气体交换和蒸发水分的“窗口”。当音乐播放后，音乐的旋律经空气传播会产生有节奏的声波，这声波振动刺激植物叶片表面的气孔，可增大气孔开放度。气孔增大后，植物增加吸收了光合作用的原料——二氧化碳，使光合作用更加活跃，合成的有机物质不断增加。同时，植物的呼吸作用也得到增强，为植物的生长提供了更多的能量，这样植物便显得生机勃勃了。

147. “喇叭花”会唱歌吗？

百问必答：

不会。虽然清晨牵牛花张开紫色、白色、红色的小喇叭像是欢送我们高高兴兴去幼儿园，但是“小喇叭”是发不出声音的。

相关链接：

喇叭花又称牵牛花，每当公鸡刚啼过头遍，时针还指在“4”字左右的地方，绕篱萦架的牵牛花枝头，就开放出一朵朵喇叭似的花来。关于花开的时间，我们有许多常识性的知识，例如，牵牛花一定要在清晨开，葫芦和夜来香的花一定要在晚上开，另外还有许多种花也在特定的时间开放。决定开花时刻的主要因素虽然常常因植物种类的不同而异，但大多数的植物，都有一个生物学上的“钟”（内在的节律）。植物的开花时间，很多都是由这个钟所决定的。

148. 小草喜欢吃什么东西？

百问必答：

小草喜欢太阳、水和二氧化碳，以及无机盐离子。有了这些小草才能进行光合作用合成各种物质，从而茁壮成长。

相关链接：

小草生长需要充足的养分，还要清除杂草，防治病虫害，充足的浇水等。

149. 为什么要给花浇水？它是怎么喝水的？

百问必答：

花儿属于植物。水是植物生长所必需的营养，植物对营养物质的吸收和运输，以及光合、呼吸、蒸腾等生理作用，都必须在有水分的参与下才能进行。

相关链接：

盆花在一天中最合适的浇水时间因季节而异。夏季盆花的呼吸作用旺盛，要求盆土通气性良好。浇水过多，会造成盆土透气不良，影响根系的正常生理活动，严重时还会导致栏根。所以盆土不干时一般不要浇水，干旱时浇水就要浇透，一般第一次浇水后要稍等片刻，待土壤裂缝闭合后再浇一次。在盆花出现萎蔫时，应将盆花移至避风阴凉处，向叶面及盆土喷少量水，待植株有所恢复后再浇透水。

150. 小草会被踩死吗?

百问必答:

小草有的会被踩死，有的不会。因为小草的根被破坏了，失去了相应的功能就会死，然而，如果小草细胞结构没被破坏，不会失去相应的功能，就不会死。

相关链接:

有些小草被踩到的是露在地面上的叶、茎，但土壤里的根没有被破坏，当小草从土壤中吸收水和溶于水中的无机养料后，小草又会重新发芽长大的，但根被破坏，就不会发芽长大了。有一种耐踩踏草坪，它们不易被踩伤，即使被踩伤后也能迅速恢复生长。据悉，国外的草坪可供游人踩踏，就是因为选择了耐踏型草种。不过，再耐踏的草踩的人太多、次数太频繁也会被踩坏。

151. 树叶为什么要从大树妈妈身上掉下来?

百问必答:

这是新陈代谢的结果。随着气温的下降，叶柄基部就形成了几层很脆弱的薄壁细胞，这些细胞很容易互相分离，所以叫做离层。离层形成以后，稍有微风吹动，便会断裂，于是树叶就飘落下来了。

相关链接:

秋天，并不是所有的树叶都变黄掉落的，有些树一年四季常绿，秋天也不例外，这些树叫常绿树。而到秋天就枯黄落叶的树叫落叶树。落叶树有水杉、乌桕、槐树、榆树、杨、柳、梧桐、枫树等许多种。一般而言，会落叶的树木的叶片都比较宽大，更容易散失水分。为了防止水分散失，树木通常都会落叶，而树叶发黄则是对落叶的准备，把树叶里的养分转移到树干树枝里，叶子就黄了。

152. 把白菜泡在水里，为什么会长出胡子?

百问必答:

因为白菜泡在水里（即无土栽培）吸收了水分和水里的养分从而长出了不定根，这些根就像白菜的胡子一样。

相关链接:

根是植物的组成部分之一，通常长在地下。根有两个作用，一个是固定植物的身体，另一个是吸收水分和养料。植物的许多粗粗细细的根，就像无数双“手”，牢牢地抓住泥土，把植物固定在大地上，大风刮不走，暴雨冲不倒。在植物根上，有无数细小的根毛，植物就是靠这些根毛来吸收土壤中的水分和养料。植物都有根、茎、叶；根是吸收水分和养料的，而“胡须”上面的部分叫茎，茎是把这些水分养料送到白菜的各个部分去。

153. 为什么树上要刷白色的东西，是给它们抹护肤霜吗？

百问必答：

树干，常常被刷成白色，远远看去，整齐而又漂亮。然而，人们把它刷成白色，主要倒不在于好看。树干涂白的最主要目的是避免日灼危害，同时也是为了防治病虫害和延迟树木萌芽。

相关链接：

入冬之后，果树处于白天与夜间温差很大的环境中。白天树干的向阳光面受阳光照射，温度较高，皮层吸收高热，使充满水分的皮层细胞解冻。到了晚间，皮层细胞受外界低温的影响，细胞中水分又结冻。这样一热一冻，会将皮层细胞冻伤。所以每到冬季，人们就在果树的树干和主枝上刷上一层白石灰。由于白色能够反射太阳光，就可以使树干保持稳定的温度，让树干的皮层细胞不致因为发生剧烈的温度变化而冻伤。

154. 有的苹果怎么一面有点绿、一面有点红啊？

百问必答：

这有内外两个原因。内因是这些苹果里都含有一种花青素，花青素增多就会显出红色。外因是太阳光，当阳光照射苹果时，受照射的这一边的花青素就会大量增多。如此一来，苹果向阳的这一边就会逐渐变成红色。相比之下，另一边就显得绿的成分更多一些。所以有的苹果会一面红一面绿。

相关链接：

有些苹果（如黄蕉）不管怎么晒，也不会变红，是因为它们含的叶青素少，含叶黄素则较多。苹果都一样，不管是红的、青的、黄的都是一样的，它的颜色不同是因为它们的品种不同，不同的品种有不同的口味和特点。

155. 小树生病了，我们怎么帮它治病？

百问必答：

小树生病了，多数是因为体内长了虫子。啄木鸟就专门觅食天牛之类的害虫。我们也可以针对树木上不同的害虫种类给树木喷洒农药，也能帮树木治病。

相关链接：

在树干底部靠近地面约 1 米处涂上石灰可以防止害虫沿树干上爬损害树；在树上搭窝引鸟类来防治虫害；除了人为砍伐，火灾对树木的毁坏也非常大，而且要很久才能自我恢复；高大乔木和灌木最好混种。因为灌木丛是鸟类栖息的绝佳场所，如果一味的只图美观而砍伐了灌木，那么鸟类一走，大树就会很快被虫毁坏。

156. 为什么豆子浸在水里就会发芽？

百问必答：

豆子浸在水里就会吸收水分，胚芽膨胀，内部的营养物质多糖（淀粉）开始分解转化为葡萄糖，供胚芽生长，也就发芽了。

相关链接：

豆子发芽的其他条件：浸泡豆子的容器不能透光，因为豆子在发芽的过程中如果见了光就会发生化学反应变成紫色，不那么好吃了。容器不要太大，豆子们受到压迫挤在一起才会拼命得抽长，长得胖胖的。豆子最怕油，如果容器有油的话豆子也不会发芽，所以容器一定要洗干净。

157. 为什么有的种子发芽早，有的发芽晚？

百问必答：

种子发芽需要一定的外界条件，如水分、氧气和温度，少数种子还需要微量光线。干种子是不能萌发的，种子必须吸足了水分之后才能萌发。除了水分以外，种子萌发还需一定的温度。各种植物的种子所需的温度不同。有的需要的温度高，有的低，所以发芽时间也会不同，有的早，有的晚。

相关链接：

种子发芽除了本身发育完全的内在条件外，尚需要有适当的环境条件配合才能进行。环境条件主要包括水分、温度、空气和光线等。

158. 有时，吃桃子发现桃核里有虫子，它是怎么进去的，它也喜欢吃桃子吗？

百问必答：

因为桃子的皮软，虫子容易钻，而且桃子多汁味美，虫子喜欢吃，另外虫子认为住在桃核里更安全。虫子一般是在桃子没成熟的时候就钻进去了，因为那时桃核软，能钻进去，然后桃核长硬，正好可以保护它。

相关链接：

吃前可以用盐直接搓桃子的表皮，然后再用水冲洗，能较干净地去除桃毛。如果桃子是从树上刚摘下来的，最好要放半天再吃，等它暑气散去再吃比较好。没有完全成熟的桃子最好不要吃，吃了会引起腹胀或腹泻。

159. 韭菜为什么割了以后还能再长？

百问必答：

韭菜是多年生植物，每一簇韭菜地下都有许多狭圆锥形的鳞茎。韭菜的叶片不是叶尖在长，而是从鳞茎中心的生长点不断生长出来的。因此，鳞茎外围的叶片长的很高大，鳞茎中部的叶片较小。韭菜割后，因为鳞茎内贮藏着许多养分，所以新叶又会长出来。在肥大水足的韭菜园里，一年可以收割韭菜五六茬。

相关链接：

韭菜原产于中国，在我国已有3000年以上的栽培历史；属百合科，是多年生宿根草本植物；韭菜一次播种后，可以生长多年，每年可以采收多次；韭菜的营养价值很高。

160. 为什么仙人掌不爱喝水，它不渴吗?

百问必答：

仙人掌大多生长在干旱的环境里，它有很多浅根，只扎在地面下一点点，而且根系分布很广，当下雨时，会发出更多的根在短期内吸收足够的水分，储存在植株内，当干旱时，它的根会枯萎、脱落，防止水分的散发，并利用下雨时储存起来的水分，所以就不渴了。

相关链接：

仙人掌的表面有层蜡质，能保持湿气，减少水分流失。仙人掌的叶子也进化成了针状，这样不仅减少了水分蒸发，还能防止口渴的动物吸它的水分。仙人掌的茎能充当水库，把水储存起来。

161. 苦瓜是吃苦药长大的吗?

百问必答：

苦瓜不是吃苦药长大的。它的苦味是由两种物质引起的：一种是瓜类植物特有的苦叶素，另一种物质叫野黄瓜汁酶。如果这两种物质同时存在，瓜就会出现苦味。像西瓜和南瓜虽然含有苦味素，但它们没有野黄瓜汁酶，所以它们一点苦味也没有。苦瓜虽苦，但是它的苦味对我们身体有益。

相关链接：

苦瓜能清暑热、明目、解毒，是治暑热、痢疾、疮肿等疾患的天然药方。它特有的“苦瓜素”被誉为“脂肪杀手”，这种“高能清脂素”能使摄取的脂肪和糖减少到一半左右。所以常吃苦瓜就能起到保持身材苗条的作用。

162. 为什么向日葵的大花盘向着太阳转?

百问必答：

早晨，太阳从东方升起，向日葵的大花盘就迎着阳光绽放。向日葵的大花盘中有丰富的植物生长素，在阳光照射下，生长素在向日葵背光一面含量升高，刺激背光面细胞拉长，从而慢慢地向太阳转动。在太阳落山后，生长素重新分布，又使向日葵慢慢地转回起始位置，也就是东方。向日葵从发芽到花盘盛开之前这一段时间，的确是向太阳的，但是，花盘一旦盛开后，就不再向太阳转动，而是固定朝向。

相关连接：

向日葵的大花盘看上去很象一朵独立的大花，其实它是由许多的小花组成的。最外面的一圈黄色的花朵长得像一株株花瓣，它不结种子只是为了吸引昆虫来传播花粉。黄色花朵的内侧，是挤得密密麻麻的小花朵，能结出许多的种子。向日葵花盘里的花是从外向内逐渐开放的，所以外面的种子因生长期长，长得又大又饱满，里面的开花晚，种子也结得晚，成熟的程度也差了一些。

163. 怎样知道大树的年龄？

百问必答：

一般在不破坏树木本身的情况下，有以下几种办法能知道大树的年龄：①树枝的分叉多少，因为小树一般一年分一次枝；②去数一数树的年轮。你一定看到过被锯倒的大树，在靠地面的横断面上，从树心到树边缘，有一圈一圈向外扩展的圆环。树木每生长一年，就会形成一个圆环，这个圆环，就是树木的年轮。数数圆环，就知道它有几岁了。

相关链接：

在阿尔及利亚地区，有一种树叫做“洗衣树”。它的树皮上有许多的小孔，可以分泌出一种黄色的汁液，这种汁液具有碱性，能够起到去污作用。由于当地的土质碱性较重，树为了生存从而达到生理平衡，就将吸收到的碱性排出，形成洗衣树。

164. 为什么叶片两面颜色深浅不同？

百问必答：

这是由于光合作用的结果。每一片叶子的上面和下面都有一层透明的表皮，在上下表皮中间的部分叫叶肉，叶肉里有许多叶绿体是植物利用阳光制造养料的工厂。因为叶子里面有叶绿体，所以，叶子看上去才是绿的。因为向光的那一面光合作用比较多，所以叶绿素也聚集得比较多，这一面也就比较绿。反之，背光面光合作用少，叶绿素也就比较少，所以颜色就浅一些。

相关链接：

枝条上的叶子是青的，说明叶子里面有叶绿素。叶绿素最怕寒冷，而秋天天气变凉了，叶绿素就被破坏了。叶子里除了叶绿素外，还含有类胡萝卜素、花青素等其他颜色的色素。不过平时这些色素的量比较少，被大量的叶绿素掩盖。到了秋天，不怕冷的花青素显露出来，使叶子逐渐变红。由于天气变冷，叶子的代谢减慢，积存在叶子里的大量的淀粉分解成葡萄糖，能促进花青素的生成。花青素越来越多，叶子就会变成鲜艳夺目的红色。

165. 梅花为什么冬天开放？

百问必答：

很多花开花是受日照长短影响的，不同的花开花所要求的日照长短各不相同，过长过短都不行。梅花属于短日照植物，其需要光照在短于 12～14 小时才能正常生长开花，而冬天在中国昼短夜长，所以光照是决定梅花在冬天开花的原因。

相关联接：

“岁寒三友”，即是松树、翠竹、梅花 。松树四季常青，姿态挺拔，叶密生而有层云簇拥之势。在万物萧疏的隆冬，松树依旧郁郁葱葱，精神抖擞，象征着青春常在和坚强不屈。竹是高雅、纯洁、虚心、有节的象征，古今庭园几乎无园不竹。竹影婆娑，姿态入画，碧叶经冬不凋，清秀而又潇洒。“不可一日无此君”已成了众多文人雅士的偏好。梅花为中国传统十大名花之一，姿、色、香、韵俱佳。漫天飞雪之际，独有梅花笑傲严寒，破蕊怒放，这是何等的可爱、可贵。

166. 为什么有的水果是甜的，有的是酸的？

百问必答：

水果的酸甜味是由它们所含的有机酸与糖的比例来决定的。水果中的糖主要是葡萄糖、果糖和蔗糖，酸味来源于所含的有机酸如苹果酸、柠檬酸、酒石酸等。不同的水果其酸甜各异，是由于糖、酸的比例不同或酸的种类差异。没有成熟的果实，单宁酸和有机酸含量高，吃起来较酸，还有涩味，随着果实的成熟，糖的含量提高，吃起来就酸甜可口了。

相关链接：

很多人在吃水果的时间上存在一个误区：把水果当成饭后甜品，其中的有机酸会与食物中的矿物质结合，影响身体消化吸收。水果中的果酸胶有吸收水分、增加肠内食物湿润程度的作用，因此饭后吃水果还会加重胃的负担。专家指出：吃水果的正确时间是饭前一小时和饭后两小时左右。也要注意不能在晚上睡觉前吃水果，因为充盈的胃肠会使人的睡眠受到影响。

167. 大米粒为什么不发芽？

百问必答：

因为稻谷发芽主要是靠里面有一个叫胚的东西，这胚很小，稻谷的外面是一层金黄色的硬壳，它是保护胚的。我们食用的大米都经过了机器脱壳，在脱壳的时候，就容易把胚一起去掉，即使没有去掉，也会碰伤它，这样大米粒也就发不了芽了。

相关链接：

大米是稻子的果实脱过壳而成的，是中国人的主食之一。大米中的各种营养素含量不是很高，但因其使用量大，是具有很高营养功效、补充营养素的基础食物。大米是提供 B 族维生素的主要来源，是预防脚气病、消除口腔炎症的主要食疗来源。

168. 杨树掉下的“毛毛虫”是什么？

百问必答：

春天的时候，杨树总是先长出来好多像“毛毛虫”一样的东西挂在树枝上，等到这些“毛毛虫”掉了以后，杨树才长出嫩绿的叶子。原来，杨树掉下的“毛毛虫”是它的花序。秋天的时候，杨树的叶子慢慢变黄落下来，树上有很多小芽，这些小芽外面有好几层毛茸茸的鳞叶包着，好像穿上毛衣一样，冬天不怕冷。到了第二年春天，这些小芽就钻了出来，那就是杨树开花了，像毛毛虫一样的花序落了，才长出叶子来。

相关链接：

杨树主要是木材加工业所需要的原料，如胶合板、纤维板、刨花板和作为火柴工业的原料，一般采用大株行距栽植。杨树可广泛用于生态防护林、三北防护林、农林防护林和工业用材林。杨树作为道路绿化，园林景观用也是一个非常优秀的树种。杨树木质轻松细密，是制造家具、火柴秆、胶合板、包装箱和纸浆的好材料。杨树叶含有脂肪、无机物和硝酸盐，是牲畜的好饲料。

169. 熟了的豆子会发芽吗?

百问必答：

不会。因为豆子煮熟后，豆子中的蛋白质因为高温而发生了化学变化，虽然它还是蛋白质，但已经没有生命力了。这就好比鸡蛋一样，煮熟后虽然还是鸡蛋，但是打碎后你就会发现，它和生鸡蛋已经大不一样了。那就是因为它的蛋白质已经被破坏了。简单一点的说就是，豆子熟了，里面的芽被破坏了，失去活力了，所以豆子就不会发芽了。

相关链接：

豆类的品种很多，常见的有大豆、蚕豆、绿豆、豌豆、赤豆等。豆类营养价值非常高，每天坚持食用豆类，可以减少脂肪摄入量，增强免疫力，降低疾病风险。

170. 大树能活多少岁?

百问必答：

许多树木的寿命都在百年以上。杏树、柿树可以活一百多年。柑、橘、板栗能活到三百岁。杉树可活一千岁。南京的一株六朝松已有一千四百年的历史了，但是，它并不算老。曲阜的桧柏还是两千四百年前的老古董呢。台湾省阿里山红杉竟有三千多年的历史，这是我国目前活着的寿命最长的树。

相关链接：

据科学统计，普通的食物树，像苹果、梨树、柳树等都可活上百年。无花果可活1000多年。国外一些树更令人惊讶，美国加洲的“世界爷”的年龄高达四千多岁，所以树的年龄随生长及条件的不同，年龄也存在着相应差异。

171. 为什么有各种颜色的花?

百问必答：

花儿有红、黄、蓝、紫、白等各种颜色，是因为含有花青素、花黄素、类胡萝卜素等物质的缘故。花青素可在酸性溶液中变成红色，在碱性溶液中呈蓝色，在中性溶液中呈紫色。

相关链接：

花青素是植物细胞中的液泡中含有的一种色素，花瓣细胞中也存在。花青素很容易变色，遇到酸性溶液，呈现红色；遇到碱性溶液，就会变成蓝色；遇到中性溶液就会变成紫色。蔷薇、玫瑰、大理花等花青素较多，所以呈现红色；向日葵、蒲公英、黄瓜的花青素少，于是它们就变色啦！

172. 为什么昙花喜欢在夜里开？

百问必答：

昙花原产于墨西哥沙漠中，那里的气候既干且热，经过长期对自然条件的适应，昙花锻炼成不怕干旱的特性。昙花的叶退化成很小的针状，以减少水分的蒸腾。白天气温高，水的蒸发量大，得不到足够的水分来进行花的开放，等晚上气温较低和蒸发量少的情况下，才能取得足够的水分来开花。

相关链接：

蛇床花　黎明三点钟左右开花，牵牛花　黎明四点钟左右开花，野蔷薇　黎明五点钟左右开花，龙葵花　清晨六点钟左右开花，芍药花　清晨七点钟左右开花，半支莲　上午十点钟左右开花，鹅鸟菜　中午十二点钟左右开花，万寿菊　下午三点钟左右开花，紫茉莉　下午五点钟左右开花，烟草花　晚上七点钟左右开花，昙花　晚上九点钟左右开花。

173. 植物有体温吗？

百问必答：

植物是有体温的。因为植物也要进行呼吸作用，而呼吸作用也是氧化，氧化会产生热量，当然也就有体温了。只不过植物是“冷血”的，“体温”会随外界气温而变化，所以植物是没有固定的体温了。

相关链接：

到了冬天要给大树缠绕绳子，是为了保暖，减少水分和热量散失。

174. 植物分“男女”吗？

百问必答：

不仅植物本身有“男女”之分，就连它们的果实也有性别。研究人员说，水果不仅有雌雄差异，而且，雌性水果比雄性水果好吃得多。苹果的雌雄主要表现在果蒂上。果蒂较大者为雌性果，其味甘美爽口，汁多皮薄；果蒂小的是雄性果，既酸又涩，汁少皮厚。橘子与苹果一样，也是看蒂分雌雄。雌者个大皮薄，核小且少；雄者发酸，核多而且皮厚个小。

相关链接：

民间有关西瓜分“公母”的说法有一定道理。在与瓜蒂相对的另一面瓜皮上，都生有一个圆形块状组织，俗称“肚脐”。“公”西瓜的“肚脐”较小，而“母”西瓜的则较大，有硬币大小，“母”西瓜比“公”西瓜甜。挑瓜时不要忘记注意这一特征。在西瓜皮的花纹方面，深色与浅色的条形花纹应该是区分越明显越好，如果花纹区分模糊，则很可能是在种植西瓜时硝酸盐类肥料施得太多。西瓜成熟时其接触地面的那部分颜色应是黄色或橘黄色的，而不应为白色，如果是白色，西瓜很有可能没熟。

175. 春天，空中飘的白毛毛是什么？

百问必答：

春天来了，天气暖和了，小树、小草变绿了。这时，我们发现天空中飞舞着白毛毛。那么这白毛毛是什么呢？这些白毛毛是从柳树上飞下来的，它的名字不叫白毛毛，而是叫“柳絮”，也叫“柳棉”。它们在空中、大街上、公园里、院子里到处飞呀飞，有时还会扑到我们的脸上。其实，如果仔细看看会发现，在白毛毛的里面有个小小的黑点，这个小黑点就是柳树的种子。这些种子就是靠飞舞的白毛毛把自己带到很远的地方去。

相关链接：

人们常常把柳树的枝条直接插在潮湿的土地上种植柳树，不仅播种方便，而且柳树非常易活。

176. 爬山虎为什么会爬墙？

百问必答：

爬山虎（也叫巴山虎、地棉、常春藤）是一种会爬墙的植物。它的枝条上长着许多特殊的小卷须，在每根卷须的顶端都有一个小小的吸盘，名为“不定根”，爬山虎就是用这种不定根攀爬的。不定根有着背光的特性，它能转向墙面、树皮和石壁，同时又能分泌黏液，当黏液干后，枝干就能牢固地贴附在所接触到的表面上，如房子的墙壁，不管表面多么光滑，它们都能牢牢地吸在上面。爬山虎就是依靠它的特殊本领和坚强意志，不停地向高处爬，有时候可以爬到几十米高的大楼上，大风大雨它也不会掉下来。

相关链接：

人们利用爬上虎这种爬墙的本领，把它种在房子周围，用不了几年它就会爬满整个楼房的墙壁，给房子穿上一件绿色的外衣，非常美丽，房间内又非常凉快。

177. 玉兰树为什么先开花后长叶？

百问必答：

玉兰树的花芽不怕低温，所以它能在寒冷的早晨开花，而叶子怕低温，气温低一点，叶子的芽就会冻伤，所以玉兰树先开花后长叶。

相关链接：

梅花、玉兰、迎春、木棉等，都是先开花后长叶。

178. 为什么种子在暗箱里长出来的芽是黄色的？

百问必答：

如果种子生长在黑暗和潮湿的地方，或者拿布将种子裹起来，再用个重的东西压在上面，那样就会控制种子的生长，不会让种子生长的太长、太大而且发芽后的种子还会变黄。

相关链接：

如果把两株相同的植物分别放在两个暗箱中，其中一个在暗箱中的侧面开一个小洞，另一个暗箱不做任何处理。把两个箱子放在相同湿度、日照环境中生长。经过一段时间就会发现，在开小洞的暗箱中生长的植物逐渐向洞的方向弯曲，另一株植物则竖直生长，这就说明植物具有向光性。如果它长在暗箱里见不到阳光就会变黄，也就不会有向光性的。

179. 为什么树木刚长出的嫩叶是黄绿色的？

百问必答：

春天树木刚长出的嫩叶，是前一年秋天就开始生长的。冬天，这些嫩叶芽都包在层层鳞叶内，避免冻伤，它们接触太阳的机会非常少，因此，春天刚长出的嫩叶是黄绿色的，等叶片长出来之后，每天晒太阳，叶子内的叶绿素不断增加，叶子就会变成深绿色了。

相关链接：

树木的形态千百万化，那么树叶是什么样的呢？有的是心形，有的是椭圆形，有的是掌形……它们生长的环境也各不相同：有的喜欢阳光，有的则喜欢潮湿、阴暗。

180. 爸爸为什么长胡子？我也是男孩，为什么就没有胡子呢？

百问必答：

这是因为爸爸身体里的激素含量引起的。爸爸身体里有一种雄性激素，它会让爸爸长出胡子来。男孩子到了一定的年龄，体内的雄性激素开始发挥作用，他们就会长胡子，慢慢地变成一个男子汉。你也是男孩，要想变成一个男子汉就必须好好吃饭，好好锻炼身体，长大以后也会像爸爸一样长出胡子来的。

相关链接：

每个小朋友都长得不一样，是因为爸爸妈妈通过他们的基因，把各自的一部分遗传给了同一个孩子，于是这个孩子身上就有了两种基因混合以后的特性。基因决定我们的外貌长相，每一个宝宝分两次获得每一个基因：一次是从妈妈那儿通过卵细胞获得，一次是从爸爸那儿通过精子细胞获得。爸爸和妈妈自己的每一个基因各有两套染色体，孩子从母亲那儿继承一个基因的同时，也从父亲那儿继承一个基因。所以，除了双胞胎以外，没有哪个孩子与另一个孩子完全一样的。

181. 人为什么会放屁?

百问必答：

我们每天都要吃饭，而且每天都要大小便。同样，每个人都要放屁，但是屁是怎么来得呢？原来我们的身体里有一条肠子通道，是专门用来消化食物的。屁就是从那条通道里排出的臭气。那么，这么多的臭气是从哪里来的呢？首先我们呼吸、吃东西和讲话的时候鼻子或嘴巴会吸进空气；而我们用来消化食物的那条通道总是在不停地动着，只要肠子动，就会有气体从肛门排出，就会放屁。

相关链接：

臭屁有两种情况：一是大肠里有粪便的时候，放出来的屁屎臭味很浓，如果把大便排出来，那屁便就没有了；二是屁的臭味特别浓，就像臭鸡蛋一样的味道，这是因为吃了过多的蛋白质类食物，食物滞留在了肠道里。滞留的蛋白质食物会在消化道里消化分解后产生一种叫胺的东西，胺有一种很臭的味道，所以放出的屁也会很臭。

182. 为什么天黑了我就要睡觉？

百问必答：

在动物王国中，睡眠是与食物、水一样重要的大事。从果蝇到现代人，大家都是如此。良好的睡眠将使大脑受益，有助于使大脑保存人类在清醒时接受的一切信息，也为了恢复能量。

相关链接：

呵欠是提醒我们睡眠不足的第一个标志。如果 18 个小时没有入睡，人类的反应时间将从 0.25 秒变为 0.5 秒并继续变长。而普通人将开始体验阵发性昏睡，不管在任何地方，大约持续 2 到 20 秒，之后你会发现需要重新读一遍刚才读过的东西。你的眼皮变得越来越重，到了 20 个小时后，你将开始打盹。

183. 我为什么会长肚脐?

百问必答：

胎儿要在母腹中生长发育，就必须不断地从妈妈身上摄取营养和氧气。然而，在母腹中，胎儿有嘴不能吃食，有鼻无法呼吸，新生命在孕育过程中所需的一切，只能靠胎盘吸附在母体上摄取，通过脐带输送到胎儿体内。婴儿呱呱坠地以后，胎盘和脐带失去了原有的作用，于是医生就把它们从婴孩身上剪下来。由于脐带上没有什么痛觉神经，婴孩也就不会感到痛苦了。那剩下的一截过几天还会自动脱落，从此就在人身上永远留下了一个小小的肚脐眼。

相关链接：

在胚胎的一定时期内，肚脐是一个四通八达的“门户”，它既与膀胱相连，又与肠子相连。随着胎儿的发育，这些相连部分逐渐退化、分离，肚脐与肠子和膀胱的联系也就“断绝”了。祖国医学的经络学说把肚脐命名为“神阙穴”，认为有“温通经络，调和气血”的功效，常用来治疗腹痛腹泻，效果很好。

184. 为什么喝水的时候会发出咕嘟咕嘟的声音？

百问必答：

我们喝水的时候，水是从我们的食道口进去的。可是我们人的食道很细，而且里面有空气，一下子进那么多水，水就会把空气给挤出来，当空气出来的时候就会和刚进入食道的水撞在一起，水会翻滚起来发出声音。

相关链接：

人的身体里有很多的水分，水在我们的身体里担任运送员，把我们需要的营养送到我们身体的各个部分，帮我们把不用的东西排到身体外面去。如果我们不喝水，身体里就会缺水，小细胞就会被渴死，我们就会生病，甚至会危及生命，所以多喝水我们的身体才会健康。

185. 为什么要睡前刷牙？

百问必答：

刷牙就是把牙齿表面刷洗干净，不仅为了除去口中的食物残渣，而且能够除去牙齿表面的牙菌斑。如果睡前能好好刷牙，就不会使口腔内的细菌容易分泌酸和毒素来引起蛀牙和牙周病。晚上刷牙比早上刷牙更重要，因为入睡后唾液分泌量减少，唾液可以中和口腔中的酸性物质，有冲洗口腔的作用，而唾液减少正好给口腔中的细菌繁殖创造了条件。因此，睡前刷牙，可清除牙齿菌斑和预防各种牙科疾病。

相关链接：

选购牙刷时要求刷头小，在口腔中转动灵活；刷毛排列合理，一般是2～3排，便于清洁牙齿和刷牙后牙刷本身清洗。刷毛选用优质尼龙丝，细而有弹性；刷毛的顶端呈圆形，刷牙时不易损伤牙齿和牙龈。

186. 为什么我们每天都要喝水

百问必答：

水是生命之源，水能解渴，进入体内立即参与新陈代谢，并可调节温度，清理体内垃圾，对人体健康十分有益。

相关链接：

水是身体细胞的组成物质，不仅充满身体整个组织细胞间，是身体内主要的流体，以维持体液的正常浓度，同时食物的消化、吸收、营养素之运送及利用的每一个过程都需要水的参与，而经消化吸收代谢后所剩余的食物残渣、代谢废物，也需要水的帮助才能顺利排除体外。此外，水分尚有其他功能，如润滑关节，避免骨头与骨头之间发生摩擦，提供黏液分泌物质，润滑肠道、呼吸系统、泌尿系统以及平衡体温等。由此可见，水对人体健康的重要性，如果身体失去体重的15%～20%的水量，就会停止生理机能甚至死亡。

187. 为什么奶奶让我晒太阳，妈妈却打着伞呢？

百问必答：

阳光是人类生存的必要条件之一。当阳光照在我们的皮肤上，会使皮下血管扩张，血流旺盛，增加有毒物质的排泄和抵抗力，还会使唾液和胃液的分泌增加，肠子的蠕动加强，促进食欲和消化，另外，皮肤还能在阳光的照射下将一些化学物质转换成维生素D，这种维生素和钙、磷，是我们骨骼的重要的成分，少了它就会得软骨病。

相关链接：

阳光对小孩来说更是重要，因为身体正在加速的成长发育中，而骨与骨的发展是支持全身的重要角色，一旦缺乏阳光，身体缺乏维生素D，那么发育一定会产生严重的问题，别以为打着伞能吸收到阳光的好处，因为大部分阳光里用来合成维生素D的紫外线，早就被伞阻挡在外面了。

188. 剪指甲为什么不会痛？

百问必答：

指甲中没有神经，所以不痛。它就像人们穿的衣服，只是皮肤外的一层附着品，起到保护作用，却和皮肤没有实质的联系。指甲是人体新陈代谢的产物。所剪的指甲是已经死亡的细胞，这些细胞中的神经末梢已经坏死，所以不会产生出生物信号传给中枢神经，再通过中枢神经传导到大脑，所以剪指甲的时候就不会感觉痛了。

相关链接：

指甲也不能让它长得太长，指甲太长不仅会容污纳垢，成为疾病的传播源，而且还容易折断，甚至伤了指头。

189. 为什么要洗手？

百问必答：

人们从事各种劳动都要用手来完成。因此，手就容易沾染上许多病原体微生物。一只没有洗过的手，至少含有4万～40万个细菌。指甲缝里更是细菌藏身的好地方，一个指甲缝里可藏细菌38亿之多。因此，手是很脏的，一定要注意勤洗手。

相关链接：

洗手可除掉粘附在手上的细菌和虫卵。用流水洗手，可洗去手上80%的细菌，如果用肥皂洗，再用流水冲洗，可洗去手上99%的细菌。洗手中应注意不能几人同用一盆水，以免交叉感染，互相传播疾病。

190. 为什么多喝白开水就好，多喝饮料就不好？

百问必答：

碳酸饮料不宜常喝的原因有四：①碳酸饮料含有气体，即二氧化碳。二氧化碳会刺激胃液分泌，减少日常饮食摄食，影响正常生长发育和身体健康。②碳酸饮料含有砂糖，糖对牙齿健康也有不良的影响。③碳酸饮料的另一成分磷酸，磷酸会阻碍铁质的吸收，铁是制造血液的主要材料之一，一旦铁质不够，会引起缺铁性贫血。④可乐中含有的咖啡因。咖啡因会刺激心脏肌肉收缩，加速心跳及呼吸；伤害肠胃；长期饮用会上瘾。

喝非100％果汁，容易养成嗜甜的不良饮食习惯及危害牙齿健康。其中所添加的维生素、矿物质或纤维质，严重地影响正确饮食习惯的养成。

含茶饮料不宜常喝原因有四：①茶含有咖啡因，咖啡因影响身体健康。②茶也含有单宁，单宁会降低胃肠内营养素的消化吸收，尤其是铁的吸收，容易降低铁的吸收，造成缺血性贫血。③奶茶类含有高量的饱和脂肪，会增加血胆固醇，危害心脏血管。④含茶饮料中的糖含量也不少，空有热量，积少成多，是体重增加的原因之一，同时养成嗜甜的习惯，并危害牙齿健康。

运动饮料主要含有糖、二氧化碳、钠、钾、镁等，只适合于激烈运动，大量流汗之后，适量饮用。一般人若经常饮用，会增加肾脏的负担，埋下高血压的危险因子。

从健康的观点来评判，为了健康，为了正常生长发育，我们应该喝白开水，减少喝碳酸饮料、非100％果汁饮料、运动饮料、含茶饮料和咖啡的次数。

相关链接：

喝水的好处是说也说不完的，但是你知道要如何喝水吗？①喝水时要慢慢喝，不要一口气急着喝完，水份的摄取要平均分散在一整天，不可一次把所有的水都喝完。②不要等到口很渴再喝水，要时时刻刻补充水分。③早上起床后先补充一杯水（水中可加入少许盐），以补充前夜在睡眠中所流失的水分，对排便是有帮助的。④运动的前、中、后都要补充水分，以免水分过度流失。⑤每日每千克体重至少补充30毫升的水。⑥在吃饭前一小时喝水，可增加消化液的量，增进消化；但在吃饭前或当中就不建议喝水，因为会让消化液稀释，造成消化不良。

191. 很多动物都有尾巴，人为什么没有？

百问必答：

其实人在很早很早以前也是有尾巴的。在进化的过程中，人的尾巴用处很少所以就慢慢的退化了，最后没有了。但是还在我们身上留下了一个痕迹，也就是我们屁股后面的一小节骨头，我们叫它尾巴骨。

相关链接：

游泳用的尾巴：鱼的各种游泳动作是依靠鳍的运动。假如把尾巴即尾鳍割去，鱼便失去方向，不能前进。这说明鱼体是靠尾巴推进转向的。

飞行用的尾巴：鸟的尾巴在飞行时起着舵的作用。在短短的鸟尾巴上，丛生着又长又宽的羽毛，展开时好像扇子，能够灵活转向。

平衡用的尾巴：袋鼠有一条粗壮而有力的尾巴。平时，袋鼠的前肢不落地面，它常用肢和尾巴支撑身体。在跳跃时，尾巴就像“称杆”，以维持身体的平衡。

袭击用的尾巴：非洲鳄尾巴又长又粗，当见到猎物在河边饮水时，只须用尾巴一扫，就把猎物打落水中，然后张开大嘴，饱餐一顿。

警告用的尾巴：美洲的响尾蛇是一种毒性很强的蛇，其尾巴具有特殊的功能，能发出声响。这声响是用来警告敌人和引诱小动物的一种捕食方法。

捕食用的尾巴：蝙蝠白天栖息在较暗的地方，晚上才出来捕捉昆虫。有些蝙蝠，尾巴可以自由卷缩，和后肢之间的皮膜构成一个吊篮形，依靠这个“隐身秘法”，可以捕捉身旁较大的昆虫。

192. 人为什么会做梦?

百问必答：

目前科学家还没有揭开这个谜底。一种可能是：做梦过程中通过刺激大脑分子间的信息神经键对大脑进行锻炼。另一个理论是，人们梦到白天不能顾及的任务和情感，这个过程可以帮助人们巩固思想和记忆。一般而言，科学家赞同梦境会在浅睡时发生的观点。

相关链接：

人会做梦，那动物呢？它们也睡觉，它们做梦吗？答案是肯定的。但是，睡眠和梦的发生是与大脑的进化程度相关的，脑发育到一定程度时，睡眠和做梦才出现。鸟、哺乳类甚至爬行类动物，每天都会花很多时间来睡觉，但是爬行类动物不会做梦，鸟类会做一点点梦，而几乎所有哺乳类动物都会做梦。

193. 人以前也像大猩猩一样难看么?

百问必答：

人类和黑猩猩可以说是“兄弟”。在所有灵长目动物中，黑猩猩和现代人类最接近。人类和黑猩猩的“进化钟”运转速度差异也较小，这种差异可能是最近一百万年中人类和黑猩猩分别进化所形成的。

相关链接：

研究人员推测，在灵长目动物的进化史上，人类和黑猩猩的共同祖先可能先和猩猩、大猩猩的祖先“分家”，这导致人类和黑猩猩的“进化钟”都慢了下来，然后人类与黑猩猩再次发生分化。从“进化钟”看，人类和黑猩猩可以称为“兄弟”，而他们与猩猩、大猩猩是“表兄弟”。

194. 我是怎么到妈妈肚子里的?

百问必答：

当来自女性的卵子和来自男性的精子结合形成受精卵时，新的生命便开始了。精子和卵子结合在一起，含有形成新的个体所需要的一切信息。受精卵一次又一次地分裂，经过将近十个月的时间，最后在母体内长成婴儿。这期间婴儿通过和母体连接的脐带吸收营养，在母体内茁壮成长。

相关链接：

在受精卵分裂期间，有时两个细胞会分离开。这两个细胞含有相同的信息，将发育成同卵双胞胎。异卵双胞胎是将两个卵子同时从卵巢中释放出来，并且均被受精的情况下产生的。这就是双胞胎的形成过程。

195. 人会像恐龙一样消失吗?

百问必答：

关于人会不会灭绝，很多预言家以前曾做过相关预言，有人说 2000 年地球会爆炸，人类也会随之灭亡。可是到 2000 年地球并没有爆炸，人类依然做着自己的事情。地球也许会爆炸，人类也许也灭亡，但是谁也不知道那是哪一天。

相关链接：

恐龙是宇宙中最神奇的动物，在它身上存在着很多未解之谜，其中最为重要的就是有关恐龙是如何灭绝的问题。最流行和最权威的说法是：大约在 6500 万年前，地球遭遇到一颗直径 6～8 英里的外来星体的猛烈撞击，强大冲击力在地面砸出了一个直径 120 英里的大坑，大量的熔岩和尘土被抛入空中；熔岩在散落的地区引起大火，尘土形成的云层挡住了阳光，时间长达数年之久，导致气候骤变，大量生物死亡，恐龙食物严重缺乏，慢慢地就引发了恐龙的灭绝。

196. 人为什么用两只脚走路?

百问必答：

人最初也是用四肢走路的，但随着陆地面积越来越大，树木越来越高，人类开始用后肢站立，用前肢摘够高处的果实。后肢不断吃力越来越有力量，而前肢力量较小。久而久之，后肢就进化成腿，前肢进化成手臂。所以人后来就用两只脚走路了。

相关链接：

小朋友你知道吗？在加利福尼亚州发现的雌性千足虫，有 660 多条腿。有关专家介绍说，地球上共生活着大约一万种被叫做“千足虫”的小动物，但人们并没有真正捉到过长着 1 000 条腿的虫子。

197. 为什么人生下来不会说话？

百问必答：

那是因为人的语言功能和人的大脑发育有关，人生下来的时候大脑还没发育好，特别是管着语言能力的部分，还没发育到可以说话的水平。不过别看现在他不会说话，但是你跟他多说话，会对他以后的语言发育有好处。

相关链接：

我们不能说动物不会说话，而应该说我们听不懂它们说话。有研究表明动物也是有语言的，不过它们的语言不像我们这样复杂，只能简单地表达出危险、安全、高兴、愤怒等简单的意思。

198. 人为什么会掉牙？

百问必答：

人一辈子要长两次牙。小时候长出的牙叫乳牙；当人逐渐长大时，乳牙就慢慢掉了，换上新牙，叫恒牙。这是正常生理现象，所以人小时候会掉牙。因为不换牙就不能满足一生消化生理的需要，孩子吃的食物量少且简单，乳牙即可完成咀嚼任务，但长大以后食物越加复杂，乳牙无法完成任务，必须换上结实且功能多样的恒牙。

相关连接：

正常情况下从 6 岁左右开始换牙，乳牙开始生理性脱落，替换乳牙的恒牙相继萌出，到 12～13 岁时，全部乳牙为恒牙所代替。这便是换牙期。恒牙的质量好、坚硬牢固、功能齐全，只有恒牙才能完成一生的咀嚼任务。健康的恒牙可以陪伴人的一生，甚至到八九十岁恒牙依然胜任咀嚼工作。牙齿是和牙槽骨连接在一起的。但是，老人的牙龈会萎缩，牙槽骨会松动，自然也就要掉牙啦。

199. 星星为什么晚上才出来，它们白天去哪了？

百问必答：

星星哪也没去，一直就在空中，只不过到了白天，由于强烈的阳光遮住了那些微弱的星光，所以我们就看不到它们了。只有到了夜晚，太阳落山了，它们才能显露出来。

相关链接：

地球绕太阳一周需一年的时间。夏天地球正转到银河中心与太阳之间，银河系的最阔、最密、最亮的中心部分正好在夜晚出现在天空里，因而夏天看到的星星特别多；冬天，地球转到银河边缘与太阳之间，白天才能看到银河的中心部分，但由于白天里阳光强烈，我们看不见星星，晚上我们看到的是银河薄薄的边缘，那里的星星就特别少了，所以冬天夜空里的星星比夏天稀少。

200. 天上的星星会掉下来吗？

百问必答：

天上的星星不会掉下来！因为他们有各自的运行轨道且与地球不相交。只有一些陨石，它们有时会误入地球的轨道，撞入地球的大气层，降落在地球上，而这些陨石在降落到地球之前，都会在大气的中间层与大气摩擦而燃尽（这就是我们平时看到的流星），因此地球上一般不会有东西从宇宙中掉下来。

相关链接：

太阳系内除了太阳、行星及其卫星、小行星、彗星外，还存在着大量的尘埃微粒和微小的固体块，它们也绕着太阳运动。在接近地球时由于地球引力的作用会使其轨道发生改变，这样就有可能穿过地球大气层。由于这些微粒运动速度很快（11～72 公里/秒），与大气发生剧烈摩擦而燃烧发光，在夜间天空中表现为一条光迹，这种现象就叫流星。

201. 天上的星星是五角吗？

百问必答：

天上的星星不是五角星形的，他们的形状不是球体就是类球体。我们看到的天上的星星，其实包括了恒星（像太阳那样的）、流星、彗星、卫星等等星体。科学家用天文望远镜看到的星星都是圆球形的，从来没有见过五角形的星星。人们把星星画成五角形是因为夜空上的星星老是调皮的一闪一闪地眨着眼，闪烁着光芒，人们就把它画成五角形，那五个角就是代表一闪一闪的光芒。

相关链接：

我们常看见夜晚天空上的星星会像人眨眼睛似地一闪一闪，实际上，这是天空中的大气在作怪。原来，地球周围包裹着一层厚厚的空气，空气层里有湿热的水蒸气（即热空气），又有干燥的冷空气。由于热空气不断地上升，冷空气不断地下降，上上下下永不停顿，透过这层动荡不定的大气层看远处的星星，就感觉到星星在不停地晃动，那一闪一闪就好像人在眨眼睛似的。

202. 月亮挂在天上会不会掉下来？

百问必答：

月亮不会掉下来。因为月亮围绕地球转，运行的速度很快，就好像过山车一样，只要速度足够快，它就能在竖直圆形轨道上通过最高点而不会掉下来。

相关链接：

月亮不是恒星，它也不能发光，但是它能像镜子一样反射太阳的光，所以月亮看上去亮亮的。虽然月亮的光是太阳的反射光，但足够照亮我们地球上的黑夜。在月明之夜，我们总是感觉月亮跟我们走，其实月亮是不会跟人走的。周围的景物隐隐约约，看不清楚，月亮最容易引起我们的注意，所以我们往往走一段路就抬头看看月亮，总感到月亮依然在头顶或天边，跟着我们。

203. 月亮像个圆饼，越变越少，是谁吃了？

百问必答：

月亮是不会被吃掉的。月亮越变越多或越变越少的现象叫月相。我们在地球上看到月亮越变越少或越多，那是因为月亮不断地绕地球公转，地球绕着太阳不停地转，使月亮、地球、太阳的位置总是不断变化，这样月球照到的部分也不断变化，形成了不同的月相。

相关链接：

月亮本身不发光，只是反射一部分太阳光，这样，随着太阳、月亮、地球相对位置的变化，在不同日期里月亮呈现出不同的形状，这就是月相的周期变化。进一步说，虽然月亮被太阳照射，总有半个球面是亮的，但由于月亮在不停地绕地球公转，时时改变着自己的位置，所以它正对着地球的半个球面与被太阳照亮的半个球面重合在不断变化，这样月亮的样子就总是在变了。

204. 月亮上有小兔吗？

百问必答：

没有。因为月球的引力很小，连空气都留不住，所以那里没有空气，没有水。那儿白天的温度很高，达 100 多度；黑夜又很冷，要降到零下 200 多度，所以没有活的东西。嫦娥和玉兔不能在那里生活，它们只是童话里的人物。

相关链接：

月球是地球唯一的天然卫星，也是地球最近的邻居。月球上有 100 多种矿物，其中 5 种是地球上没有的。在月球表面厚厚的尘土里，蕴藏着一种非常重要的能源—氦 3，它在地球上十分罕见，是一种可供核聚变的主要原料之一。据估算，有 300 万～500 万吨的储量，能够支持地球 7000 年的电量。

205. 月亮是星星的妈妈吗？

百问必答：

月球又称“月亮”。因为月亮会绕着地球做公转，所以是行星。在无限的宇宙中，存在着无数的恒星、行星、卫星、流星、彗星和星云。我们平常所说的“星星”，有 99%以上都是恒星。恒星的质量很大，自已能够发光。行星自已不能发光，质量也远比恒星小，绕恒星运动，我们所居住的地球便是围绕太阳运动的行星之一。月亮不是星星的妈妈，它是星星的好朋友。太阳回家后，月亮和星星晚上出来和小朋友一起玩。

相关链接：

月球是个不能住人的地方，它没有空气，温度变化也特别大，白天可高达摄氏100多度，晚上可低至摄氏零下200度，月球上没有水，所以月球上没有任何动物、植物。

206. 太阳公公早上出来上班，晚上去哪睡觉呀?

百问必答：

我们生活的地球，其本身不发光。地球上的光和热，主要是因为太阳在照射着，阳光照到的半球是白天，阳光照射不到的地方就是黑夜。地球是个球体，它一刻不停地绕着地轴自西向东转动着，人们称之为地球的自转。这样，地球上接受太阳光热的部分经常在变化，造成了白天和黑夜不断交替。

小朋友们可以以一盏灯作为太阳，自己的头作为地球。当小朋友面对着太阳时，你的脸就是白天，你的后脑就是黑夜，此时，你的鼻子正是正午，右耳是早晨，左耳是傍晚。当它向左自转时，左手进入黑夜，鼻子进入傍晚，而右耳变成中午，你的脸在对着太阳时，一个昼夜便过去了。而中国和美国就住在地球的两边，所以当我们中国是白天时说明太阳公公就在中国上班，等我们这儿到了晚上，太阳公公就去美国上班了。

相关链接：

太阳通过稳定的辐射和爆发，通过太阳风和粒子流以及和它们联系在一起的磁场影响着地球，造成地球各种物理现象和气候的变化，从而影响人类的日常生活和太空探索事业。

207. 白天，太阳公公不高兴时，就会躲起来，它去哪了?

百问必答：

晴朗天空里那白白的和阴雨天那乌黑的都称作云，它们让天空变化莫测。

相关链接：

漂浮在天空中的云彩是由许多细小的水滴或冰晶组成的，有时也包含一些较大的雨滴及冰、雪粒，云的底部不接触地面，并有一定厚度。云的形成主要是由水汽凝结造成的。从地面向上十几公里这层大气中，越靠近地面，温度越高，空气也越稠密；越往高空，温度越低，空气也越稀薄。另一方面，江河湖海的水面以及土壤和动、植物的水分，随时蒸发到空中变成水汽。水汽进入大气后，成云致雨，或凝聚为霜露，然后又返回地面，渗入土壤或流入江河湖海。以后又再蒸发（升华），再凝结（凝华）下降。周而复始，循环不已。当云层越积越多时，云彩就变成了乌云，这时太阳光就被厚厚的乌云挡住了。等乌云散开了，太阳公公就出现了。

208. 雷公公发脾气就打雷，谁会让他们这么生气呀?

百问必答：

因为冷热空气相互碰撞。这些气流有的向上跑，有的向下跑，有的快，有的慢。气流的运动使空气中的积云有的向上冲，有的向下降，云和云之间的摩擦使云带上不同种的电荷。积云所带的电达到一定程度，就会穿过空气放电，从而发出巨大的响声，这就是雷。

相关链接：

空中的尘埃、冰晶等物质在云层中翻滚运动的时候，经过一些复杂过程，使这些物质分别带上了正电荷与负电荷。经过运动，带上相同电荷的质量较重的物质会到达云层的下部（一般为负电荷），带上相同电荷的质量较轻的物质会到达云层的上部（一般为正电荷）。这样，同性电荷的汇集就形成了一些带电中心，当异性带电中心之间的空气被其强大的电场击穿时，就成“云间放电”（即闪电）。

209. 太阳照在我身上暖暖的，为什么？

百问必答：

因为太阳是一个很大很大的大火球，它的表面温度是 6 000℃。炼钢炉里的温度达到 1 000℃的时候，坚硬的钢铁就会融化。太阳的温度比炼钢炉还高那么多，所以，尽管太阳离地球很远很远，太阳晒到人身上，人也会感到暖和。

相关链接：

太阳的颜色取决于大气中分子及悬浮在大气中的水滴、冰晶和尘埃对阳光的散射作用，由红、橙、黄、绿、青、蓝、紫七色组成。正常情况下，日出、日落时，太阳光穿过极厚的大气层，紫光、蓝光全被散射，只剩下透射功能强的红、橙、黄等光，以红光为最强，太阳是红黑泛黄的，越靠近地平线越红。太阳升高时，太阳光穿过的大气层变薄，阳光被散射的程度变小，各种光线重叠混合，太阳光看上去是耀眼的白色。当大气成分发生变化时，尘埃、水汽和细微水滴增多，太阳光被散射削弱得多，红色光更加纯粹，太阳就变得像血一样红。大风过后，天空中笼罩着吹来的黄土尘埃，它们会使太阳光变成黄色。

210. 宇航员在飞船里吃什么东西，和我们吃的一样吗？

百问必答：

宇航员的食物丰富多彩，每天一般吃 4 顿饭，可以在太空中吃到香肠馅饼、辣味烤鱼、土豆烧牛肉、奶油面包、豆豉肉汤、金枪鱼沙拉、饼干、巧克力、酸奶、果脯、果汁等各种各样的佳肴。不过，宇航员吃饭并不能随心所欲。他们必须按营养师为他们配制好的食谱用餐。太空食品均为脱水食品，临吃前把食物放入一个碗形的容器中，再用注射器将一定数量的水注进容器，然后再放进烤箱里加热，一顿饭不超过半小时就可以“做”好。

相关链接：

宇航员吃饭时用的太空餐桌是特制的，具有磁性，能吸住刀、叉、勺、碗、盘等餐具，桌上装有水冷却器和加热器。吃饭时，宇航员必须先把脚固定在地板上，把身体固定在座椅上，以免飘动。端碗要轻柔，动作太猛，饭会从碗里飘出去；夹饭、夹菜要果断，最好不要在碗里乱拨拉，以免饭菜飘走，使用叉子效果最好；饭菜夹住后，张嘴要快，闭嘴也要快，因为即使是放到嘴里的食物，不闭嘴它也会“飞”走；咀嚼时节奏要放慢，细嚼慢咽利于消化，还可以减少体内废气的产生和排泄，避免宇航员生活环境的污染。在太空吃饭最忌讳的就是边吃边说。边吃边说会使嘴里嚼碎的食物碎末飞出嘴外，飘在餐厅或生活舱里，宇航员稍不注意吸进鼻腔就容易呛到肺里发生危险。

211. 什么是地震，地震是怎么回事？

百问必答：

地球上每天都在发生地震。地震就是因地球内部缓慢积累的能量突然释放而引起的地球表层的震动。它是一种经常发生的自然现象，是地壳运动的一种特殊表现形式。强烈的地震会给人类带来很大的灾难，是威胁人类的一种突如其来的自然灾害。

相关链接：

地震时逃生方法：躲在桌子、房间墙角处；不要乘坐电梯逃生；第一次晃动时立即逃生；将门打开，确保出口；逃出后不要返回，恐有余震。

212. 海水为什么是咸的？

百问必答：

地球在漫长的地质时期，刚开始形成的地表水（包括海水）都是淡水。后来由于水流侵蚀了地表岩石，岩石中的盐分不断溶于水中。这些水流再汇成大河流入海中。随着水分不断蒸发，盐分逐渐沉积，时间长了，盐类就越积越多，于是海水就变咸了。

相关链接：

望向大海，很多时候发现海水呈现蓝、绿色。我们所看到的绿色，其实是海水对光吸收能力而产生出来的现象。只有绿光能被海水吸收，从而反射出来；当海水更深时，绿光也被吸收，海水看上去便成了蓝色。

213. 为什么会有雾，雾是怎么来的？

百问必答：

地面热量散失，温度下降，空气又相当潮湿，当它冷却到一定的程度时，空气中一部分的水汽就会凝结出来，变成很多小水滴，悬浮在近地面的空气层里，这就是雾。它和云都是由于温度下降而造成的，雾实际上也可以说是靠近地面的云。秋冬的清晨气温最低，便是雾最浓的时刻。

相关链接：

雾天，污染物与空气中的水汽相结合，将变得不易扩散与沉降，这使得污染物大部分聚集在人们经常活动的高度。而且，一些有害物质与水汽结合，会变得毒性更大。因此，雾天空气的污染比平时要严重得多，不宜锻炼身体。

214. 雨是什么变的呀？

百问必答：

雨是从云中降落的水滴。陆地和海洋表面的水蒸发变成水蒸气，水蒸气上升到一定高度后遇冷变成小水滴，这些小水滴组成了云，它们在云里互相碰撞，合并成大水滴，当它大到空气托不住的时候，就从云中落了下来，形成了雨。

相关链接：

雨的成因多种多样，它的表现形态也各具特色，有毛毛细雨，有连绵不断的阴雨，还有倾盆而下的阵雨。雨水是人类生活中最重要的淡水资源，植物也要靠雨露的滋润而茁壮成长。

215. 为什么会刮风啊？

百问必答：

风本质上是空气流动的结果。在地面流动的空气如果碰到高楼、山丘等障碍物时，就会形成大大小小的空气旋涡，一边旋转一边前进，相互干扰，有时拥挤，有时散开。这些大大小小、形状各异而且位置不断变化的旋涡，通过某一地点，那里的风就一会儿大一会儿小。风速大小是由气压分布决定的，气压差异越大，风就越大。

相关链接：

龙卷风是一个猛烈旋转着的圆形空气柱，它的上端与雷、雨、云相接，下端有的悬在半空中，有的直接延伸到地面或水面，一边旋转，一边向前移动。龙卷风常发生于夏季的雷雨天气时，尤以下午至傍晚最为多见。龙卷风的生存时间一般只有几分钟，最长也不超过数小时。风力特别大，中心附近的风速可达100～200米/秒。龙卷风经过的地方，常会发生拔起大树、掀翻车辆、摧毁建筑物等现象，有时会把人吸走，危害十分严重。

216. 为什么有的山高、有的山矮？

百问必答：

地球上有许许多多的山，这些山原来都是从平地上生长起来的。我们脚下的地面并不是想像的那样结实平稳。地面是由一大块一大块的可以移动的板块组成的，而且并不都连在一起，它们互相碰来碰去，挤来挤去，就使一些地方越挤越高，成了最初的山，日久天长就成了我们现在看到的山。

相关链接：

我国是一个多山的国家，主要山脉有阿尔泰山脉、天山山脉、昆仑山脉、喜马拉雅山脉等。号称“世界屋脊”的青藏高原上分布着许多高大山脉。喜马拉雅山脉是世界最高大雄伟的山脉，它的主峰珠穆朗玛峰是世界最高峰。

217. 为什么刮风时天空会有很多土？

百问必答：

因为土或者说是灰尘，它们体积很小，重量也很小，可以在较强的风力下被吹动。一般天气时，空气中的沙土不会被人感觉，当有较多灰尘浮在空中时给人的感觉就是天空灰蒙蒙的，有很多土。

相关链接：

树木可以减少二氧化碳、吸尘、净化空气、固土、防风、降温，是生物圈不可或缺的生产者。

218. 月球上到底有什么，我可以上去看看吗？

百问必答：

月球就像是一个上下稍扁、中间有点隆起的椭圆形的球体。我们肉眼所看到的那些暗色的地方是平原，颜色较浅的地方是高地。月球的表面有上万个环形山，有一百多种矿物，但是没有水，也没有生命。

相关链接：

1969 年 7 月 16 日，美国的宇航员阿姆斯特朗乘坐“阿波罗”号宇宙飞船，飞向月球。7 月 20 日，由他操纵的“飞鹰”号登月舱在月球着陆，因此他成为第一个登上月球并在月球上行走的人。

219. 火星上有什么，我能坐飞船去吗？

百问必答：

火星上有明显的四季变化，这是它与地球最主要的相似之处。但除此之外，火星与地球相差就很大了。火星表面是一个荒凉的世界，空气中二氧化碳占了 95%，还有极少量的一氧化碳和水汽。火星表面的土壤中含有大量氧化铁。由于火星上暂时没有发现氧气，加上科学技术的局限性，我们暂时还不能乘飞船去火星。相信以后会实现的。

相关链接：

火星大气十分稀薄，密度还不到地球大气的 1%，因而根本无法保存热量。这导致火星表面温度极低，很少超过 0℃，在夜晚，最低温度则可达到 −123℃。火星距离太阳比较远，所接收到的太阳辐射能只有地球的 43%，因而地面平均温度大约比地球低 30 多摄氏度，昼夜温差可达上百摄氏度。

220. 太阳会老吗？

百问必答：

是的。太阳也会变老。据专家推测，太阳大约是在 50 亿年前诞生的，是由银河系中的尘埃和气体云形成的。它的寿命大约是 100 亿年，所以现在的太阳就像一个中年人。太阳每秒钟就要消耗 700 万吨的物质。当太阳内部的物质消耗得越来越少时，它的“肚子”就会坍缩，它的外表就会膨胀、变冷，变成了一个红巨星，然后变成一个很小的白矮星而死去，死去的白矮星最后变成了一个黑矮星消失了。

相关链接：

万物生长靠太阳。没有太阳，地球上就不可能有姿态万千的生命现象。太阳给人们以光明和温暖，它带来了日夜和季节的轮回，左右着地球冷暖的变化，为地球生命提供了各种形式的能源。其实，太阳只是一颗非常普通的恒星，在广袤浩瀚的繁星世界里，太阳的亮度、大小和物质密度都处于中等水平。只是因为它离地球最近，所以看上去是天空中最大最亮的天体。其他恒星离我们都非常遥远，即使是最近的恒星，也比太阳远 27 万倍，看上去只是一个闪烁的光点。

221. 太阳看上去很小，为什么要说它很大、比地球还大？

百问必答：

事实上太阳比地球大多了。我们之所以觉得太阳非常小，是因为太阳和地球的距离太远造成的。太阳离我们有一亿五千万公里远。我们如果日夜不停地走，就算变成老爷爷老奶奶也走不到，因为要走三千五百多年。我们觉得太阳很小，是因为当一个东西离你很近时，你会觉得它很大，当它离你很远时，就会觉得它变小了。这个道理可以被说成是近大远小。

相关链接：

光年不是时间单位，它是长度单位，指光在真空中行走一年的距离。1 光年约九万四千六百亿公里。光年一般是用来量度很大的距离，如太阳和另一恒星的距离。光由太阳到达地球需时约八分钟。

222. 地球里面有人住吗，里面是什么样的呀？

百问必答：

地球里面没有人住。地球就像个鸡蛋，分为地壳（蛋壳）、地幔（蛋清）和地核（蛋黄）三部分。地壳由较硬的岩石组成；地幔由较软的岩石组成；地核离地面很远，对科学家来说还是个迷。

相关链接：

目前，人们在地球上所打的最深的洞在俄罗斯的科拉半岛，其深度达 12.262 公里，地核可要深得多，最少也得有 3 000 公里。至于里面果真是地核吗，还是别的什么东西，至今还是个谜。

223. 为什么地球转着，房子不会倒？

百问必答：

地球沿赤道以每小时 1 700 公里的速度旋转，大约是喷气飞机航速的两倍。不过，由于大气层顺着赤道以外的地球表面旋转，又受强大的地心吸力吸引作用，紧紧依附。因此，人们感觉不出地球在迅速旋转，房子也不会倒。

相关链接：

地球旋转的确在大气层与地球表面之间产生细小的相对运动，形成五花八门的风向变化，再跟太阳对地表的照射结合起来，便形成了地球上各地不同的天气变化。

224. 大海下面是什么样子的？

百问必答：

靠近海边的海底世界非常美丽，那里有平坦的沙滩，有高低起伏的、长着各种各样小草的小山，成群的鱼虾在山石间穿行，各种各样的动物在漫游。大海的深处一点阳光都见不到，一片漆黑。那里也有许多鱼类和海洋生物，也有山脉、海沟、火山等等。

相关链接：

海底有许多宝藏。海洋底下埋藏的天然气和石油比陆地上多得多。海底下的铁矿是从古到今人们炼铁矿石总数的 30 倍。在深海海底，还有一种叫“锰结核”的奇异宝贝，其中含有金属锰，还有铜、铁、镍等 30 多种金属，现正在研究开采。

225. 火山为什么会喷发？

百问必答：

地球的深处温度很高，能达到 1 000℃以上，那里的岩石都被熔化成液体，我们把它叫做岩浆。岩浆在地球的内部不停地流动，老想找个地方流出来，可是被地壳紧紧地包住。因此，岩浆就向压力比较小的地方积聚。等到有足够的力量时，它们就会从地壳的薄弱处冲破地壳的包围喷发出来，这就是火山喷发。

相关链接：

从火山喷发出来的东西主要是气体和蒸汽、火山灰、火山弹和熔岩。从火山里喷发出来的白烟，主要是蒸汽和其他气体。火山喷发时喷出很多像沙子一样的细小颗粒，这是火山灰。火山喷发时，高热的熔岩喷到高空，在落到地面时凝结成固体，称为火山弹。从有些火山口流出的岩浆冷却变硬，成为布满小孔的浮石。

226. 下雨为什么会先看见闪电，后听到雷声？

百问必答：

在夏季，我们经常会遇到雷雨交加的日子，大家是否留心过总是先看到闪电，后听到雷声。其实，电闪雷鸣是同时同处发生的，雷电发出的闪光，在空中传播的速度是 3 亿米/秒，雷电发生的爆炸声，在空中传播的速度只有 340 米/秒，在空气中光速约是声速的

882 353 倍，光比声音的传播快得多。根据这些可知，虽然闪电和雷鸣同时同处发生，但我们总是先看见闪电后听到雷鸣。

相关链接：

雷电大都发生在低纬度地区，如印度尼西亚、非洲中部、墨西哥南部、巴拿马、巴西中部。世界上雷雨最多的地方是印度尼西亚茂物市，一年中有 322 天电光闪闪，素有“世界雷都”之称。

227. 为什么天空在白天是蓝色的，晚上是黑色的?

百问必答：

阳光中波长较短的蓝、紫、靛等色光，很容易被悬浮在空气中的微粒阻挡，从而使光线散射向四方，使天空呈现出蔚蓝色。我们生活的地球，其本身不发光。地球上的光和热，主要是因为太阳在照射着，阳光照到的半球是白天，阳光照射不到的地方就是黑夜。没有阳光的照射了，所以晚上天就是黑色的。

相关链接：

地球自转一周是 23 小时 56 分 4 秒，但是由于同时也要公转，所以一昼夜是 24 小时，即还需要多转 3 分 56 秒的时间才是一昼夜。

228. 早晨的露水是从哪里来的?

百问必答：

露水是由于空气的变冷而产生的。在晴朗的夜晚，当太阳停止对地球的照射以后，地面就迅速地变凉。当夜晚的空气碰到冷却了的草叶时，热空气也就凉了下来。其中有些水分就凝结下来，即变成了露水。露水并不是从天空落下，它只是聚集在草、花或其他比周围的空气冷些的任何东西上。

相关链接：

露水需在大气较稳定、风小、天空晴朗少云、地面热量散失快的天气条件下才能形成。如果夜间天空有云，地面就像盖上一条棉被，热量碰到云层后，一部分折回大地，另一部分则被云层吸收，被云层吸收的这部分热量，以后又会慢慢地放射到地面，使地面的气温不容易下降，露水就难出现；如果夜间风较大，风使上下空气交流，增加近地面空气的温度，又使水汽扩散，露水也很难形成。

229. 为什么早上影子长、中午影子短呢?

百问必答：

地球在自转，早上和傍晚（晚上是没有影子的）的太阳是斜射，所以影子长，中午，相对来说是直射，所以影子短。最简单的测验方法，你从远离路灯走到路灯下，再远离路灯，你就可以知道原因了。

相关链接：

影子的方向总是和太阳的方向相反。一天中早晚影子长，中午影子短；一年中冬季影子长，夏季影子短。

230. 为什么有的泉水是凉的，有的泉水是热的？

百问必答：

岩浆的热量散在地层里，使那里的地下水温度升高。地球内部是个大火炉，越深温度越高，如果泉水来自地下特别深的地方，冒出的泉水就是热的。

相关链接：

温泉的水多是由降水或地表水渗入地下深处，吸收四周岩石的热量后又上升流出地表的，一般是矿泉。中国已知的温泉点约 2 400 多处。台湾、广东、福建、江西、云南、西藏等地温泉较多，其中最多的是云南，有温泉 400 多处。